TAMURA YOSHIYUKI　　　TOKII SHIN　　　SAKO AKIHIRO

田村善之・時井 真・酒迎明洋

プラクティス 知的財産法

I 特許法

信山社

SHINZANSHA

はしがき

　本書は『ロジスティクス知的財産法 I 特許法』の実質的改訂版である。
今回，実務家向けの『プラクティス知的財産法 I 特許法』と題して出版す
ることにした。そのわけは以下のとおりである。

　前著は，「ロジスティクス」（＝兵站）の名が示すように，司法試験の受験
生に試験に必要な情報を効率的に届けることを目的として企画した書籍であ
った。しかし，いざ公刊してみると，思いの外，特許に携わる弁護士に読者
が多いことに気がついた。それは，前著が初学者向けではなく，ひととおり
特許法を学んだ者であればかったるいと思われる叙述はそぎ落とし，その分，
訴訟の現場で関わる論点を網羅的に扱っているために，300 頁に満たない書
物として，裁判例を中心に実務に必要な情報を短時間で俯瞰することができ
るためであったと思われる。司法試験合格者の大半が弁護士業務につくわけ
であるが，特許に関わる弁護士さんの主戦場は，出願審査やそれに連なる審
決取消訴訟よりは圧倒的に侵害訴訟であり，それを反映して司法試験の出題
も侵害訴訟に集中していたために，前著も侵害訴訟中心の叙述となっていた
ことも，弁護士にとって（自分と関わり合いの薄いところはほとんど書いて
いないという意味で）さらに効率的な本であるように映ったようである。
　もっとも，もともとが受験本であるために随所に散りばめられている試験
対策用の叙述が（当然のことながら）すでに合格している実務家から前著を
遠ざける要因となっていたことは疑いもなく，そうした事態は，著者にとっ
て刊行後に気づかされた前著の潜在的な能力に鑑みるともったいないことの
ように思われた。

　そのような次第で，本書は，改訂に際して，特許に関わる広い意味での法
曹の実務家を主たる読者層として想定し，装いも題名も新たに生まれ変わっ
た形で世に出すこととした。そのため，前著では，試験に出ないという理由
でおろそかにしていた進歩性に関する論点や明細書の読み方などを拡充した
ほか，要件事実や実務上のポイントに関する情報も散りばめることにした。

このような経緯で再生された本書が，特許に関わる弁護士や，訴訟に関わる企業法務部・知財部員に広く読まれるようになれば，著者としてこれに勝る喜びはない。

　ところで，本書は，前著の企画段階で意識した以下の3つの特色を保持している。これは新たな読者層に対して特許訴訟に関わる知識を効率的に概観することを容易にするものと思われるが，他方で，本書が依然として，司法試験の受験用にも必要な情報を短時間で習得することを可能とする性質を失ってないことを意味する。その意味で本書は受験対策にも有用な欲張りな本である。

　本書の特色は，以下の3点にまとめることができる。
　第一に，叙述の効率化を図るために標準的な教科書との棲み分けを図った。本書は，田村善之『知的財産法』など，知的財産法に関する標準的な教科書を読了している者を念頭に置き，初歩的な制度の説明は一切省略している。その代わり，基本的な制度であっても，その趣旨を明確化し，それを各種論点に結びつけることで，制度の隅々までの一貫した理解を促している。
　第二に，特許に関わる法曹がめぐり合うことになると予想される論点については，詳細な解説を施した。標準的な教科書には掲載されていない細かな論点に関しては，本書だけで事足りるよう，丁寧に論じている。
　第三に，新司法試験に則して特許法を体系的に理解することができるよう，全体の構成を工夫した。前述したように，　特許法の実務の現場では，弁理士と弁護士の作業の棲み分けが図られており，特許関係の専門の弁護士であっても，主として扱うのは侵害訴訟とそれに密接に関連する無効審判であって，弁理士の登録をしたところで出願業務を扱うことはほとんどない。
　こうした傾向を反映して，本書は「第Ⅰ部　特許権侵害訴訟」から書き起こし，その中身も，クレーム解釈から始めて均等論，間接侵害など，主として請求原因系統を扱い，先使用など抗弁をその次に配することとした。一般の教科書では最初のほうで論じられることが多い，新規性，進歩性（非容易推考性）などは，本試験では侵害訴訟における無効の抗弁のなかで語る必要が生じることが殆どであることに鑑み，特許権侵害訴訟のなかで扱っている。
　この他，特許関係の法曹が関わり合うことが多い無効審判や審決取消訴訟

の論点，あるいは，冒認，職務発明に関する論点なども，それぞれ「第Ⅱ部審判・審決取消訴訟」，「第Ⅲ部 権利の帰属を巡る訴訟」という枠組みで論じている。

　ところで，『ロジスティクス知的財産法Ⅱ 著作権法』のはしがきにも記したが，前著の「論証ブロック」なる叙述に対しては，暗記を促すものであり，ロー・スクール制度の導入の理念に逆行するものと受け止める向きも少なくなかったようである。しかし，この世には（もちろん例外も多数あるが）そもそも書籍自体が何も考えていないのではないかと思われるものも少なくない。たとえば，著作物の例示規定について「〜のは〜である」と，その法的効果もなにゆえその定義となるかも，そもそもそれを論じる意義（全く意味がない場合もある）すら明らかにすることなくただ連ねてみたり，あるいは条文にない要件であるにも関わらず，「著作権侵害には依拠が必要となる」などの命題を，循環論法的に一切その理由を示すことなく提示して終えたりするものが少なくない。なにか説明が書いてある場合にも，どうしてその説明が各種の要件と結びついているのか，きちんとした関連づけがなされないままに抽象的にこういう趣旨だと書かれていることが多い（公平説など）。筆者はそうした傾向を長らく嘆かわしいものと考えており，「論証ブロック」は，こうした既存の多くの書物に対して，少なくとも本書はここまで考えていますよということを明示する挑発であり，読者どころか著者自体に考えることを迫るものであったのである。以上の趣旨は，『ロジスティクス知的財産法Ⅱ 著作権法』のはしがきに遠回しに記したのであるが，依然として筆者の真意が伝わらない場面にいくどとなく遭遇したので，斯界の発展を願ってあえて明言することにした（もっとも，最近ではこうした挑発が必要のない叙述が格段に増えつつあることは喜ばしい限りである）。

　今回，新装に伴い，「論証ブロック」という用語こそ本書から姿を消したが，書籍全体の構成を含めて（この点に関しては，田村善之「著作権法の体系的構成について」同『知財の理論』（2019年・有斐閣）を参照），こうした考える力を涵養することこそが教科書の使命であると考えていることに変わりはない。

　本書の叙述に当たっては，前著をもとに，東京大学法科大学院における田

村の講義レジュメをベースとしつつ，適宜，田村，時井，酒迎の書籍や論文の叙述を参考にしながら，この3名が第一稿を作成し，田村が全体の叙述に手を加えたうえ，時井，酒迎が全体を調整するという手順を経た。編集会議は10回を超えたが，その間，辛抱強く，本書の企画の実現を支えてくれた信山社出版の今井守氏，鳥本裕子氏にはこの場を借りて御礼申し上げたい。

　なお，本書に続いて，『プラクティス知的財産法Ⅱ 著作権法』もすでに脱稿済みであり，近く刊行予定であることも付言しておく。

　　2020年2月

田村善之

時井　真

酒迎明洋

■ 目　次 ■

■■■■■ 第4章　特許権侵害の効果 ■■■■■

　本書は，本書の主たる読者層が最も関わり合うことが多いだろうと予測される特許権侵害訴訟を第Ⅰ部として冒頭に持ってくる構成としている。

　しかも，その特許権侵害訴訟のなかでも，天王山と目される特許権の保護の範囲に関わる主張と各種の防御方法を冒頭に持ってきた（請求原因と抗弁という分類に対応しているわけではない）。

　また，特許要件は，通常の教科書では，特許権の成立要件として，侵害の成否等を論じる前に配置されているが，実際の侵害訴訟では，殆どが無効の抗弁のなかで論じることが要請されることに鑑み，あえて「第Ⅰ部 特許権侵害訴訟」のなかで各種防御方法の後で説明することとした。

　「第Ⅰ部 特許権侵害訴訟」の冒頭には，多岐にわたる本章の各種論点に関する整理が置かれている。また，特許権侵害訴訟以外で出題の可能性がある訴訟ないし紛争類型は，別途，「第Ⅱ部 審判・審決取消訴訟」，「第Ⅲ部 権利の帰属を巡る訴訟」にまとめている。

　本書の読者には，個別の論点ばかりでなく，本書の全体の構成を念頭に置きながら，いま自分がどの辺りを読んでいるのかということを意識しながら本書に接していただければ，複雑多岐にわたる特許法の全体像を把握することが可能となり，事件に接する際に重要なポイントを見逃してしまう危険性を感じることができるように思われる。

略　語

民集	最高裁民事判例集
無体集	無体財産権関係民事・行政裁判例集
知裁集	知的財産権関係民事・行政裁判例集
行集	行政事件裁判例集
下民集	下級裁判所民事裁判例集
判時	判例時報
判タ	判例タイムズ
L&T	Law & Technology

著者紹介

田 村 善 之（たむら・よしゆき）

1987 年　東京大学法学部卒業
1999 年　北海道大学法学部教授
2019 年　東京大学大学院法学政治学研究科教授

〔主要著作〕
『知財の理論』（2019 年・有斐閣）
『ライブ講義　知的財産法』（2012 年・弘文堂）
『特許判例ガイド』（共著，第 4 版・2012 年・有斐閣）
『知的財産法』（第 5 版・2010 年・有斐閣）
『特許法の理論』（2009 年・有斐閣）
『論点解析 知的財産法』（編著，2009 年・商事法務）
『知的財産権と損害賠償』（新版・2004 年・弘文堂）
『市場・自由・知的財産』（2003 年・有斐閣）
『不正競争法概説』（第 2 版・2003 年・有斐閣）
『著作権法概説』（第 2 版・2001 年・有斐閣）
『商標法概説』（第 2 版・2000 年・弘文堂）
『競争法の思考形式』（1999 年・有斐閣）
『機能的知的財産法の理論』（1996 年・信山社）

時 井　　真（ときい・しん）

2009 年　北海道大学法科大学院修了
2010 年　司法修習修了（新 63 期）
2016 年　北京大学法学院博士課程
2017 年　Researcher（Max Planck Institute for Innovation and Competition）

〔主要著作〕
「日本，中国，ドイツ，EPO 及び米国における進歩性に関する裁判例の統計分析及
　び若干の理論上の問題について（1）(2)」知的財産法政策学研究第 54 号（2019
　年），第 55 号（2020 年刊行予定）
「米国特許法における Obvious to try の概念——中国特許法における有限的試験の概
　念との連続性と共に」AIPPI 65 巻 2 号（2020 年）
「『シェ・ピエール』というフランス料理店の表示が全国周知ではないとされた事
　例」『商標・意匠・不正競争判例百選』（第 2 版・2020 年刊行予定・有斐閣）
「進歩性（1）——引用文献における示唆等の必要性〔回路用接続部材事件〕」小泉直
　樹＝田村善之編『特許判例百選』（第 5 版・2019 年・有斐閣）
「日本創造性判断的現状及其応用可能性」私法（第 13 輯第 1 巻総第 25 巻）（2016
　年・华中科技大学出版社）〔中国語〕
「無効審判における冒認をめぐる主張立証責任」中山信弘他編『特許判例百選』（第
　4 版・2012 年・有斐閣）
「法務局から土地宝典の貸出を受け，法務局内の複写機で無断複製を行った利用者
　の行為につき，国に損害賠償責任等が認められた事例——土地宝典事件」知的財産
　法政策学研究 31 号（2010 年）

酒迎明洋（さこう・あきひろ）

2007年　北海道大学法科大学院修了
2008年　弁護士登録（第二東京弁護士会）
2012年　University of New Hampshire Franklin Pierce School of Law, LLM in IP
　　　　修了
2013年　ニューヨーク州弁護士登録
2017年　弁理士登録

〔主要著作〕
「指定商品・役務の範囲の確定方法」『商標・意匠・不正競争判例百選』（第2版・2020年刊行予定・有斐閣）
「リサイクルと消尽」小泉直樹＝田村善之編『特許判例百選』（第5版・2019年・有斐閣）
「消費者に商品の販売に関する情報を提供する行為の役務該当性── ARIKA事件」知的財産法政策学研究43号（2013年）
「通常実施権者の無効審判請求」中山信弘他編『特許判例百選』（第4版・2012年・有斐閣）
「人の精神活動を含む創作の発明該当性──音素索引多要素行列構造の英語と他言語の対訳辞書事件」知的財産法政策学研究34号（2011年）
「複数の主体の関与を前提とした発明の実施者に対する差止請求──眼鏡レンズの供給システム事件」知的財産法政策学研究29号（2010年）
「特許発明の実施品であるインクタンクの使用済み品を用いて製造された再生品について特許権に基づく権利行使をすることの許否──インクカートリッジ事件」知的財産法政策学研究18号（2007年）

プラクティス知的財産法Ⅰ　特許法

第I部

特許権侵害訴訟

序

◆　**特許権侵害訴訟における主な争点**　◆
① 被疑侵害物件が特許発明の技術的範囲に属するか？
② 被疑侵害行為が（直接）実施行為（68条・2条3項）に該当するか？
③ 被疑侵害行為に特許権を制限する規定・法理が適用されるか？
④ 特許に無効理由がないか？

　特許権侵害訴訟においては，原告特許権者は，自己が特許権を有することと，被告の実施行為が自己の特許権を侵害することを主張することになる。
　このうち，前者は通常，特許の登録原簿を提示すれば立証されることになるので，権利の帰属が争われる訴訟を除けば，争点になることは滅多にない。これに対して，後者の①特許発明の技術的範囲に属するか否かということは特許権侵害訴訟の争点となることが多い。

1　被疑侵害物件が特許発明の技術的範囲に属するか？

　通常の侵害訴訟では，技術的範囲の属否を巡って，まずはクレームの文言侵害に該当するか否かということが争点となる。そこでは，被告が実施している被疑侵害物件が原告の特許発明のクレームの構成要件を全て充足しているか否かということが問われることになり，明細書の記載や技術常識に照らして，クレームの文言がどのように解釈されるのかということが問われることになる。
　文言侵害の充足に問題がない場合には，均等や間接侵害という技術的範囲の属否ではなく，制限規定や無効の抗弁，あるいは侵害の効果，権利の帰属などが問題となる。
　文言侵害を肯定できない場合，つまり被疑侵害物件が構成要件の少なくとも一部を充足しない場合には，侵害が否定されることが原則となるが，例外的に侵害が肯定されることになる場合として，以下の二つが重要である。

被疑侵害物件のなかに，クレームの構成要件中の一部の要件を欠いてはいるもののそれに代替しうる要素が存在する場合には均等の成否が問題となる。

被疑侵害物件が，クレームの構成要件の一部の要件を完全に脱落している場合には，間接侵害の成否が問題となる。

また，後者の場合，付随的に，共同遂行理論，道具理論などが問題となる場合もありうる。

2　被疑侵害行為が実施行為（68条・2条3項）に該当するか？

物の発明の場合，他人が業としてその物を生産，使用，譲渡等，輸出もしくは輸入又は譲渡等の申出をする行為（2条3項1号），方法の発明の場合，他人が業としてその方法を使用する行為（2条3項2号）が直接実施行為に該当する。

3　被告の実施行為に特許権を制限する規定・法理が適用されるか？

文言侵害あるいは均等論・間接侵害が肯定される場合であっても，被告の実施行為に対して特許権を制限する規定や法理が適用される場合には侵害が否定される。制限規定や法理のなかで重要な争点となりそうなものを以下に列挙する。

（1）　技術的範囲に関係する事実に着目した制限

まず，技術的範囲に関係する事実に着目した制限規定や法理が成立する可能性がないかを探る。

公知技術が存在する場合，かつては判例法理である公知技術除外説（学説における公知技術の抗弁）を検討する必要があったが，現在では，一般的には無効の抗弁における新規性や進歩性（非容易推考性）の問題として論じれば足りる。また，特に，均等論が問題となっている事案であれば，第4要件（仮想的クレーム）の問題を吟味すべきである。

出願経過において原告特許権者（正確にはその前主である出願人も含む）が被疑侵害物件が特許発明の技術的範囲に属しないような主張をなしていたという場合には，審査経過（包袋）禁反言の問題となる。特に均等が問題となっている事案であれば，第5要件の問題となる。

（2） 被告の実施態様に着目した制限

被告が出願前から使用しているのであれば，先使用権の成否と共に，公用により新規性喪失の可能性があるのではないかということで無効の抗弁の成否も吟味することになる。また特許出願時から国内にある物に関する実施には特許権の効力が及ばないこと（69条2項2号）も押さえておくに越したことはない。

被告が特許権者や実施権者が販売した製品を実施しているのであれば，消尽の法理の適否が問題となる。特に被告が特許製品について修理や部品の取替えを施していた場合には修理と再生産が問題となる。

この他の制限規定のなかでは，試験・研究，特にその存続期間との関係が問題となる場合がある。

4　特許に無効理由がないか？

特許要件は，通常の教科書では，特許の成立要件の問題として特許法の冒頭で議論されることが多いが，侵害訴訟では無効の抗弁において議論されることになる。

特許要件は数多いが，重要なものは大別すると，5つに整理できる。

（1）　特許発明の定義

特許発明の定義に関しては学説として議論すべきところが多いが，未だに明確な境界は定まっていない。コンピュータプログラムや人の活動が関連する発明について，どのようなものが従前の裁判例で問題となっていたのかということを理解しておくに越したことはない。

（2）　新規性喪失・進歩性欠如

公知，公用，刊行物記載に該当する要件（特に守秘義務との関係等）や，新規性喪失の例外規定の適用の仕方について，確実に押さえておく必要がある。

他方，侵害訴訟では進歩性欠如の有無が争点となることが多い。事実のなかからどのようなところに着目して進歩性欠如を導くのかというパターンを理解しておく必要がある。

（3）　先願・先願の拡大

実務では先願（39条）は適用されることは滅多になく，先願の拡大（29条の2）で処理されることが殆どである。

（4）　記載要件（実施可能要件・サポート要件）

　実施可能要件（36条4項1号）とサポート要件（36条6項1号）は，近時，いずれも実務的に重要性が増している。

（5）　国内優先・補正・分割

　出願実務では極めて重要な手続きであるにも拘わらず，侵害訴訟では，国内優先，補正，分割の時期的制限，目的制限などの手続的な細則が重要な論点として問われることは殆どない。新規事項追加禁止という実体要件に関しては，その適用のされ方を押さえておけば足りる。

　その他，これら各種要件に違反しているところがクレームに含まれる技術的範囲の一部に止まる場合，その部分を訂正により削除する可能性がある場合の侵害訴訟における処理の仕方は重要な論点となる。

<u>実務ガイド</u> **特許侵害訴訟における要件事実の概略**

1　要件事実の一般論

　本書では折に触れて特許関係訴訟における要件事実について言及している。

　要件事実とは，権利の発生，障害，消滅，阻止という一定の法律効果を発生させる要件に該当する具体的事実をいい，権利の発生にかかるものを請求原因，請求原因から生じる法律効果を妨げるものを抗弁，抗弁の効果を妨げるものを再抗弁という。このような整理は，原被告に立証責任を分配する役割も果たしている。実務の大勢とされているものは，いわゆる修正法律要件分類説である（司法研修所編『民事訴訟における要件事実（第一巻）』（増補版・1986年・司法研修所)8 〜 11頁）。すなわち，法条を権利根拠規定，障害規定，阻止規定及び消滅規定に分類した上で（法律要件分類説），「立証責任の負担の面での公平・妥当性を常に確保」すべきこと，すなわち，「法の目的，類似又は関連する法規との体系的整合性，当該要件の一般性・特別性又は原則性・例外性及びその要件によって要件事実なるべきものの事実的態様」「とその立証の難易などが総合的に考慮されなければならない」とされている。知的財産法についての要件事実の諸解説書においても，特許法を（権利）発生原因に基づく原告の立証，これに対して，権利発生障害事実，権利排斥事実や権利消滅事実に基づく被告の抗弁，さらにこれらに対する再抗弁に整理

して解説されており，基本的に民事訴訟法一般と同様の考え方であると思われる。

2　特許関係訴訟における要件事実の概略 —

　特許権侵害に基づく損害賠償請求に対する抗弁及び再抗弁の概略を以下に整理する。なお，その他請求原因として，均等論（2「均等論」），間接侵害（3「間接侵害」），差止請求（15「差止請求」），補償金請求（17「出願公開による補償金請求」），審決取消訴訟（20「審決取消訴訟」），被冒認者の移転請求（23「冒認」），職務発明に基づく相当の利益請求（24「職務発明」）について各項目を参照。

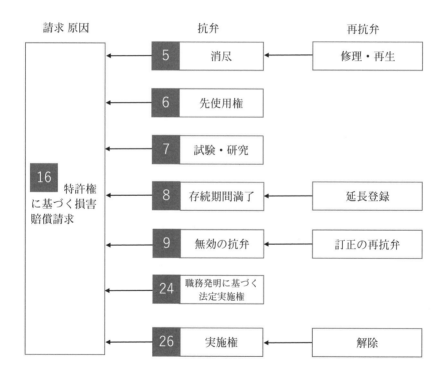

　なお，特許無効の抗弁は，名称は抗弁であってもいわゆる通称であって，証明責任の所在を示すものではないと考える。特許侵害訴訟の無効の抗弁において冒認出願や記載要件違反を被告被疑侵害者が主張した場合も，被告が

負うのはいわゆる争点形成責任であり，これらの証明責任は審決取消訴訟同様，特許権者側にあると考えられる。

1 クレーム解釈

Ⅰ　イントロダクション

　特許請求の範囲（クレーム）とは，情報の利用行為を対象とする特許権の性質上，その権利範囲が不明確となることに鑑み，特許権者の負担の下に権利範囲を明確化させるために導入された制度である。多項制を利用して請求範囲が複数の請求項に区分されている場合には，請求項毎に技術的範囲が決定される（36条5項参照）。クレームという言葉は，個別の請求項のことを指す場合と，より一般に請求範囲全般を指す場合がある。

　クレームは構成要件に分説して分析されることが多いが，これを願書に添付された明細書における発明の詳細な説明の記載や図面を参酌しながらその内容を把握していく作業のことをクレーム解釈と呼ぶ。

Ⅱ　意義・趣旨

1　侵害訴訟におけるクレームの意義

　特許権侵害訴訟において特許権者の請求が認められるためには，原則として，まずは被疑侵害行為が下記の2つの要件を満足することが必要となる（例外は101条の間接侵害）。

① 特許発明の技術的範囲に属する範囲で

②（直接）実施行為（68条，2条3項）に該当すること

　このうち特に問題となることが多い①に関しては，文言侵害と均等論の2つの可能性があることに注意しなければならない。特許発明の技術的範囲は願書に添付した明細書の特許請求の範囲の記載に基づいて定められる（70条1項）。したがって，技術的範囲の解釈に関しては，いきなり均等論を検討するのではなく，まずはクレームの構成要件を充足する文言侵害が成立するか否かを吟味する必要がある。

2　審決取消訴訟における（請求項の）クレームの意義 ─────

　請求範囲は，侵害訴訟において特許発明の技術的範囲を画定する基準となるものであるが，特許要件の審査（審決取消訴訟。侵害訴訟でも無効の抗弁で特許要件が問題となる）においても，請求範囲によって特定される技術について，特許要件を満足するか否かということが吟味されることになる。

　クレーム解釈の結果，把握される発明の技術的内容を発明の要旨と呼ぶ。そこから転じて，特に特許要件を吟味する出願審査等の段階では，クレーム解釈のことを発明の要旨認定と呼ぶことが多い。

Ⅲ　論　点

1　明細書における発明の詳細な説明との関係 ─────

　前述したように，クレーム解釈は，侵害訴訟において技術的範囲を画する場面と，出願審査等において特許要件を吟味する対象となる技術を確定する場面において問題とされる。

　このうち前者の侵害訴訟において技術的範囲を画するために，換言すれば文言侵害の成否を吟味するために，クレーム解釈をなす際の判断手法に際しては，70条2項という条文があり，明細書の記載を参酌すべきことを定めている。

　他方，出願審査の場面では，最判平成3.3.8民集45巻3号123頁〔トリグリセリドの測定方法〕があり，クレームの技術的意義が一義的に明確に理解することができないか，一見して誤記であることが明らかであるなどの特段の事情がなければ，明細書の発明の詳細な説明を参酌することは許されず，原則としてクレームの記載に基づいて発明の要旨が認定される旨を説いている。

　かつては，このように一見すると齟齬のある取扱いは，一般には穏当なものと考えられていた。その理由は以下の二つである。第一に，侵害訴訟の場面では，請求範囲の記載の方が発明の詳細な説明等の記載よりも広いものとなっている場合，広範な保護範囲を享受しようとして包括的な請求範囲を掲げがちな出願人のインセンティヴを削ぐために，請求範囲の記載は発明の詳細な説明に従って限定解釈されるものと理解すべきである。他方，第二に，特許要件を吟味する場面では，やはり，広範な保護範囲を享受することを狙

って，包括的な請求範囲を掲げがちな出願人に対し，発明の詳細な説明に対応した請求範囲を記載した出願や補正をなすように仕向けるインセンティヴを設けるという観点から，クレームに記載された発明の内容が明細書における説明よりも広いものとなっている場合，クレームの文言に従って発明の要旨を広く認定し，その広い範囲で特許要件を充足していることを求めるべきである。

しかし，2004年改正により無効の抗弁が導入された結果，侵害訴訟でも無効の抗弁を判断する際に特許要件が正面から吟味されることとなった。この場合，上述した見解に従うと，一つの侵害訴訟内で，特許権侵害を基礎付けるための技術的範囲を画する場面ではクレームを狭く解釈する反面，無効の成否を判断する場面ではクレームを広く解釈することになる。同じ侵害訴訟のなかで，技術的範囲を画定する際の前提となるクレームの文言の解釈と，無効の抗弁の前提となる発明の要旨の認定で，異なった判断手法をとることは，手続の無駄であろう。そのため，近時の裁判例の趨勢は，統一的解釈をなすものとなってきている（知財高判平成24.1.27判時2144号51頁［プラバスタチンナトリウム］，なお書きで発明要旨認定と技術的範囲は一致することが好ましい旨を判示する判決として，知財高判平成28.10.19平成28（ネ）10047［電気コネクタ組立体］）。

ただし，両者を統一するとしても，明細書の記載とクレームの記載のいずれに合わせるかということが問題となる。近年の裁判例では，侵害訴訟のクレーム解釈としては，クレームはその文言通りのものとして権利範囲が定められ，かつての実施例限定説に基づく主張は排斥される場合が殆どであり（東京地判平成29.3.3平成26（ワ）7643［引戸装置の改修方法及び改修引戸装置］，東京地判平成28.5.25平成27（ワ）8517［畦塗り機］），発明要旨の認定におけるクレーム解釈と同様の取扱いとなっている。もっとも，そのような限定を加えないとクレームが技術的に無意味になる場合（侵害訴訟：東京地判平成29.7.27平成28（ワ）35763［会計処理装置，会計処理方法及び会計処理プログラム］）や，コンピュータの処理手順に関する特許（侵害訴訟：知財高判平成27.8.4平成27（ネ）10008［コンテンツ提供システム］，審決取消訴訟：知財高判平成26.10.16平成26（行ケ）10018［システム・ファームウェアから記憶装置にアプリケーション・プログラムを転送するための方法およびシステム］）等では，クレームと明細書中の概念図の一対一の対応が重視され，実施例等に限定する

主張が容れられることがある。

2　機能的クレーム

クレームが「接続し」「設置し」などといった言葉に代表されるように，ある程度包括的かつ機能的に記されているために，抽象的ではあるが，明細書に開示された技術的思想を超えるとも超えないともどちらにも読むことが可能な場合，どのように扱うべきかということが問題とされている。クレームと明細書の記載が食い違う場合の応用例とでもいうべき論点である。

例えば，「アイスクリーム充塡苺」の発明において，クレームの構成要件が，「外側の苺が解凍された時点で，柔軟性を有し且つクリームが流れ出ない程度の形態保持性を有していることを特徴とする」と記載されていたとしよう（東京地判平成 16.12.28 平成 15（ワ）19733 ［アイスクリーム充塡苺］の例）。しかし，明細書には，これを実施するために「寒天及びムース用安定剤」を添加することが開示されているが，その他の方法は開示されていなかったとする。この場合，クレームの発明の要旨ないし技術的範囲を，文字通り，「外側の苺が解凍された時点で，柔軟性を有し且つクリームが流れ出ない程度の形態保持性を有していることを特徴とする」アイスクリーム充塡苺全般に及ぶと広く解釈するのか，それとも，明細書に開示されている「寒天及びムース用安定剤」が添加されたアイスクリーム充塡苺に止まると解するのか，ということが問題となる。

かつての裁判例の概ねの傾向をいえば，やはり侵害の範囲を画する場面と特許要件を吟味する場面とで違えて考えていた。侵害訴訟において保護範囲を画定する場面にあっては，機能的クレームの保護範囲を限定的に理解するが，ただし，明細書に開示された具体的な構成から読みとれる技術的思想に基づいて当業者が容易に実施できる範囲（東京地判平成 10.12.22 判時 1674 号 152 頁 ［磁気媒体リーダー］）に保護範囲を画定するという手法がとられていた。他方，審決取消訴訟において特許要件を吟味する場面にあっては，機能的クレームを文言どおり広いまま理解される結果，このように広く解されたクレームに公知技術が含まれる場合，新規性が喪失するとして特許出願を拒絶したり，特許を無効としたりする（知財高判平成 18.6.6 平成 17（行ケ）10560 ［自己発光素子の駆動装置及び方法］，知財高判平成 18.8.31 平成 17（行ケ）10635 ［固体燃料ロケット燃焼室の形状］）。

しかし，最近では，両者の場面で取扱いを違えない考え方が裁判例の趨勢となっている。そこで今後の実務では最近の考え方に従って，どちらの場面でも明細書の記載に従っておけば十分であろう。以下，その立場を採用する場合の理由を示しておく。

　第一に侵害が成立する技術的範囲を画する場面に関して，クレームが機能的に包括的に記載されているとしても，明細書の記載がその全てを支えていない場合，実際には発明されていないか，少なくとも実施可能な程度には開示されていない技術的思想についてまで特許権の保護を与えることは，発明とその出願を特許付与の二大要件とした特許法の趣旨に悖ることになる。

　ゆえに，機能的クレームの保護範囲は，明細書の開示から当業者が読み取ることができる技術的思想の範囲内に限定されるものと解釈すべきであろう。

　第二に，そうだとすると，特許要件が問題となる場面においても，侵害訴訟の場面で画定される技術的範囲に合わせて発明の要旨認定をすることが，関係者の予測可能性を確保し，異なる手法をとることによる手続の無駄を防ぐことに資する。したがって，この場面でも，機能的クレームを明細書の記載に従って限定的に解釈する考え方をとるべきである。

　Point　機能的クレーム

　クレームのなかに抽象的に機能的に表現されている構成要件がある場合（機能的クレーム），侵害訴訟においてその技術的範囲を画する場面では，発明とその出願を特許付与の要件とした特許法の趣旨に悖ることのないよう，特許発明の保護範囲は，明細書の開示から当業者が読み取ることができる技術的思想の範囲内に限定されるものと解釈すべきであろう。そして，特許要件を吟味する場面での発明の要旨認定に際しても，予測可能性を確保し，異なる手法をとることによる手続の無駄を防ぐためには，技術的範囲の解釈と同様に，明細書の記載に従って限定されるものと理解すべきである。

3　出願経過の参酌

　出願経過の参酌は，均等論の第5要件として著名である。しかし，通常の文言侵害の場面におけるクレーム解釈として出願経過が参酌されることもある。すなわち，特許権者が出願時に公知技術との違いを強調し特許を受け

ていた場合，侵害訴訟の場面で特許権者が公知技術の部分も権利範囲に含めるような解釈は否定されている（大阪地判平成17.7.21 平成16(ワ)10541［鉄骨柱の傾き調整装置］，東京地判平成20.1.17 平成19(ワ)17559［生海苔異物分離除去装置の異物分離機構］）。

4　プロダクト・バイ・プロセス・クレーム ―――――――
(1)　物同一性説 vs. 製法限定説

例えば，物の発明のクレームの構成要件のなかに，「製造方法Aにより生産される化学物質B」というように製法が記されている場合，クレームを字義通りに解釈するのか，それとも方法による限定を無視して解釈するのかということが問題となる。

> Point　物同一性説と製法限定説
> 物同一性説：同一の物性の物であれば，製法による限定がなく，特許の技術的範囲に含まれるとする見解
> 製法限定説：当該製法により生産された物であることが技術的範囲の充足に必要とする見解

第一に，侵害の範囲の確定の場面では，クレーム（e.g. 前記弾性体は，前記外殻体の前記孔を通って，前記外殻体の内部に導入される）を字義通りに解し，この方法で製造された物（e.g. 外殻体に孔を設けたうえで，その内部に弾性体を通す手法により製造された物）だけが侵害となると解釈するのか（製法限定説），あるいは，クレームの方法の記載を無視して，異なる方法で製造された物であっても同じ構造をしているもの（e.g. 半分にわった外殻体の断片二つで弾性体を囲んだうえ，当該断片を接着するという手法により製造された物）であれば侵害となると解釈するのか（物同一性説），という形で議論されることになる。

第二に，特許要件の吟味の場面では，クレームを文字通りに解釈し，先行して異なる方法で製造された物が公知技術となっている場合であっても新規性を失わないか（製法限定説），それとも，クレームの方法の限定を無視して，その場合でも新規性を喪失すると解するのか（物同一性説）ということが問題となる。

（2） 従前の裁判例

　かつて裁判例は分かれており，侵害訴訟における技術的範囲の属否の場面では，製法限定説（東京地判平成 14.1.28 判時 1784 号 133 頁［止め具及び紐止め装置］）と非限定説（東京高判平成 14.9.26 判時 1806 号 135 頁［同 2 審］）が，特許要件の審査の場面では，非限定説（東京高判平成 14.6.11 判時 1805 号 124 頁［ポリカーボネート成形材料］，知財高判平成 18.6.26 平成 17（行ケ）10781［プラバスタチンラクトン］）をとる判決などが存在した。

（3） プラバスタチン知財高裁大合議判決

　このようななか，知財高大判平成 24.1.27 判時 2144 号 51 頁［プラバスタチンラクトン I］は，技術的範囲の属否，特許要件の審査（無効の抗弁）ともに，特許請求の範囲に製造方法が記載されている場合，真正プロダクト・バイ・プロセス・クレーム（物の特定を直接的にその構造又は特性によることが出願時において不可能又は困難であるとの事情が存在するため，製造方法によりその特定を行っているとき）と不真正プロダクト・バイ・プロセス・クレーム（物の製造方法が付加して記載されている場合において，当該発明の対象となる物を，その構造又は特定により直接的に特定することが出願時において不可能又は困難であるとの事情が存在するとはいえないとき）に分け，前者は，製法非限定説，後者は，製法限定説を採ることとされた。

　しかし，この大合議判決の見解の下では，真正，不真正の区別に対して特許庁の判断がなされることなく，後の侵害訴訟等における裁判所の判断を仰がなければならない事態が多くなると推察される。もちろん，審査の際になんらかの拒絶理由が通知され，それに対する出願人の応答の過程で不真正であることを前提とした主張がなされれば，後の侵害訴訟等の段階で特許権者の側が実は真正であると主張することは審査経過禁反言により防がれることになろうが，拒絶理由通知が一度も打たれることなく「一発査定」が下された場合などのように，審査経過上，一度も真正，不真正に関する意見が開陳されていない場合には，禁反言適用の前提を欠くから，この手法による調整をなすことは困難である。

（4） プラバスタチン最高裁判決

　そのような状況下で，上告審の最判平成 27.6.5 民集 69 巻 4 号 700 頁［プラバスタチンラクトン I］（田村善之［判批］知的財産法政策学研究 48 号 289 頁（2016 年））は，プロダクト・バイ・プロセス・クレームは物同一性説的

に解釈されるべきであるが，出願人にそのようなクレームによらざるを得ない事情がなかったときには，そもそも明確性要件に違反して無効となるべき結論に至る旨を説いて，原判決を破棄した。同一特許に関する別事件の上告審である，最判平成 27.6.5 民集 69 巻 4 号 904 頁［プラバスタチンラクトンⅢ］も，無効の抗弁を判断する際の発明の要旨認定に関して，同日付けの前掲最判［プラバスタチンラクトンⅠ］が技術的範囲について判示したことと同旨を説いて，事件を原審に差し戻した。

　ただし，最高裁によれば，「出願時において当該物をその構造又は特性により直接特定することが不可能であるか，又はおよそ実際的でないという事情が存在するとき」には，例外的に，製法により物を特定しても，明確性の要件に違反しないとされている。その意味するところは，「その具体的内容，性質等によっては，出願時において当該物の構造又は特性を解析することが技術的に不可能であったり，特許出願の性質上，迅速性等を必要とすることに鑑みて，特定する作業を行うことに著しく過大な経済的支出や時間を要するなど，出願人にこのような特定を要求することがおよそ実際的でない場合」であるという。学説では，化学物質やバイオテクノロジー関連発明で，そのような事態がありうると説かれている。

> Point　プラバスタチン最高裁判決の理解
> 最高裁の結論は以下の通りである（「真正」「不真正」という言葉は用いていない）
> 真正プロダクト・バイ・プロセス・クレーム⇒製法非限定説
> 不真正プロダクト・バイ・プロセス・クレーム⇒明確性要件に違反し無効

　最高裁の論理の下では，特許法 36 条 6 項 2 号の明確性要件が活用される。特許庁の出願審査の段階でこの要件が適用されると，同判決が許容されるべきではないと考えるプロダクト・バイ・プロセス・クレームに対する審査が行われる結果，大半の不必要なプロダクト・バイ・プロセス・クレームは，拒絶されることになろう。したがって，最高裁判決が説くところの，原則として明確性要件によりプロダクト・バイ・プロセス・クレームをなるべく解消していくという法理は，今後の実務を規律する行為規範としては，相対的には，知財高裁大合議のそれよりも優れている。

しかし，すでに付与されてしまっている特許の取扱いという評価規範の観点からすると，最高裁判決の取扱いには疑問を抱かざるをえない。本最高裁判決が現れるまで，特許庁や裁判実務は，明確性の要件を論難することなく，プロダクト・バイ・プロセス・クレームを用いること自体が無効原因とされることはないままの判断が繰り返されていた。したがって，いまさら必要性のない場合には特許が無効になると取り扱うことは，従前の特許庁の審査や裁判実務を前提に行動してきた特許権者等にとって不意打ちとなる。

(5) 訂正・補正の可否

　もちろん，最高裁判決が下されている以上，それを前提とした取扱いを工夫していくほかない。具体的には，少なくとも，プロダクト・バイ・プロセス・クレームを物を生産する方法の発明に変更するという補正，訂正は，請求範囲の減縮（17条の2第5項2号，126条1項1号，134条の2第1項1号）として認められるものと考えられる。さらにいえば，プロダクト・バイ・プロセス・クレームを物の発明に変更するという補正，訂正も，最高裁判決のように，物同一性説を採用する場合には，当初クレームの時点でそもそも製法限定が掛からない物に技術的範囲が及んでいたのであるから，上記のような訂正により技術的範囲が拡大するものではないと解されることになろう。一般論をいえば，訂正に関しては，実質的拡張や変更の禁止という制約（126条6項，134条の2第9項，120条の5第9項）が掛かっているが，最高裁判決の理解の下では，プロダクト・バイ・プロセス・クレームを物の発明に変更することが，それだけで実質的拡張や変更の禁止に抵触することにはならないと考えられる。ゆえに，補正ばかりでなく（17条の2第5項4号），訂正も明瞭でない記載の釈明として認められると解すべきである（126条1項3号，134条の2第1項3号）。ただし，クレームの全範囲を支える記載が明細書にない場合には別論となる）。

(6) 表見的プロダクト・バイ・プロセス・クレーム（クレームにおける経時的要素の扱い）

　クレームのなかに経時的要素が入っていれば常に，最高裁判決のいう明確性の要件違反となるプロダクト・バイ・プロセス・クレームとなるのかという論点がある。例えば，以下のような記載（下線部が経時的要素となる）があるクレームは多数存在し，それらのもの全てについて拒絶理由を通知したり，訂正のない限り無効としたりする必要が有るのかということが問われて

いる。

　「凹部を備えた孔に凸部を備えたボルトを前記凹部と前記凸部とが係合するように挿入し，前記ボルトの端部にナットを螺合してなる固定部を有する機器。」

　このようなプロダクト・バイ・プロセス・クレームを，「表見的プロダクト・バイ・プロセス・クレーム」として，最高裁判決の射程の外である（このままでも明確性要件に違反しない）という見解も有力に唱えられている。この解釈をとった場合，その外延が問題となるが，当業者の通常の理解に従えば，方法の記載と受け止められないだろうということを基準に判断するほかないように思われる。

　しかし，その後の知財高裁の裁判例は，「表見的プロダクト・バイ・プロセス・クレーム」ばかりでなく，通常の日本語の感覚としては，方法により限定がかかっているように読めるクレームも含めて明確性要件に違反しないとする判断が相次いで示されている。一例として，以下のようなクレームが挙げられる。

　「透光性あるシート・フィルムを，80～100cm 長さの稲育描箱の巻取り開始縁以外の３方の縁からはみ出させて，稲育描箱底面に根切りシートとして敷き，その上に籾殻マット等の軽い稲育描培土代替資材をはめ込み，この表面に綿不織布等を敷いて種籾の芒，棘毛を絡ませて固定し。根上がりを防止して，覆土も極少なくして育苗した，軽量稲苗マットを，根切りシートと一緒に巻いて，細い円筒とした，内部導光ロール苗」（知財高判平成 28.11.8 平成 28（行ケ）10025［ロール苗搭載樋付田植機と内部導光ロール苗］）

　この事件で知財高裁は，クレーム内に「経時的な要素の記載」があり，ゆえに「特許請求の範囲に」「物の製造方法が記載されている場合」に該当することを認めつつ，そのような場合であっても，「当該製造方法が当該物のどのような構造又は特性を表しているのかが，特許請求の範囲，明細書，図面の記載や技術常識から明確であれば」，最高裁判決の射程は及ばないとの一般論の下，明確性要件に違反しない，と帰結した。抽象的な文言としては最高裁の規範に従ったふりをしつつ，実質的には，通常のプロダクト・バ

イ・プロセス・クレームであっても明確性に違反しないと判示したに等しく，最高裁判決に叛旗を翻すものとして注目される。

　しかし，他方で，知財高裁といえども経時的要素のある全ての物クレームが明確性要件に違反しないとするわけではない。たとえば装置発明（e.g.「無洗米の製造装置」）のクレーム中で，無洗米を製造する方法（e.g.「亜糊粉細胞層を米粒表面に露出させ」）が記載されているが，それが（無洗米の構造，特性を特定しうるものであったとしても）装置の構造，特性を特定するものでない場合には，物を特定し得ないから明確性要件に違反するとされている（知財高判平成 29.9.21 平成 28（行ケ）10236［旨み成分と栄養成分を保持した精白米または無洗米の製造装置］）。逆にいえば，その限度で，最高裁判決の射程が生かされている。

　実務ガイド　**特許明細書等の読み方について**

　従前，明細書等（明細書，特許請求の範囲（クレーム），図面及び要約書等）については，その書き方を指南する出願担当者向けの書籍は多数存在するものの，その作成後の段階で特許侵害訴訟や審決取消訴訟等の特許訴訟を控えて，他人が作成した明細書等をどのように読み込むと便宜かという視点から叙述がなされることは比較的少なかったように思う。そこでこの点について簡略に記載しておきたい。

　1　明細書等の解析の順序

　クレーム解釈は，特許侵害訴訟の出発点ともいえる作業である。しかし，その対象となる「特許請求の範囲」に記載された文章は，公開公報や特許公報の冒頭に掲げられているものの，特許技術用語が技巧的に凝縮された文章であり，作成に従事した弁理士や審査官以外にとっては，最も難解な日本語の一つと感じることもある。このような場合は，明細書中の【背景技術】や【発明が解決しようとする課題】を先に読み，前もって，従来技術の問題点を理解してからクレームを読むと理解しやすいことがある。

　2　当該発明（請求項発明）の理解

　（1）　技術的理解の一助として

　次に，どのように特許発明を理解していくかという問題がある。まず，当該特許発明に関する技術分野のバックグラウンドがなければ，技術的理解については，図表入りの最も簡易な概説書等を参照しつつ予備知識を背景にしながら，当該発明の開示を読み込むという方法が有益であるように思われる。

そしてその際には，当該発明の明細書等の中においてクレームの文言に特別の定義が付与されていないか，確認したほうがよい。特許庁の実務では，クレーム中の用語を出願者自身が定義を与えることによって（通常の意味と異なる）特定の意味で用いることができるとされているからである（特許施行規則24条の4・様式29の2備考9）。

　なお，特許事件に取り組むに際して，当該技術分野のバックグラウンドがないからといって悲観することはない。上記のような過程を経て得られた理解の道筋は，裁判書面などにおける明快で分かり易い立論に繋がるものである。

（2）　分析の重点

　その上で，明細書等の解析において重点を入れるべき点は，従来技術と比較して，当該発明の本質的部分（課題及びその課題解決原理）はどこにあるか，そして被疑侵害物件は当該部分を利用しているのかという点にある。特許法は，発明とその公開を奨励する制度なのであって，クレーム・ドラフティングのテクニックを推奨する制度ではないからである（田村善之「特許法における発明の「本質的部分」という発想の意義」『発明の本質的部分の保護の適否』日本工業所有権法学会年報第32号70頁（2009年））。

　発明者により一般的な解決原理が発見され，かつそれが明細書中に開示されていている限りは，当該発明の技術思想を把握しうる。特許権の権利範囲はクレームの文言で決定されることは言うまでもないものの（70条1項），この場合，クレームに当該技術思想を十分にカバーしていない等の多少のミスがあっても，クレーム解釈や均等論で救済される可能性がある。逆に，そのような技術思想が当該発明の明細書等では開示されておらず，あるいは，当該発明の本質的部分を被疑侵害物件が利用していない場合は，クレーム解釈や均等論による救済も難しい事案であると判断することができる。

2 均 等 論

Ⅰ　イントロダクション

　裁判実務では均等は好んで主張されるが，実際に裁判所で均等論が肯定されることは例外的であることに注意すべきである。最も高いハードルは，本質的部分の要件であり，そこでは被疑侵害物件が（クレームの文言には該当しないとしても）明細書に記載された技術的思想に含まれていることが求められている。均等には他の要件もあるが，まずここをクリアしない限りは，均等が肯定されることはない。

Ⅱ　要 件 事 実

　クレームの文言侵害が成立しない場合であっても，
① クレームの本質的部分を違えない範囲で（＝本質的部分の要件）
② 置換可能であり（＝置換可能性の要件）
③ 侵害時点において当該者が予見可能な範囲で（＝置換容易性の要件）
特許権侵害が肯定されうる。
　なお，④出願時点において公知技術から容易に推考しえた範囲など，出願されていたとしたら特許要件を満たさず拒絶されるべきであった技術思想である場合（＝仮想クレームの要件），⑤当該特許の審査経過において出願人が特許権の技術的範囲にはいらないことを前提に意見書を提出したり補正をなしていたりした場合（包袋禁反言）には，均等の成立が否定される。④⑤の立証責任は，被告被疑侵害者にある。

Ⅲ　意義・趣旨

1 意　義

　特許請求の範囲（クレーム）の文言侵害が成立しない場合であっても，①クレームの本質的部分を違えない範囲で（＝特許発明の技術的思想を違えない範囲で〔通説・裁判例〕），②置換可能であり，③侵害時点において当業者が

予見可能な範囲で，特許権侵害を肯定する理論である。

　ただし，④出願時点において公知技術から容易に推考しえた範囲など，出願されていたとしたら特許要件を満たさず拒絶されるべきであった技術的思想である場合，⑤当該特許発明の審査経過において出願人が特許権の技術的範囲に入らないことを前提にした意見書を提出したり補正をなしていた場合には，均等の成立が否定される。

2　趣　旨

　均等論を認めた最判平成 10.2.24 民集 52 巻 1 号 113 頁［ボールスプライン軸受］が示した均等の五要件は，以下のとおりである。

　特許請求の範囲に記載された構成中に対象製品等と異なる部分が存する場合であっても，
① 当該部分が特許発明の本質的部分ではなく（非本質的部分），
② 当該部分を対象製品等におけるものと置き換えても，特許発明の目的を達することができ，同一の作用効果を奏するものであって（置換可能性），
③ その置換は，当業者が対象製品等の製造等の時点において容易に想到することができたものであり（置換容易性），
④ かりに，被疑侵害物件（イ号物件）を請求範囲とする出願が問題の特許出願時点（原告の特許出願時点）でなされていたとしたならば特許要件を満足しており（仮想的クレーム），
⑤ 対象製品等が特許発明の特許出願手続において特許請求の範囲から意識的に除外されたものに当たるなどの特段の事情もないとき（審査経過〔包袋〕禁反言）。

　均等に関する各種論点を論じるためには，これら 5 つの要件の趣旨を踏まえておくことが望まれる。以下，相互に関連している本質的部分，置換可能性，置換容易性をまとめて趣旨を示したのち，仮想的クレーム，審査経過禁反言について述べる。

`Point` 本質的部分・置換可能性・置換容易性

　特許請求の範囲で特許権の保護範囲を確定するという原則（70条1項）を厳格に貫徹する場合には，特許権が簡単に侵害を回避されてしまい，特許権の実効的な保護に悖る。しかし，明細書に開示されている技術的思想を用いれば一部ないし全部の構成要件を置換したとしても発明の効果を達成することが可能であることが（②置換可能性の要件），被疑侵害者の実施時に技術を利用しようとする当業者から見て明らかであるならば（③置換容易性の要件），これを特許権の保護範囲に属せしめたとしても，当業者に対して不測の不利益を及ぼすということにはならず，請求範囲の存在意義が失われるということにはならないであろう。

　他方で，発明者が発明し開示していないものについてまで，権利を拡大することは発明とその公開を奨励する特許制度の趣旨に反する。出願により開示された技術的思想とは異なる技術的思想を被疑侵害者が用いている場合には，もはや開示された発明が利用されたとはいえないから，特許発明の保護範囲の外に置かなければならない（①本質的部分の要件）。

`Point` 仮想的クレーム

　新規性を喪失している発明や容易に推考しうる発明に対する特許の成立を否定する特許法の新規性要件や進歩性要件の規律を無にしないためには，均等の場面でも，公知技術もしくは公知技術とは異なるが進歩性を欠く技術に対して特許権の保護を与えてはならないと解される。

`Point` 審査経過（包袋）禁反言

　審査段階では権利の実質的な保護範囲を狭く主張しておきながら権利行使の段階になると範囲を広めるという出願人ないし特許権者の主張を許容してしまうと，審査制度が潜脱されることになる。特許法が，権利成立要件を判断する機関（審査手続）と権利行使の可否を判断する機関（侵害訴訟）とを分離させたのは，特許要件の判断に専門的知識を有する特許庁の審査を介在させるためであって，特許権者を利するためではない。ゆえに，特許権者がこれを奇貨として矛盾主張をなすことは許されないと解される。以上の説明は役割分担論に基づくものであるが，近時有力となっている考え方である。

Ⅳ　論　点

1　本質的部分

（1）　本質的部分の意味

「本質的部分」の意味については，説の対立がある。

（a）　技術的特徴説

クレームの構成要件を分説したうえで，それを本質的部分と非本質的部分に分け，そのうち非本質的部分を置換するに止まることを要求するものであると理解する。

条文上，素直な理解であるが，採用する裁判例は少数派であり，大合議判決である知財高大判平成28.3.25平成27（ネ）10014［ビタミンDおよびステロイド誘導体の合成用中間体］（マキサカルシトール事件）（田村善之［判批］IPマネジメントレビュー22号18頁（2016年））によって明示的に否定された。

技術的特徴説：クレームの各構成要件を本質的部分と非本質的部分に分ける。

クレーム：	a（本質）	＋b（本質）	＋c（非本質）	
ロ号：	a’	＋b’	＋c	⇒均等不成立
ハ号：	a	＋b	＋c’’	⇒均等成立

（b）　技術的思想説（解決原理説）

置換されたイ号が特許発明の技術的思想の範囲内にあるか否かを問い，それが肯定されるのであれば，（結果的に）置換された部分は非本質的部分であったことになり，逆にそれが否定されるのであれば，（結果的に）置換された部分は本質的部分であったことになると理解する。

多数説であり，前掲知財高大判［ビタミンDおよびステロイド誘導体の合成用中間体］によって確認された。

技術的思想説（解決原理説）：置換されたイ号が特許発明の技術思想の範囲内にあるか否かを問う。

クレーム：	a	＋b	＋c	
イ号：	a	＋b	＋c’	⇒解決原理が同一であれば均等成立
ロ号：	a	＋b	＋c’’	⇒解決原理を異にすれば均等不成立

（c） 技術的特徴説の欠点（＝技術的思想説を採用すべき消極的理由）

クレーム中，特定の構成要件（e.g.注射方法の発明で「ほぼ垂直に保持された状態」）を非本質的部分とした以上は，被疑侵害者の当該要件の置換態様が特許発明と同一の技術的思想に収まる場合（e.g.「水平からやや上向きに保持して」）ばかりでなく，もはや特許発明と同一の技術的思想とはいえない場合（e.g.「下向きにして」〔注射器内の注射液が逆流してしまい用をなさなくなる〕）にまで本質的部分の要件を肯定せざるをえなくなる。

逆に，特定の構成要件が本質的部分であるとされてしまった場合には，その部分の変更はいかにそれが些細なものであったとしても均等は成立しないことになりかねない。

しかし，発明と出願のインセンティヴを与える特許法の目的に鑑みる場合には，肝要なことは，出願された発明にかかる技術的思想に対するフリー・ライドが認められるか否かということになるはずであって，こうした硬直的な運用は疑問である。

Point　本質的部分の意味（＝技術的思想説を採用すべき積極的理由）

均等論における本質的部分の要件の抽出においては，出願にかかる技術的思想に対するフリー・ライドを防止する特許法の目的に鑑み，クレームを分説したうえで各構成要件を比較するという作業により本質的部分と非本質的部分を分別する（＝技術的思想説）のではなく，特定の要素をイ号に置き換えると，解決すべき課題や解決原理を異にするか否かということを判別すべきである。

（2）　本質的部分の抽出方法

技術的思想説を採用した場合，本質的部分の要件の成否は，クレームに体現された特許発明の技術的思想の範囲に従って決定されることになる。この技術的思想の特定方法について，前掲知財高大判［ビタミンＤおよびステロイド誘導体の合成用中間体］は，まずは明細書の記載によって決定されるべきものであることを明らかにした。したがって，本質的部分にかかる技術的思想は，明細書に記載された技術的思想，具体的には，解決すべき課題と，それに対する解決原理によって特定される。裁判例では，そこから公知技術に該当するものを除いたり，審査経過に鑑みて修正を加える場合がある。しかし，従前の裁判例では，これらの事情はいずれも明細書の記載から導かれ

る本質的部分にかかる技術的思想を狭める方向に，つまり均等を否定する方向にのみ斟酌されている。理屈をいえば，本来は，そのような問題は第4要件の仮想的クレームの解釈や，第5要件の審査経過（包袋）禁反言のところで参酌するという有力説に与して処理すべきであるように思われる。もっとも，少なくとも公知技術の参酌に関しては，前掲知財高判［ビタミンDおよびステロイド誘導体の合成用中間体］が，明細書に記載されている解決課題が従来技術に照らすと広汎に過ぎる場合（つまり，公知技術によると解決済みのものを含んでいる場合）には，公知技術に即して，解決課題はより狭いものと解釈し，それに応じて本質的部分を画定すべきであるとしているので，実務的にはそれをとるべきであろう。他方，審査経過に関しては，同判決は本質的部分に関係するとは言っておらず，かえって，第5要件のところでそれを勘案する構えを見せている。したがって，審査経過に関しては第5要件のところで参酌すれば足りるだろう。

Point　本質的部分の抽出方法

　特許法が，発明とその出願による公開と引換えに特許権を付与する仕組みを採用していることに鑑みると，公開されていない技術的思想に特許権の保護が及ぶことを防ぐために，被疑侵害物件が，クレームされた特許発明に関して明細書に開示された技術的思想の範囲を外れる場合には，本質的部分を違えるものとして均等の成立を否定すべきである。

　この技術的思想は，明細書に開示された解決すべき課題とそれに対する解決原理によって特定される。ただし，明細書の記載が誤っており，公知技術によって解決済みの課題が掲げられている場合には，公知技術に即して解決すべき課題はより狭く特定されなければならない。さもないと，産業の発達に必要のない保護を与えることになりかねないからである。

(Check)　本質的部分の抽出と明細書の記載との関係

　本質的部分にかかる技術的思想の特徴は，裁判例においては，明細書に解決すべき課題と解決手法として記載されているものに基づいて認定されている。前述したように，公知技術によってそこから狭く限定されていくことはあるが，その場合でも外延，つまり最も広い限界を画するのはあくまでも明細書の記載であり，公知技術はそこから本質的部分にかかる技術的思想を狭くする方向で参酌されるに過ぎない。

このように明細書の開示に従って本質的部分にかかる技術的思想を特定するということは，具体的には以下のことを意味する。

第一に，明細書に開示されていない技術的思想を本質的部分であると主張することは許されない。

この理を明らかにした東京地判平成 11.1.28 判時 1664 号 109 頁［徐放性ジクロフェナクナトリウム製剤］における特許発明は，「速効性ジクロフェナクナトリウムと，ジクロフェナクナトリウムに腸溶性の皮膜をコーティングした遅効性ジクロフェナクナトリウムとを一定の比率で組み合わせて製剤することにより，徐放性，すなわち消化管内で長時間にわたり溶出し，吸収されるようにして，有効血中濃度を長時間にわたって維持することを可能にした」というものであった。クレームの構成要件中の腸溶性物質 HP（ヒドロキシプロピルメチルセルロースフタレート）に代えて，被疑侵害物件のように，腸溶性皮膜 AS（ヒドロキシプロピルメチルセルロースアセテートサクシネート）を用いることが均等といえるか否かということ等が争点となった。

裁判所は，均等を否定している。簡単にいえば，発明者が発明し明細書に記載したのは，単にヒドロキシプロピルメチルセルロースフタレートが徐放効果を発揮することのみでしかなく，当該物質中にヒドロキシプロピル基が存在することが徐放効果を発揮する原因であることまでは記載されていない。そのような場合に，あたかもヒドロキシプロピル基の存在が徐放効果を発揮することが発明され明細書に記載されているかの如く扱い，その範囲で均等を認めるわけにはいかないというのである。かりに被告医薬品の構成を含むような作用機序が明細書に開示されていた場合には，結論は反対となり，均等が認められたものと思われる。

第二に，逆に，明細書に解決すべき課題や解決手法として記載されているものを本質的部分ではないと主張することも許されない。

この理を明らかにした知財高判平成 19.3.27 平成 18（ネ）10052［乾燥装置］において問題となった特許権の明細書には，最下部の基羽根が 1 枚であることによって生じる課題を解決すると記されていたために，クレームの「複数枚の基羽根 5a から成る」＝「最下段に複数枚の基羽根を配設した」ものと解釈された。これに対して，被告装置は，最下部に基羽根が 1 枚しかない構成がとられていた。特許権者は訴訟において最下部の基羽根が 1 枚しかない被告装置のような構成でも特許発明の実施品と同等の効果を発揮できることを示す実験データを裁判所に提出したが，裁判所は，本質的部分の要件は，明細書の記載から定められるものであって，被告装置によって実際に特許発明の実施例と同等の効果を挙げうるか否かは無関係である旨を説いて，均等を否定している。

2 置換可能性

　被疑侵害物件が，明細書に記載されている解決手段の範囲内にあるとしても，実は明細書の記載が誤っており，当該解決手段を用いても，明細書に記載された課題を解決することができないという場合がある。特許法が，発明とその出願による公開と引換えに特許権を付与する仕組みを採用していることに鑑みると，発明されたものではない技術的思想に特許権の保護が及ぶことを防ぐ必要がある。したがって，被疑侵害物件が明細書に記載された解決手段を用いるものであったとしても，特許発明の課題を解決することができない場合には，発明の効果を達成することができないことを理由に，置換可能性がないとして均等の成立を否定すべきである（本質的部分の要件を否定する判決もあるが，論理的には，置換可能性の要件の問題とすれば足りる）。

3 置換容易性
（1）　置換容易性の判断基準時

　当業者からみた置換容易性を何時の時点で判断するのかという論点がある。出願時において置換可能が容易であることを要するのか，侵害時点で置換容易であれば足りるのか，という問題である。前掲最判［ボールスプライン軸受］は，後者の侵害時点説を採用している。被疑侵害者の予測可能性を確保すれば足りるというその趣旨に鑑みれば，ここにいう侵害時とは，侵害の開始時を指すと理解すべきであろう。

　他方，特許制度が発明の奨励にある以上，出願人が発明していなかったところにまで特許権の効力を及ぼしてはならないが，そのため，置換容易性の判断基準時を出願時とする必要はなく，本質的部分の要件の充足を否定すれば導くことができる。

（2）　置換容易性を判断する「当業者」

　一般に，当業者において置換容易か否かというときの当業者は，進歩性の要件を定める29条2項や，明細書記載要件を定める特許法36条4項1号にいう「その発明の属する技術の分野における通常の知識を有する者」を指すと考えられていることが多い。しかし，学説のなかには，29条2項の進歩性要件における当業者は開発部門の当業者を指すが，均等論における当業者と，36条4項1号の明細書の記載要件における当業者は製造部門の当業者を指すという理解を提唱するものもある。開発部門の方が製造部門よりも

技術的な能力の水準が高いということが想定されている。

　進歩性の要件が，容易に想到しうる発明に対して特許が取得されることを防ぐ趣旨であるとすれば，主として発明を担っている開発部門の当業者を基準に容易に推考しえるか否かということを判断すべきであろう。他方で，明細書の記載要件が当該業界において特許発明を実施する者一般に対して，発明の実施を可能なものすることを要求する要件であることに鑑みると，そこにおける当業者は製造部門の者と考えるべきであろう。均等論の場面では，特許発明の実施をなしている者がクレームを見て保護の範囲とされていると分かるか否かということが問題になっているのだから，やはり製造部門の者が基準となると理解すべきであろう。

4　仮想的クレーム

（1）　仮想的クレームの証明責任

　仮想的クレームの要件の証明責任の所在については見解が分かれている。

　学説では，争点が形成された後は，特許権者の方が証明責任を負うという見解も有力であるが，裁判例では，被疑侵害者側が負うという見解が優勢である。なぜならば，特許要件の充足の有無の判断は本来は特許庁に審査させるべきであるところ，審査を開始するための出願のインセンティヴに悖ることがないようにという観点からは，出願，審査を経ていないサンクションは出願人（の承継人である特許権者）に課すべきである。この点で，出願，審査を経ている請求範囲の文言解釈による侵害が認められる被疑侵害物件に関しては，当然無効の抗弁ないし公知技術の抗弁のみが認められ，特許要件の充足の有無が不明な場合には，被疑侵害者に不利に扱うべきであることと異なる。他方で，関連する公知技術が「ない」ことを証明することは困難であるから，仮想的クレームの新規性，進歩性を判断するための引例となる公知技術の存在については，被告にその存在を主張，立証する責任があると取り扱うべきであろう。それにより仮想的クレームが新規性や進歩性を失うことになるのかということの証明の責任が，特許権者の負担すべきものとなる。しかし，裁判例では，被疑侵害者側が負うという見解が優勢であり，傍論ながら，抽象論として，前掲知財高大判［ビタミンＤおよびステロイド誘導体の合成用中間体］が，その理を確認した。

（2） 仮想的クレームの適用される特許要件

　新規性や進歩性の要件のように最判が（おそらく例として）掲げたもののみではなく，他の特許要件（e.g. 先願の拡大）に関しても，同様に仮想的クレームによる吟味が必要となりうることに注意する必要がある。

5　審査経過（包袋）禁反言

（1）　意識的除外か審査経過（包袋）禁反言か

　学説では，クレームの枠内の文言侵害の場面では，出願人が意識的に当該技術を特許権の保護範囲から除外するなどの特段の事情のない限り，審査経過（包袋）禁反言ないし意識的除外が適用されることはないが，均等の範囲内では出願経過に疑義があれば積極的に禁反言を認めるという形で，文言侵害か均等の範囲内かということで禁反言の適用の難易度を分ける考え方もある。判断機関分化の調整原理としての禁反言の法理の下では，文言侵害か均等かということで禁反言の適否に変わるところはないはずである。

（2）　コンプリートバー vs. フレキシブルバー

　審査経過（包袋）禁反言は，審査経過における出願人の主張と矛盾する主張の全てに適用されるのか（コンプリートバー），出願人の主張のうち審査に影響を与えた可能性のある主張に限って適用されるのか（フレキシブルバー）という論点がある。

　例えば，注射器にかかる原告特許発明において補正により「注射器がその注射針部分を上にしてほぼ垂直に保持された状態」にすることという構成要件が追加されていたが，それは拒絶理由通知を回避する目的ではなく，単に実施例の条件をそのまま記載したに過ぎない場合，注射器を水平からやや上向きにして保持された状態で注射液を調整する被告注射器に対して均等を主張できるか，という形で問題となる。

　また，当初クレームが「10℃から1000℃」であったところ，拒絶理由として「50℃」が示されたため，補正をする必要が生じた。これに対して，出願人は，新規事項追加として補正要件に違反すると判断されることを避けるため，当初明細書に実施例として記載されていたために数字が具体的に記されていた範囲を手がかりに「500℃から1000℃」とする補正を行った。このような事情の下で，特許権取得後，450℃で実施している被疑侵害物件に対して均等を主張し得るのかということが問題となる。

結論からいえば，フレキシブルバーが妥当であろう。出願審査の過程における出願人の主張により，審査官や審判官の発明の技術的範囲の判断に影響を与えた可能性を払拭しえない以上は，矛盾主張に対して審査経過（包袋）禁反言の法理が適用されると解されることになるからである。

他方で，手続の経過に鑑みて，出願人の主張や補正により問題となる部分がクレームにかかる技術的範囲に含まれないと審査官や審判官が判断したわけではないことが明らかな場合には，審査経過（包袋）禁反言の法理の適用はないと解すべきである。

具体的には，拒絶理由通知に対抗して請求範囲を減縮する補正を行った場合がその典型例であるが，そのほかにも出願人が従来技術との相違を強調し，そこがあるからこそ特許に値するのだと主張していたというような場合にも，当該部分を含まない被疑侵害物件に対して保護範囲内であると主張することは許されないと解される。

したがって，趣旨を明瞭にするための説明であるとか，単に一実施例を特定したに過ぎない主張に関しては，必ずしも限定的な解釈を導くものではないから，特段の事情がない限り，審査経過（包袋）禁反言の法理が発動されることはないと解すべきである。

（3）　禁反言が適用される手続（無効審判）

無効審判（あるいはそれに連なる審決取消訴訟）における主張に対して禁反言の適用があるのかということが問題とされている（肯定例として，東京地判平成 13.3.30 判時 1753 号 128 頁［連続壁体の造成工法］）。

権利付与前の行為と矛盾することを審査経過（包袋）禁反言とするのであれば，無効審判における主張には禁反言は適用されないこととなろう。しかし，判断機関分化の調整原理として審査経過（包袋）禁反言の法理を位置付ける立場の下では，その適用の有無を決するに当たって，問題の主張が，権利成立前に行われたのか，それとも成立後であったのかということは決め手にはならない。権利成立後の手続ではあるが，特許要件の充足の有無を判断する機関と，権利範囲を判断する機関が分化しているという関係は，無効審判（それに連なる審決取消訴訟を含む）と侵害訴訟の関係も，出願審査手続（それに連なる審決取消訴訟を含む）と侵害訴訟の関係と変わるところはない。審査経過（包袋）禁反言の法理は，無効審判手続における特許権者の限定的な主張にも妥当すると解すべきである。

Check 無効審判における主張と禁反言

　無効審判では特許の保護範囲を狭く主張しておきながら，侵害訴訟ではこれを広めるといった矛盾主張を許容してしまうと，無効審判制度が潜脱されてしまう。特許法が，権利成立要件を判断する機関（無効審判）と権利行使の可否を判断する機関（侵害訴訟）とを分離させたのは，特許要件の判断に専門的知識を有する特許庁の審判を介在させるとともに，裁判所の負担軽減を図るところにあるのであって，特許権者を利するためではない。したがって，特許権者がこれを奇貨として矛盾主張をなすことは許されないと解される。

　ただし，出願審査手続と侵害訴訟との関係と異なり，無効審判と侵害訴訟は，無効審判の方が先行するばかりではなく，両手続が同時並行的に進行したり，侵害訴訟が先に終了していたりすることがある点で格別の考慮が必要とされる場面がある。

　第一に，無効審判と侵害訴訟の手続が同時並行的に進行している場合について。審決や判決が確定していない以上，本書のこれまでの議論が念頭に置いていた事例と異なるところがある。しかし，権利成立要件と権利範囲が同一の手続内で判断される場合，例えば，特許侵害訴訟のなかで当然無効の抗弁の問題（特許要件の充足の有無が判断される）と，技術的範囲の問題が同時に審理される場合を想定してみると，権利の成立要件に関するクレーム解釈と，技術的範囲に関するクレーム解釈とで，特許権者が相互に矛盾する主張をなしている場合，おそらくはいずれかを撤回するように裁判所から求釈明されることになるだろうし，いずれにせよ，裁判所が相互に矛盾したクレーム解釈をなして侵害の判断をなすことはないだろう。権利成立要件を判断する機関が分化して無効審判手続が設けられているのは，専門性，法的な安定性を顧慮した結果であって，特許権者の矛盾主張を許すためのものではない。同時並行的に進行している両手続において，互いに矛盾する主張をなすことは許されないと解すべきだろう。効果としては，相互に矛盾した主張がなされた場合，時期的に早い方の主張を撤回しない限り，時期的に遅い方の主張が矛盾主張として遮断されると取り扱えば足りるだろう。

　それでは，いつまで撤回を認めるべきであろうか。前掲東京地判［連続壁体の造成工法］は，無効審判手続の方の主張を撤回したとしても，権利の濫

用ないし信義則により侵害訴訟の方で矛盾主張をなすことは許されないと考えているようである。しかし，同一手続内で権利成立要件と権利範囲の判断がなされる場合であれば，時機に後れた攻撃防御方法として却下の対象とならない限り（民訴157条1項），撤回をなすことは許されるはずである。判断機関を分化したのは，別に特許権者を不利に取り扱うことを目的としたわけでもない。時機に遅れたということで却下されない限り撤回は可能であり，撤回により主張の矛盾が解消された場合には，審査経過（包袋）禁反言の法理も働かないと解するべきであろう。逆にいえば，審決や判決の確定等により撤回が許されなくなった場合には，もはや矛盾主張を理由とする審査経過（包袋）禁反言の法理を回避することはできないと考える。

　第二に，侵害訴訟が先行し，判決が確定した場合について。特許権者が侵害訴訟においてはクレームの技術的範囲につきイ号を含むような解釈を主張し，裁判所にそれが容れられて特許権侵害を肯定する判決が下されたとする。その後の無効審判手続で，特許権者が，公知技術とされたイ号に相当する技術が引例とされることにより新規性等が喪失していると判断されることを避けるために，クレームの技術的範囲にイ号が含まれることはないとする主張をなすことが許されるのか。

　かりにこのような主張が認められて特許無効が回避されてしまうとすると，権利成立要件と権利範囲との判断で齟齬が生じることに変わりはない。禁反言の法理はこの場面にも妥当すると考えるべきである。判断機関が分化していることに伴う歪みを是正する法理である以上，当該無効審判を請求したのが侵害訴訟における被告であるのか，それとも全く無関係の第三者であるのかということは法理の適用に影響しないと考えるべきである。

　応用　　出願時に存在する同効材に関する均等の成否
　例えば，クレームには「スチールバンド」で密封と記して出願した場合（技術的には密封されれば足り，それがスチール製であることは必要なく，そのことは出願時点から当業者に周知であった，というよりはそもそも一般常識であったとする），樹脂製バンドを用いる被疑侵害物件に対して均等を主張しえるのか。あるいは，出願時には，「自然石」が存在していたにも拘わらず，クレームには，「人工ブロック」とだけ記載して出願した場合，自然石に対しても均等成立は認められるだろうか。

学説のなかには，上記の「自然石」のように出願時に存在する技術的要素に関しては，出願人がクレームに記載することが可能であったはずだから，その過誤を救うために均等論を適用することは許されないと理解する見解がある（出願時に存在する同効材に対する均等の可否というタイトルで議論される）。具体的には，そのような事情がある場合に第5要件の禁反言が成立するかということが問題となる。

　裁判例は分かれていたが，大合議判決である知財高判平成 28.3.25 判時 2306 号 87 頁［ビタミン D およびステロイド誘導体の合成用中間体］と，その上告審である最判平成 29.3.24 民集 71 巻 3 号 359 頁［同］（田村善之［判批］知的財産法政策学研究 52 号 233 頁（2018 年））は，出願人が出願時に容易に同効材を想定し得たという一事をもって第5要件の禁反言に該当し，均等が否定されることはないことを明言した。出願人＝特許権者にとっては事前に完璧なクレームを書き上げることは困難であり，大量の出願について一律に完璧なクレームの作成を要求することは非効率的である。反面，クレームを見て後から迂回策を決めればよい被疑侵害者は構造的に有利な立場にある（後出しジャンケンができる）。ゆえに，出願人に存在した技術であるからといって均等の成立が妨げられるわけではない，と考えるべきである。

　応用　明細書とクレームに齟齬がある場合の均等の成否（Dedication の法理）
　出願時に存在していた技術的要素への置換が許されるのかという論点のなかに含まれる問題ではあるが，特に出願人が明細書に当該技術的要素を記載していたにも拘わらず，クレームに記載されていない場合には，意識的除外ないし審査経過（包袋）禁反言を適用してもよいのではないかという議論もある（Dedication の法理と呼ばれることもある）。

　事例として，明細書には「A」と「B」の部材を使って発明の課題を解決できると書かれているにも拘わらず，クレームには「A」しかアップされていない場合，あるいは明細書には「自然石」と相対的に広い概念で特定された部材で発明の課題を解決できると書かれているにも拘わらず，クレームには「人工ブロック」と相対的に狭い概念で特定されている場合などを想定することができる。

　このような限定が，出願後，クレームが補正などにより縮減された結果，生じたのであれば，通常の審査経過（包袋）禁反言の対象となるが，そのような事情がなく，当初出願明細書から明細書とクレームの記載に齟齬があった場合にどのように考えるのかということが問題となる。

　前述した同効材の例と同じく，完璧な出願書類を作成することは困難であるこ

とと，審査の過程で減縮された場合と異なり，審査に影響を与えるおそれが少ないことを理由に，禁反言の成立を否定する見解も十分に成り立つ。

　他方，同効材一般の例と異なり，より容易に特許権者のミスだと評価することができる反面，明細書とクレームの齟齬を発見した公衆がクレームにアップされていないものは保護の対象から除かれているのだという期待を有する可能性があることを考えると，この場合には，意識的除外ないし禁反言の適用を認める見解もありえる。そして，大合議判決である知財高判平成28.3.25判時2306号87頁［ビタミンDおよびステロイド誘導体の合成用中間体］と，その上告審である最判平成29.3.24民集71巻3号359頁［ビタミンDおよびステロイド誘導体の合成用中間体およびその製造方法］は，この立場をとることを明言した。

　なお，大合議は，傍論で，出願人が明細書に記載した場合だけでなく，論文で発表している場合にもDedicationの法理の適用を認めて，禁反言に当たるとしていたが，上告審判決はその点に関して沈黙している。論文に記したような場合にまで含めてしまうと，審査経過と異なり，必ずしも第三者が容易には入手しえないこともあり，特許権の保護範囲について予測可能性が過度に失われかねない。論文発表の一事をもってしてはDedicationにはならないと解すべきだろう。

6　作用効果不奏功の抗弁

　均等論の場合とは逆に，被疑侵害物件の構成が特許請求の範囲に記載された構成要件をすべて充足するように見え，したがって，「特許発明の技術的範囲は，願書に添付した特許請求の範囲の記載に基づいて定めなければならない」とする70条1項からは，上記被疑侵害物件は，侵害であるように思われる場合であっても，当該特許発明の明細書に記載されている発明の作用効果を奏しない場合は，このような被疑侵害物件に特許権の排他的効力を及ぼすことは，発明の実質的な価値を超えて特許権を保護することになる。したがって，実質的な価値判断として，非侵害とすべきではないかという議論がある。もちろん，作用効果自体が特許請求の範囲に記載されていれば，上記のような被疑侵害物件は，そもそも構成要件に該当せず，非侵害となることは明らかであるが，問題は，発明の構成のみが特許請求の範囲に記載されている場合である。

　定まった考え方のある論点ではなく，いわゆる「作用効果不奏功の抗弁」を認める考え方もあるが（傍論として大阪地判平成13.10.30判タ1102号270頁［エアロゾル］），既存の権利制限の手法を用いることによっても，非侵害の結

論を導く余地がある。

　例えば，特許請求の範囲に「A＋B＋C」と記載されている場合，被疑侵害物件のほうで同じく「A＋B＋C」という構成をしても原告特許権の明細書記載の作用効果が生じないのであれば，そもそも当該特許権は，発明未完成（29条1項柱書き違反）あるいは，サポート要件（36条6項1号），実施可能要件（36条4項1号）に違反した特許権であり，無効理由（123条1項2号又は4号）を含むから，無効の抗弁で対応できるとの考え方が示されている。

　もっとも，被疑侵害物件が原告特許権の構成要件を充足するように見えても，例えば，「A＋B＋C＋D」など別の構成Dを付加して原告特許権の明細書記載の作用効果が生じなくなったというような場合は，当初の原告特許権の「A＋B＋C」の構成では作用効果が生じていた以上，無効理由は無いから，無効の抗弁では非侵害を導くことはできないという問題がある。そこで，作用効果不奏功の抗弁を解釈論により認めるのも一手であろう。被告製品の構成が原告特許発明の構成要件を充足していても，作用効果が生じない場合は，発明の技術的思想を利用していないといえるのであって，かかる場合にまで特許権の保護を及ぼす必要はないからである。米国では逆均等として知られる議論である（日本の均等論を前提に表現すると，クレームには該当しないが技術的思想を利用している場合が通常の均等論だとすると，逆均等は，クレームには該当するが技術的思想を利用しない場合に当たる）。

3　間接侵害

Ⅰ　イントロダクション

　特許製品の部品や，方法特許の実施に使用する機械の製造販売行為は，クレームの全てを充足していないため，特許権を侵害する行為とはならない。部品を用いて特許製品を製造する者などの直接の侵害者との共同不法行為が成立する場合もあるが，民法上，部品の供給者に対して差止請求までは認められない。また，直接の侵害者を確定することが困難な場合もある。

　そこで，特許法は，特許権の保護を十分なものとするために，定型的な実施行為の予備的ないし幇助的行為についても特許権の効力を及ぼすこととし，特許製品の生産にのみ使用する物の製造・販売行為，方法特許にのみ使用する物の製造・販売行為を特許権侵害とみなすと規定し（「にのみ」型間接侵害，101条1号・4号），さらに，2002年改正法により「にのみ」要件を満たすことが困難な多機能型の物品についても侵害を問うことを可能とした（多機能型間接侵害，101条2号・5号）。

　間接侵害に関わる事案で注意すべきポイントは以下のとおりである。

1　被疑侵害者以外の者の直接実施の存在

　まず，被疑侵害者の間接侵害によって助長される（通常は被疑侵害者以外の者の）直接実施行為が日本国内のどこかに存在すると想定される必要がある。

　この直接実施行為の方は，物の発明の生産行為であっても（101条1号・2号），方法の発明の使用行為であってもよい（101条4号・5号）。

　ただし，直接実施に形式的に該当する行為が国内のどこかに存在すると想定されればよく，必ずしもそれが特許権侵害となる必要はない（Ⅳ1(4)「独立説と従属説」参照）。

2　間接侵害者たる被疑侵害者自身の物の製造販売等

　他方，被疑侵害者の行為は物の製造販売等である必要がある。つまり，間接侵害によって助長される直接実施行為の方は，物の発明の生産行為であっても方法の発明の使用行為であってもよいのだが，被疑侵害者の行為は，物の製造販売である必要がある。

　この場合，直接実施行為と，被疑侵害者の製造販売する物の関係に関して，後者が前者の専用品である場合（＝ 101 条 1 号・4 号の「にのみ」型間接侵害）と，専用品であることを要しない場合（＝ 101 条 2 号・5 号の多機能型間接侵害）がある。

Ⅱ　要件事実

1　物の発明の間接侵害品に対して差止を求める場合の請求原因

(1)　「にのみ」型間接侵害

① 被告が業として生産等している部品は，第三者による製品の生産に用いる物であること

② 当該製品は特許発明の技術的範囲に属すること

③ 当該部品が特許製品の生産にのみ用いられる物であること（他用途がないこと）

(2)　多機能型間接侵害

① 被告が業として生産等している部品は，第三者による製品の生産に用いる物であること

② 当該製品は特許発明の技術的範囲に属すること

③ 当該部品は特許発明の課題の解決に不可欠なものであること

④ 被告は特許発明及び当該発明の実施に用いられていることを知っていること

2　当該部品が日本国内において広く一般に流通していること（汎用品であること）は多機能型間接侵害に基づく請求に対する抗弁となる

1　意　義

　間接侵害とは，直接侵害（クレーム全てを充足する行為）に対する予備的・幇助的行為であって特許法により侵害とみなされている一定の行為類型をいう。特許製品（本体）に対するその部品の製造行為などが典型である。

2　趣　旨

　①直接侵害に対する予備的・幇助的行為を，特許法上捕捉することにより，侵害の抑制を実現するとともに，民法上の共同不法行為と構成したのでは不可能と考えられている差止請求を認めることに意義がある［積極的理由］。

　②「にのみ」の要件や不可欠要件（多機能型間接侵害）により特許発明の実施に定型的に結びつく予備的・幇助的行為のみが差止め等の対象になるから，このような制度を認めても行為者に不測の損害を及ぼすことはない［消極的理由］。

Ⅳ　論　点

1　直接実施の存在

（1）　特許発明の直接実施に該当する行為が必要

　間接侵害においては，独立説と従属説の争い（後述）はあるが，特許発明の直接実施に該当する行為もないのに間接侵害が成立するという意味での独立説は存在しない。

　均等侵害も文言侵害と同列に違法と評価される以上，その予備的・幇助的行為についても文言侵害（直接侵害）と同様に扱いうる。したがって，特許発明の直接実施に該当する行為に限らず，均等侵害行為の場合であっても，これを幇助するような行為につき，間接侵害が成立する。

（2）　全ての直接「実施」に間接侵害が成立するわけではない

（a）　特許が物の発明の場合

　物の発明の直接「実施」である生産，使用，譲渡等（2条3項1号）のうち，間接侵害で捕捉できるのは，当該物の生産に用いる物を背後者が生産，

譲渡等する行為のみである（101条1号・2号）。物の発明については，当該物の使用，譲渡に用いる物を生産，譲渡等しても間接侵害にはならない。

（b）特許が方法の発明の場合

特許が方法の発明である場合は，元々，方法の発明の実施は，その方法の使用をする行為のみである（2条3項2号）から，当該方法の使用に用いる物を生産，譲渡等する行為が間接侵害の対象となる。

（3）特許法上の「生産」概念は，日常用語にいう「生産」よりも広い

101条1号では，その物の「生産」にのみ用いる物の生産，譲渡等につき，101条2号では，その物の「生産」に用いる物であってその発明による課題の解決に不可欠なものの生産，譲渡等につき，それぞれ間接侵害として捕捉するところ，特許発明の直接実施に該当する行為として想定されている上記「生産」は，国語的な意味での生産よりもはるかに広く，使用に近い。例えば，製品本体にのみ特許があり，その部品には特許がない事案で，ユーザーの側で部品を本体に装着したり，組み合わせたりして，本体を使用可能な状態にするような行為も，ユーザーのところで上記「生産」がなされたものと考えられている（なお，セット商品を組み立てる行為について，Ⅳ3「ユーザーのところで必然的に特許発明の実施品に変化するものの製造販売」参照）。

（a）製砂機（岩石を砕き砂を作る機械）のハンマーの構造について特許発明を有する事案において，ユーザーが打撃板（製砂機の部品の一つであり，消耗品のため定期的に交換の必要がある）を本体である製砂機に装着させる行為（大阪地判平成1.4.24無体集21巻1号279頁［製砂機のハンマー］）

⇒ユーザーにより「生産」（101条1号・2号）がなされたと認定しうる。

（b）特定のプログラムを備える情報処理装置の特許発明に対して，ユーザーがプログラムをパソコンにインストールする行為

⇒「情報処理装置」の「生産」に該当する（東京地判平成17.2.1判時1886号21頁［一太郎］）。

（c）もっとも，「a＋b」というクレームに対して，aとbの二つの部材をただ並べて（物理的に結びつけることなく）提供するだけでは，a＋bという構造の物を生産したことにはならない。

特許権のクレームが「ピオグリタゾンとα―グルコシダーゼ阻害剤とを組み合わせてなる糖尿病治療薬」（いわゆる併用剤）である場合に，「ピオグリタゾン」を単剤として単独で製造販売し，医師が被告医薬品とα―グルコシ

ダーゼ阻害剤の併用を処方する行為又は薬剤師が両剤を併用剤として調剤する行為

⇒何ら手も加えられておらず本来の用途に従って使用するにすぎないため「生産」に当たらない（大阪地判平成24.9.27判時2188号108頁［ピオグリタゾン］）。ゆえに，間接侵害は成立しない。

（Check）医師の処方が二つの剤を混ぜ合わせるものであった場合

複数の医薬を混合して製造される医薬の発明やそのような医薬の製造方法の発明が特許されていた場合，医師や薬剤師が容易になしうる行為に対して特許権侵害が成立することにより医療を過度に萎縮させ，人々の生命身体がおろそかになることを防ぐことを目的とする69条3項が適用され，医師の処方により調剤する行為は特許権侵害とならない。

すなわち，混ぜ合わせる行為は「生産」に当たるが，69条3項により医師の行為が免責となる。その場合，間接侵害の成否は，後述する制限等規定射程説により判断される（69条3項の趣旨は，医療の現場ではない被告の行為には及ばず，ゆえに結果的に独立説的に処理すべきであるように思われる）。

（4）独立説と従属説

（a）判断基準

間接侵害が成立する前提として，特許発明の直接実施に該当する行為に侵害が成立していることを要するだろうか。

ここでは，特許法において権利制限規定等が設けられた趣旨は多岐にわたることに配慮すべきである。そうだとすると，間接侵害が成立する前提として，特許発明の直接実施に該当する行為がさらに侵害行為であることを要する（従属説），あるいは要しない（独立説）という図式で一律に論じるべきではない（制限規定等射程説）。

すなわち，個別の制限規定等において特許発明の直接実施に該当する行為が非侵害とされる理由に注目し，その趣旨が間接侵害にまで及ぶか否かという観点で，間接侵害の成否を決定すべきである（田村善之『知的財産法』（第5版・2010年・有斐閣）259頁）。

（b）問題となる例（制限規定等射程説の当てはめ）

（i）家庭内実施

①68条により家庭内実施が非侵害とされるのは，家庭内実施は特許権者

に与える影響が少ないこと，②私的領域にまで特許権の効力が及ぶと権利処理が煩雑になり私人の行動を制約しすぎることにある。しかし，私的な実施のためとはいえ，部品を業として多数製造，販売すると，多数の私的実施行為が行われ，特許権者に与える影響は少なくない（①に対応）。また，そのような行為に特許権の効力を及ぼしても，禁止されるのは業としてなされる予備的・幇助的行為に限られる（②に対応）。したがって，組織的に業としてなされる間接侵害については，68条の趣旨は及ばず，直接侵害は成立しないが間接侵害は成立する（独立説的な取扱い）と考えるのが妥当である。

(ii) 試験・研究

69条1項により試験又は研究のためにする特許発明の実施が非侵害とされるのは，試験・研究は，次なる発明を創出するうえで重要な行為であり，産業の発展を目的とする特許法では積極的に推奨されるべき行為であることによる。かりに，69条の趣旨が間接侵害にまで及ばない場合，試験・研究用の器具は全て自製しなければならないことになり，試験・研究の推奨という69条の趣旨を没却する。したがって，69条の趣旨は間接侵害にまで及び，直接侵害が成立しないときは間接侵害も成立しない（従属説的な取扱い）と考えるのが妥当である。

(iii) 職務発明に基づく法定通常実施権者

35条1項で使用者に通常実施権を与えることで発明に対するインセンティヴを使用者に与えた趣旨を全うするためには，職務発明に基づく通常実施権者に部品を供給する行為も含めて非侵害とすべきであり，35条1項の趣旨は，間接侵害にまで及ぶと考えられる。したがって，直接侵害が成立しないときは間接侵害も成立しない（従属説的な取扱い）と考えるのが妥当である。

(iv) 先使用を理由とする法定通常実施権者

特許制度の存在が実施を抑止し，過剰な出願を促すことを防ぐという79条の趣旨を全うするためには，出願前に少なくとも事業の準備をなしていた実施を継続することを保障するために，先使用を理由とする法定通常実施権者に部品等を供給する行為についても非侵害とすべきであり，79条の趣旨は，間接侵害にまで及ぶと考えられる。したがって，直接侵害が成立しないときは間接侵害も成立しない（従属説的な取扱い）と考えるのが妥当である。

(v) 契約に基づく実施権者

実施権者（ライセンシー）の実施に必要な部品等を製造販売する行為は，実施契約の解釈次第であるが，実施許諾契約の目的を達成するために必要となる行為については，その限度で，部品等を製造販売する行為も特許権者の許諾の範囲内であったと考えてよいから，この場合は間接侵害にも非侵害とする趣旨が及び，直接侵害が成立しないときは間接侵害も成立しない（従属説的な取扱い）と考えるのが妥当である。

(vi) 消 尽

特許製品の取得者は，せっかく消尽が認められたにも関わらず，他の第三者から修理用や取替用の専用部品等を調達しようとすると，その第三者が間接侵害に問われてしまうことになり，結局，全て自前で専用部品等を調達しなければならなくなる。これでは，事実上，消尽を認めた意味が失われかねない。そうだとすると直接実施者を消尽により非侵害とする趣旨は間接侵害にも及び，直接侵害が成立しないときは間接侵害も成立しない（従属説的な取扱い）と考えるのが妥当である。

2 被疑侵害者自身の物の製造販売等

(1) 「にのみ」型間接侵害

(a) 概 略

物の発明の場合，物の生産にのみ用いる物の生産・譲渡等が問題となる（101条1号）。

方法の発明の場合，方法の使用にのみ用いる物の生産・譲渡等が問題となる（101条4号）。

(b) 要 件

① 間接侵害者は業として（部品等の）生産・譲渡等を行うこと

② （101条1号・4号「にのみ」の解釈として，当該部品等につき）判断基準時において，現実に他用途が存在しないこと

要件②は，他の用途があっても，判断基準時にその用途が実用化されていなければ，その物は定型的に特許発明の実施行為に供用される物であることが明らかであるから，「にのみ」の要件が否定されることはないということである。そして，他の用途の判断基準時は，差止請求の場合は，事実審口頭弁論終結時であり，当該時点までに他用途が実用化されていれば，「にのみ」の要件は否定され，差止請求は棄却される。一方，損害賠償請求の場合は，

判断基準時は，過去の被疑侵害行為時で足り，当該時点で，他の用途が実用化されていなければ，「にのみ」の要件を満たし，損害賠償請求が認容される（大阪地判平成 1.4.24 無体集 21 巻 1 号 279 頁［製砂機のハンマー］）。

(c) 他用途がある場合の処理

被疑侵害者が製造販売している製品に特許発明の実施以外の他用途（便宜上，「非侵害用途」と呼ぶ）がある場合には，「にのみ」型間接侵害は成立しない。

ところが，裁判例のなかには，特許発明の実施の用途（便宜上，「侵害用途」と呼ぶ）をずっと使わないことが非現実的であり，ユーザーがいつかは必ず侵害用途に使う場合には，「にのみ」の要件に該当するとする判決がある（「いつかは使う基準」（朱子音［判批］知的財産法政策学研究 54 号 233 頁（2019 年））。

具体的には，被告が製造販売する製パン機において，ユーザーがタイマー機能を用いて山形パンを焼成すると，パンの材料の投入順序に関する原告特許方法の実施となるが，タイマー機能を用いずに山形パンを焼成したり，クロワッサン等の生地作りに用いることもできる場合について，「当該特許発明を実施しない機能のみを使用し続けながら，当該特許発明を実施する機能は全く使用しないという使用形態が，当該物件の経済的，商業的又は実用的な使用形態として認められない限り」，その発明の実施「にのみ」使用する物に当たるとした判決である（大阪地判平成 12.10.24 判タ 1081 号 241 頁［製パン器］）。

しかし，学説ではこの判決に対しては批判が強く，タイマー機能を有さずに使うことができる以上，他用途があり，「にのみ」の要件を充足しないと考えるほうが有力である。そして，この判決は，2002 年改正により多機能形間接侵害が制定される以前の，「にのみ」型間接侵害に該当するとしない限り，間接侵害の責任を問えない時代に大岡裁きを試みた裁判例として理解したほうがよい。

とはいえ，2002 年改正後の事件でもこの法理を用いた判決もある（知財高判平成 23.6.23 判時 2131 号 109 頁［食品の包み込み成形方法及びその装置］）。しかし，前掲大阪地判［製パン機］のような理解だと，適法用途にも供しうるものの製造販売が一律に間接侵害とされてしまうので不当であり，そのような他用途がある物の規律は，多機能型間接侵害（101 条 2 号・5 号）に委ねる

べきである。

(d) 他用途に用いると部品に遊びが生じる場合

　方法の発明については，その物の「使用」にのみ用いる物について間接侵害が成立するため，方法の発明に対する装置の関係の場合には，当該装置に当該方法以外の用途があるとすると，「にのみ」要件を満たさなくなる。ただし，近時の裁判例では，前掲大阪地判［製パン機］の「いつかは使う」基準によってこの原則に修正が図られていることは前述したとおりである。

　他方で，物の発明については，その物の「生産」にのみ用いる物について間接侵害が成立するため，部品を用いて生産される装置が発明の技術的範囲に属するものとなれば，装置の使用の際に当該部品が使用されないことがあっても，「にのみ」要件が否定されることはない（知財高判平成 25.4.11 判時 2192 号 105 頁［生海苔異物分離除去装置における生海苔の共回り防止装置］，他方，文言上，前掲大阪地判［製パン機］の基準を物の発明についても適用して「にのみ」型間接侵害を肯定した裁判例として東京地判平成 24.11.2 判時 2185 号 115 頁［生海苔異物分離除去装置における生海苔の共回り防止装置］）（朱子音・前掲 249 〜 263 頁参照）。

　以下，被告製品（プリセット絞りレバーのある互換レンズ）は非特許製品（プリセット絞り機能のないカメラ）にも装着可能だが，その場合，構成の一部（プリセット絞りレバー）が使用されることない（＝構成の一部が遊んでしまう）事例について間接侵害の成否を検討してみよう。

　① 特許発明の直接実施に該当する「生産」行為があるか。

　一般ユーザーのところで，「特許が物の発明についてされている場合において……その物の生産にのみ用いる」（101 条 1 号）にいう「生産」があるか問題となるも，一般ユーザーのところでカメラとレンズを組み合わせることで発明の技術的範囲に属する物となるため，「生産」をしていることになる。したがって，特許発明の直接実施に該当する行為がある。

　② 直接実施者は 68 条等の権利制限規定等（Ⅳ 1 (4) (b)「問題となる例」参照）により非侵害となるか。

　直接実施者であるユーザーによる実施は，「業」としての「生産」ではないため，68 条が適用され，侵害に当たらないから，直接侵害が存在しないことになる。それにも拘わらず，なお，間接侵害が生じる余地があるのか問

題となるが，間接侵害が成立しうる（Ⅳ 1（4）（b）（ⅰ）「家庭内実施」参照）。

③「にのみ」型間接侵害の要件

Y 社は業として互換レンズを製造販売している。Y 社互換レンズのプリセット絞りレバーについてだけみれば，X 社の非特許製品に互換レンズを装着した場合は機能しないというのであるから，当該レバーについては，現実に特許製品の生産以外の他の用途を有しない。しかし，その場合でも，当該レバーの機能が役割を果たさないということだけであって，Y 社互換レンズ全体としてみれば，非特許製品本体への装着，撮影が可能であり，現実に他の用途を有しないとはいえない。したがって，「にのみ」（101 条 1 号）の要件を充足しない（東京地判昭 56.2.25 無体集 13 巻 1 号 139 頁［一眼レフレックスカメラ］）。

（2）　多機能型間接侵害

（a）　概　略

物の発明の場合，物の生産に用いる物（汎用品を除く）で課題の解決に不可欠なものの生産・譲渡等が問題となる（101 条 2 号）。

方法の発明の場合，方法の使用に用いる物（汎用品を除く）で課題の解決に不可欠なものの生産・譲渡等が問題となる（101 条 5 号）。

（b）　要　件

（ⅰ）　間接侵害者は業として（部品等の）生産・譲渡等を行うこと

（ⅱ）　当該発明が特許発明であること及びその物がその発明の実施に用いられることを知っていること（主観的要件）

同要件の充足の判断基準時は，過去の侵害行為に対する救済を目的とする損害賠償請求に関しては，請求の対象となっている過去の時点であるが，現在の侵害行為の停止と将来の侵害行為の抑止を目的とする差止請求に関しては，事実審の口頭弁論終結時であると解されており（知財高大判平成 17.9.30 判時 1904 号 47 頁［一太郎］），警告や訴状を受領することにより簡単に充足され，事実上機能しない要件である。

学説では，主観的要件の判断基準時を，差止め・損害賠償請求の双方について被疑侵害行為開始時とする見解も提唱されている。

（ⅲ）　「日本国内において広く一般に流通しているもの」ではないこと（（非）汎用品要件）

条文の文言上は，国内で流通量が多ければ多いほど侵害を免れることにな

りそうであるが，侵害が横行すると，どこかで侵害が否定されることになるということに対する違和感や，そもそも線引きが困難であるためか，文言どおりに流通量を吟味する判決はない。裁判例では，むしろ，特許発明の実施にのみ用いる部分さえ含んでいれば，非汎用品として（非）汎用品要件は満たされるとするものがある（前掲知財高大判［一太郎］等）。

(iv) 特許発明の実施（特許発明にかかる物の生産，特許方法の使用）に用いるものであって「発明による課題の解決に不可欠なもの」であること（不可欠要件）

不可欠要件については，起草者は，均等論にいう本質的部分の要件（第1要件）と同義であると捉えていた（＝それを用いることにより初めて当該発明の解決しようとする課題が解決されるような部品，道具，原料等）。しかし，均等論であれば，「a + b + c」というクレーム中，「a」が本質的部分とされても，「a」だけで保護されることはなく，被疑侵害物件「a + b' + c'」につき，第2要件〜第5要件を満たして初めて保護が肯定される。

ところが，起草者のような立場では，多機能型間接侵害では，「a」が本質的部分とされると，被疑侵害物件（部品）がaだけの場合であっても保護が肯定されかねない。このような帰結は，均等論の各要件の潜脱になるうえ，「a」が公知技術の場合は，公知技術に属する製品の製造販売が侵害になってしまう。

このような問題及び前述の主観的要件が警告や訴状の受領により簡単に充足され事実上機能しないという問題を踏まえ，多機能型間接侵害の成立範囲に何らかの限定を加える必要がある。ここでは，大きく2つの方向の解決策が模索されている。

一つは不可欠要件のところで，被疑侵害物件が特許発明で新たに開示された技術的思想を具現するものであるのかという観点から絞りをかける立場である（特徴的技術手段説：東京地判平成16.4.23判時1892号89頁［プリント基板用治具に用いるクリップ］，東京地判平成25.2.28平成23(ワ)19435［ピオグリタゾン］）。

もう一つは（非）汎用品要件のところで，被疑侵害物件の構造に着目して特許発明の実施の用途のみを取り出して抑止することができるかという観点から絞りをかける立場である（差止適格性説：田村善之「多機能形間接侵害制度による本質的部分の保護の適否——均等論との整合性」同『特許法の理論』

（2009 年・有斐閣））。

Point 不可欠要件を加重して多機能型間接侵害の成立範囲を限定する立場
（特徴的技術手段説）

不可欠要件につき，均等第1要件でいう本質的部分以上の内容を織り込んで，従来技術の問題点を解決するための方法として特許出願が新たに開示した，従来技術にはない特徴的な技術手段であることを要求すべきである。この場合，当該技術手段は単独でクレームさえされていれば，直線侵害による特許の保護が可能であったものであるから，これに間接侵害の保護を及ぼしたところで不当な保護の拡張とはいえないからである。

Point 不可欠要件は条件関係で足りるとしつつ（非）汎用品要件で解決を図る立場（差止適格性説）

「にのみ型」間接侵害においてクレームに該当しない行為にも権利範囲を拡張したのは，被疑侵害物件につき発明の実施以外に用途がないのであればその製造販売を禁止しても当該物件の製造者等に不測の損害を与えることはない［消極的理由］，及び，そのような部品等の製造販売を禁止しなければ特許権保護の実効性に悖る［積極的理由］という，被疑侵害物件の特性に基づく。多機能型間接侵害でもこの趣旨を推し及ぼし，被疑侵害物件の構造に着目し他用途を抑止しないような要件論を展開すべきである。

具体的には，不可欠要件は条件関係，すなわち，被疑侵害物件がなければ特許発明の実施ができなくなる関係と解してそのハードルを下げる一方で，（非）汎用品要件を活用して適用対象を差止適格性のあるものに絞り，特許発明の実施用の機能を他の用途から分離して除去，停止することが容易な場合は非汎用品として，間接侵害の対象にすべきである。なぜなら，このような場合，差止判決の被告は，特許発明の実施用の機能を容易に除去して判決効を免れ，直接実施以外の用途を有する製品の製造販売を継続できる以上，直接実施以外の用途が過度に抑圧されることもないからである。

特徴的技術手段説は，近時の裁判例で用いられており，被疑侵害物件が公知技術である場合に，不可欠要件を活用して容易に間接侵害を否定することができる。

他方，差止適格性説は，穏当な処理を図ることができる反面，汎用品要件

に関して条文の文言上，無理ではないかと批判されている。そのため，近時の裁判例では用いられていないが，一太郎事件の知財高裁大合議判決がとったものであるから，同事件が扱ったような事案，つまり，全体としては多機能であるが，問題の用途に関する部分は当該用途専用になっているような事案の処理に用いることができる。

　以下，各事案において間接侵害の成否を検討してみよう。
　① 一太郎事件
　原告の特許発明のクレームが「ヘルプ機能を表示するパソコン」であるところ，被告はヘルプ機能をパソコンに表示させうるワープロソフトである一太郎（もちろんワープロであるから他の機能もある）を製造販売していたとする。
〔特徴的技術手段説：間接侵害肯定〕
　ヘルプ機能が，公知技術ではなく，本件特許発明によって初めて開示された技術であれば，不可欠要件を充たすとする。
　汎用品要件についての取扱いは，同説から一義的に出るものではないが，単純に一太郎の売上が大きいことを理由に汎用品に該当するとしてしまうと，被疑侵害行為が横行すれば侵害ではなくなるという矛盾があるので，そのような結論は採らないものと思われる。ねじ，くぎなど，日常生活にあまねく普及しており，侵害とすると人々の生活に支障を来しかねないものが汎用品に該当する等の解釈をとることになろう。
〔差止適格性説：間接侵害肯定〕
　被告製品一太郎がなければヘルプ機能を表示するパソコンが生産されないのであるから条件関係である不可欠要件を充たす（前掲知財高大判［一太郎］）。
　また，ヘルプ機能を除去することが容易であるから，汎用品に該当しない（前掲知財高大判［一太郎］）。
　② 製パン機事件
〔特徴的技術手段説：間接侵害肯定〕
　不可欠要件については，特徴的技術手段説によると，新規のパンの材料の投入順序を実現するタイマー機能は特許発明が初めて開示した特徴的技術的手段であるから不可欠要件を充足する。

汎用品要件については上述参照。

〔差止適格性説：間接侵害肯定〕

不可欠要件については，被告製パン機がないと特許発明が実施されないのであるから，不可欠要件を充たす。

汎用品要件については，タイマー機能を実現するタイマーの部分に他用途がないのであれば，適法用途に影響を与えることなく，その部分を除去することができるのであるから，汎用品に該当しない。

③　一眼レフレックスカメラ事件

〔特徴的技術手段説：間接侵害肯定（?）〕

プリセット絞りレバー自体は従来から存する公知技術であるので，不可欠に該当しないとして，間接侵害を否定する帰結となりかねないが（ゆえに差止適格性説から批判されている），おそらく穏当な処理を図るために，一眼レフレックス対応型カメラを実現するようなプリセット絞りレバーは従来，存在せず，本件発明により初めて開示されたと論じて，不可欠要件を充足すると判断するものと思われる。

汎用品要件については上述参照。

〔差止適格性説：間接侵害肯定〕

互換レンズは，これがなければ特許発明の実施の一つである「生産」はできないから，不可欠要件は充たす。

また，特許を実施するうえで重要部分であるプリセット絞りレバーについていえば，製造ラインでレバーを取り付ける工程を省略するか，一体成型で製造しているのであれば金型のレバーに対応する部分を埋めるなどして，容易に除去できる。したがって，汎用品には該当しない。

3　ユーザーのところで必然的に特許発明の実施品に変化するものの製造販売

被告製品につき，製造販売当時は原告特許発明の技術的範囲に含まれないものの（この状態の被告製品をA物件とする），時間が経過して，ユーザーの手元で組成が変化することにより，原告特許発明の技術的範囲に含まれるに至る場合（この状態の被告製品をB物件とする），被告はA物件の製造販売につき原告特許権を侵害するかという問題がある。

この問題については，既存の裁判例の処理に従えば，ユーザーのところで

適法に使用されている期間の有無が法律構成や侵害の成否の一つのメルクマールになる。

（1）ユーザーの手元に届いた段階では，被告製品の相当数が侵害品であるB物件に変化しているような事例では，消費者の手元に渡るまでの期間と比して決して長すぎる期間ではない期間でB物件に変化するようなA物件の製造販売は，実質的に見て，特許製品を直接「生産」しているのと同様であると考えうる（101条ではなく2条3項1号の「生産」）。したがって，間接侵害ではなく原告特許権を直接実施する行為であると構成することができる。

　例えば，製造時には特許発明の構成要件を満たさない被告製品（家庭用かび取り剤）が，その後の経時的な化学変化により28日ないし30日後には必然的に特許発明の構成要件に該当するようになるという事案で，28日ないし30日という期間は被告製品が製造されてから流通過程を経て消費者の手に渡るまでの期間と比して長いものではなく，また家庭用かび取り剤は通常，ある程度の期間にわたって使用されるものであるから，被告製品は使用時までには特許発明の構成要件に該当するようになっていることを理由に，直接侵害を肯定した裁判例がある（東京地判平成11.11.4判時1706号119頁［カビキラー］）。

　もっとも，この場合でも，ユーザーのところで何らかの生産にかかわる行為が行われている場合にはで，間接侵害として責任を認めることもできる。

（2）被疑侵害者が製造販売する農薬を出荷した段階では，特許発明の構成要件には該当していないが，当該農薬はユーザーのところで必ず水に溶かしてから使用されるところ，水に溶かした時点で特許発明の構成要件に該当する事例でも，前掲東京地裁［カビキラー］と同様に，出荷段階で実質的に「生産」がなされていると構成して直接侵害の責任を問うことはありえるが（参照，東京地判昭和62.7.10無体集19巻2号231頁［除草剤］），ユーザーが水に溶かした時点で「生産」がなされ，被疑侵害者はそのような生産に供される物を製造販売したということで，間接侵害（他用途がなければ「にのみ」型間接侵害，他用途があれば多機能型間接侵害）の責任を負うと構成することもできる。

　要するに，出荷段階で実質的な「生産」が終了していると評価することができる場合には，被疑侵害者が直接侵害をしていると構成し，他方で，出荷段階ではいまだ生産が終了しているとはいいがたいが，ユーザーのところで

「生産」がなされていると評価することができる場合には，ユーザーのところで「生産」があると解し，被疑侵害者に関しては，それに対する間接侵害の責任を問うことになる。肝要なことは，この種の類型，つまり，ユーザーの手許で特許発明の実施に該当しない行為がなされていない場合に，何らかの法律構成で責任を肯定することである。

　（3）これに対して，ユーザーの手元に届いた段階では，被告製品は全てA物件であり，特許製品ではないが，ユーザーの使用に伴ってB物件に変化し，特許請求の範囲に入るような事例，例えば，Yが製造販売する製品はセラミック被膜の厚さが0.525mmないし0.313mmであるところ，購入者がこれを使用しているうちに次第に摩耗していき，X特許の権利範囲である0.25mm以下の厚さとなるような事例では，ユーザーの手元で非侵害品として使用される一定期間があるから，YがB物件を直接生産しているとは捉えがたい。

　他方で，ユーザーの行為に着目すると，ユーザーの手許で変化し特許請求の範囲を満足するようになっている以上，法的にはユーザーが「生産」していると評価することも可能である（あくまでもただの使用であるとの異論はありうる）。もしこれが可能であるとすると，ユーザーのところで「生産」されるために用いられる物件を製造販売したということでBに対して間接侵害を問いうることになる。

　その場合，ユーザーの手許で特許請求の範囲を満たさないままに使用される期間がある以上，「にのみ」の要件を満たすとはいいがたいので，101条1号の「にのみ」型間接侵害ではなく，101条2号の多機能型間接侵害の問題となる。

　不可欠要件において特徴的技術手段説を取れば，被膜の厚さが0.25mm以下であることは特許の技術的特徴といえるから，それを満たさないB物件は不可欠要件を満たさないといえよう。

　また，汎用品要件を活用し差止適格性のある物についてのみ多機能型間接侵害を肯定する差止適格性説を取れば，特許発明の実施用途（被膜の厚さが0.25mm以下となる状態）を，特許発明の実施と異なる用途（被膜の厚さがそれを超える状態）と予め区別してB物件を製造販売することが困難である以上，汎用品要件を満足しないと解されることになろう。

　なお，東京高判平成15.7.18平成14（ネ）4193［ドクターブレード］も，こ

の事案で多機能型間接侵害は成立しないとした。

応用 複数部材がセットで販売されている場合の侵害評価（セット理論）

　組み合わせて用いられる複数の部材が被告により製造販売されている場合，これら複数の部材は単体ではなくセットとして侵害評価の対象となり得る（朱子音［判批］知的財産法政策学研究54号260頁（2019年））。

　大阪高判平成13.1.30平11(ネ)18［排気口へのフィルター取付け方法］は，レンジフードフィルターと磁石を入れた突起付きケースについて，それぞれ単体で使用することが可能であるとしても，セット商品を一体として他の用途を検討して，方法の発明に対する「にのみ」型間接侵害の成立を肯定した。物の発明については，知財高判平成25.4.11判時2192号105頁［生海苔異物分離除去装置における生海苔の共回り防止装置］が，原藻異物除去洗浄機に用いる回転板とこれに装着するプレート板を製造販売している被告の行為について，回転板とプレート板を一体として他の用途を検討して，「にのみ」型間接侵害品該当性を認めている。

　なお，組み合わせると特許発明のすべての構成要件を充足する複数の部材を被告が製造販売し，これら部材を購入したユーザーが組み合わせる場合，直接侵害の成否も問題となる。大阪地判平成13.10.9平成10(ワ)12899［電動式パイプ曲げ装置］は，電動式直管ベンダー，ベンダーシュー及びベンダー用ガイドを組み合わせると原告が有する「電動式パイプ曲げ装置」という特許発明の構成要件を充足する場合に，被告がこれら製品を同時に販売していた事案において，「いずれもそれだけでは特許発明の構成要件を充足しないが，少なくとも3点が同時に販売される場合には，共にイ号装置を構成するものとして，本件特許権を侵害するものというべきである」と判示した（なお，結論として直接侵害を否定したが，同旨を説く近時の裁判例として，大阪地判平成30.12.13平成27(ワ)第8974号［プログラマブル・コントローラにおける異常発生時にラダー回路を表示する装置］）。

4　複数主体による実施

(1)　問題の背景

　「A＋B＋C」が物のクレームである場合，Yが「A＋B」まで製造し，ZがCを加えて完成品「A＋B＋C」を製造しているときは，Zを直接侵害者，Yを間接侵害者として差し支えない。Zのところで各部品を組み立てて製品として使用可能な状態にしている以上，「生産」（101条1号）があるといえ，

Zを直接実施者として把握できるからである。

　しかし，方法の発明の場合，「A工程＋B工程＋C工程」は3工程セットで一つの方法であり，物の発明と違って，Yが「A工程＋B工程」を担当し，最終的にZがC工程のみを実施しても単独で全工程を実施する者がいない以上，特許発明の直接実施に該当する行為が存在せず，したがって，「A工程＋B工程」のみを担当する者を間接侵害とする構成はとりえない（＝間接侵害によるアプローチでは解決できない）。

（2）　解 決 策

（a）　共同遂行理論

　一部の工程を他人に請け負わせたうえで自らほかの工程を加えて全工程を実施する場合や，数人が分担を定めて共同して全工程を実施する場合は，いずれも直接実施をしているものとして，特許権の侵害を認める立場である（大阪地判昭和36.5.4下民集12巻5号937頁［発泡性ポリスチロール］）。共同事業により利益を得ている以上，そこから生じる責任も共同して負担させるべきであると考えるのであろう。

（b）　道 具 理 論

　Yが特許方法の最終工程以外の工程「A工程＋B工程」を実施することによりできあがった成果物は，最終工程であるC工程に供する以外の用途がないことを理由に，YはYの成果物の購入者であるZを道具として最終工程も実施したと評価する立場である。結局，この場合，Yは，「A工程＋B工程＋C工程」の全工程を単独で実施したものと評価されることになる（東京地判平成13.9.20判時1764号112頁［電着画像の形成方法］）。なお，道具理論については，道具というのは比喩であり，専用品を供給することで必然的に発明の直接実施（使用）がなされるケースであると捉えた方がよい。

（3）　検　討

　まず，なにゆえ，特許発明のクレームが複数の主体に分かれて実施されている場合に，技術的に総体としてクレームが実施されている以上，クレームの構成要件の充足に悖るところはない，と単純に考えてはいけないのか，ということを考える必要がある。その回答は以下のようなものとなろう。かりに単純にクレームの構成要件該当性を認めてしまうと，単独では誰もクレームを実施していないにも拘わらず，誰かに特許権侵害が成立してしまうことを肯定することにつながる。もし複数の主体に何ら関係がなく，互いに他者

の行為を何ら予測しえない場合にまで侵害が肯定されてしまうと，各々の主体はそれぞれ予測困難な侵害のリスクを負担せざるを得ないことになり，クレームという制度を導入することによって特許権侵害が成立する技術的範囲を公衆に警告することにした特許制度の趣旨が害されてしまう。

　しかし，クレームが単独の者によって実施されなければならないという原則がこのような趣旨に基づくものであるならば，他者の行為を十分に予測しえる等，十分に警告機能が果たされていると理解される場合には，例外的に侵害を認めてよい場合があるのではないか，ということが問題となる。共同遂行理論や道具理論は，他者の行為を十分に予測しうるので，単独主体によってクレームが実施されなければならないという原則に例外を認めても良い事例と位置付けることができる。

　応用　複数主体の関与が前提とされている発明の侵害主体
　複数主体による侵害について責任を問うにはハードルがある以上，一般論としては，複数主体が登場しないようクレームを起案すべきことになるが，実態に即したものとすると，複数主体の関与が前提となってしまう場合もあるだろう。知財高判平成 22.3.24 判タ 1358 号 184 頁［インターネットサーバーのアクセス管理およびモニタシステム］は，サーバーにアクセスするクライアントの処理をクレームに含む方法の発明について，「アクセスを提供する方法の発明」であると解釈して，実施主体をサービスの提供者であるとした。

　なお，裁判例のなかには，発注側と製造側をクレームに含むシステム（物）の発明について，複数主体による構成要件の充足を認める判決もあるが（東京地判平成 19.12.14 平成 16(ワ)25576［眼鏡レンズの供給システム］），このようにクレームに書いてありさえすれば複数主体による侵害が成立しうると解してしまうと，自らは預かり知れない他者の行為により特許権侵害が認められてしまいかねず，不当である。この判決も，そうした懸念を払拭するためか，さらに直接侵害者として責任を負うのはシステム全体を支配管理する者であるという要件を加重しているが，そうしてしまうと道具理論や共同行為理論で侵害としうるはずのところ，ただクレームに複数主体が記載されていることという要件を付加しただけのことになり，この判決の見解をとる意味がないことになる（批判的な検討として，酒迎明洋［判批］知的財産法政策学研究 29 号 247 頁（2010 年））。

5 間接の間接侵害

101条の条文にはない要件なのであるが，前掲知財高大判［一太郎］は，間接の間接侵害否定の法理とでも呼ぶべき考え方を提唱した。

同判決によると，「特定のプログラムをインストールした情報処理装置（パソコン）」という物の発明の特許においては，当該プログラムを一般ユーザーがパソコンにインストールする行為も「生産」（101条）であり（前述），当該プログラムの製造は，問題なく間接侵害の枠組みで捉えうる（101条1号・2号）。

これに対して，「特定のプログラムをインストールした情報処理装置による情報処理方法」という方法の発明の特許においては，一次的な間接侵害は，その方法の使用に用いる物（101条4号・5号）自体の生産等，上記の例なら，特定のプログラムをインストールしたパソコン自体の生産等である。パソコンにインストールされるプログラムを製造する行為は，さらに一歩下がって，当該パソコンの生産に用いる物の製造に位置しており，第一次的な間接侵害に対する関係でさらに間接侵害の関係にある。

前掲知財高大判［一太郎］は，上の例で，プログラムの製造行為は「情報処理装置（パソコン）」という物の特許との関係では間接侵害に該当するが，「情報処理方法」という方法の特許との関係では間接の間接侵害でしかないので，間接侵害は成立しないと判示した。さもないと，間接侵害が無限定に拡大しかねないというのである。

しかし，学説上は批判が多い。

① 条文上の手がかりがない。

② 他の要件によって適切な範囲に間接侵害の規律を収めることが可能であり，大雑把に間接の間接というだけで一律に保護を否定することは，他の要件の解釈によるきめ細かな調整を無にする。

③ 例えば，パソコンとプログラムであれば主従関係は比較的明らかであるが，ほぼ対等のA部品とB部品が組み合わされたとき，どちらが直接の間接侵害でどちらが間接の間接侵害となるか分からない。

なお，前掲知財高大判［一太郎］は，方法の特許の実施に使用される物（パソコン）の生産に使用される物（プログラム）は，101条5号の対象にならないとするが，当該事例は，部品とはいっても無体物たるプログラムの事例であり，間接的な間接侵害に当たる部材を製造しても物理的にはパソコン

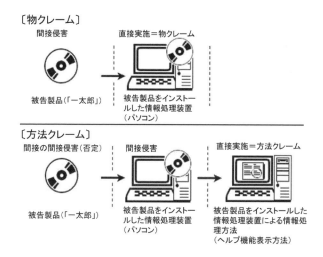

〔物クレーム〕

間接侵害　　　　　　　　　　直接実施＝物クレーム

被告製品(「一太郎」)　　被告製品をインストー
　　　　　　　　　　　ルした情報処理装置
　　　　　　　　　　　（パソコン）

〔方法クレーム〕

間接の間接侵害(否定)　　　間接侵害　　　　　　直接実施＝方法クレーム

被告製品(「一太郎」)　　被告製品をインストー　　被告製品をインストールした
　　　　　　　　　　　ルした情報処理装置　　　情報処理装置による情報処
　　　　　　　　　　　（パソコン）　　　　　理方法
　　　　　　　　　　　　　　　　　　　　　（ヘルプ機能表示方法）

の部材としては残存しない点で特殊性があり，間接的な間接侵害を一般論と
して否定する趣旨ではないと考える見解も主張されている。

6　100条２項に基づく廃棄請求

　直接侵害者に対して100条２項に基づき特許製品の部品等の廃棄請求を
なす際，「にのみ」型間接侵害や多機能型間接侵害の成立要件を充足する必
要があるかという問題がある。
　ここでは，他用途があるのであれば廃棄してはならないという問題状況
は，間接侵害と何ら変わらないはずである。したがって，100条２項でも
「にのみ」型間接侵害や多機能型間接侵害の成立要件を満たして初めて，直
接侵害者に対する特許製品の部品等の廃棄請求が可能になると考える。

4　実　施　行　為

Ⅰ　イントロダクション

　特許権侵害訴訟において特許権者の請求が認められるためには，原則として，特許発明の技術的範囲に属する範囲で，2条3項各号に定める実施行為が業として行われることが必要である（例外は101条の間接侵害）。何が実施に該当するかは，クレームとともに，特許権の効力が及ぶ範囲を画する重要な概念である。

[Check]　特許権の効力

　特許発明の実施をする権利を「専有する」（68条本文）とは，特許権が，他人が特許発明を業として実施する場合，その差止めを求めることができる排他権であることを意味するのであって，特許権者自ら発明を実施することができる権利ではない。

　①他人の特許発明を利用する特許発明の場合，当該他人の許諾なく自らの特許発明を実施することはできないし，②他人の特許権を侵害しない限り，特許登録せずとも当該発明を実施することができるからである。

　なお，72条は，上記①の利用関係を確認する規定であり，後願発明が先願発明と同一である抵触関係については，そもそも過誤登録であるのだから（39条），これを規定していないに過ぎない。

Ⅱ　意義・趣旨

　特許権は，他人が特許発明を業として実施する場合，その差止めを求めることができる排他権である（68条）。「業として」は，単に個人的又は家庭内での実施を除外するという意義を有する（ただし，医療行為について，10「発明の定義」Ⅱ2(1)「産業上の利用可能性があること（29条1項柱書き）」参照）。反復継続性や営利性を要求するものではない。また，属地主義の原則から，

日本の特許権の効力は，日本国内における特許発明の実施にのみ及ぶ。

特許法は，何が実施であるかについて，発明のカテゴリー毎に定めている。

1　物の発明

物の発明の場合，他人が業としてその物を生産，使用，譲渡等（プログラム等の場合には，電気通信回線を通じた提供を含む），貸渡し（以上の意味での譲渡と貸渡しを特許法は「譲渡等」と称することにつき，2条3項1号括弧書き），輸出，輸入，譲渡等や貸渡しの申出（そのための展示を含む）（2条3項1号），譲渡や貸渡しや輸出目的の所持（101条3号）をなせば，特許権と抵触することになる（2条3項1号）。

Point　生産の意義

生産とは，クレームの構成要件をすべて充足する物を作り出す行為であるから，工場で製品を製造するような場合に限らず，部品を組み合わせて完成させる行為も生産に該当する（3「間接侵害」Ⅳ1(3)「特許法上の「生産」概念は，日常用語にいう「生産」よりも広い」参照）。特許製品についてクレームの範囲内の構成について加工や部品の交換を行った結果，元の特許製品と同一性を欠く製品となった場合も生産に該当することになる（最判平成19.11.8民集61巻8号2989頁［液体収納容器］（インクタンク事件），5「消尽」Ⅳ3(2)「取得した製品を加工等している場合（修理と再生問題）」参照）。

応用　譲渡等の申出の意義

カタログによる勧誘やパンフレットの配布が該当する。製品情報，連絡先，問い合わせフォームのあるウェブサイトを開設する行為についても譲渡の申出に該当し得る（営業担当者による営業活動がなされていることを示す証拠等も認められた事案において，知財高判平成22.9.15判タ1340号265頁［モータ］は「ウェブサイトの開設自体が…『譲渡の申出行為』と解する余地がある」と判示している）。

他方，仲介業者による営業活動など，自ら譲渡を行わない者の行為についても譲渡の申出に該当し得るのか問題とされている（参照，横山久芳「『実施』概念の検討を通じてみる『譲渡の申出』概念の意義」『知的財産権　法理と提言』（牧野利秋傘寿・2013年・青林書院）191〜195頁）。少なくとも，リンクを貼った先の

第三者のウェブサイトのどこかのページに侵害品が掲載されていたというだけで，リンクを貼った者が特許権侵害の責任を負うと解するのは，回避困難な責任を押しつけることになりかねず疑問である。

2　方法の発明

　方法の発明の場合，他人が業としてその方法を使用する行為が特許権と抵触することになる（2条3項2号）。

3　物を生産する方法の発明

　物を生産する方法の発明の場合，方法を使用する行為に加えて，その方法により生産された物について上記物の発明の場合と同様の行為が特許権と抵触することになる（2条3項3号，101条6号）。

Ⅲ　論　点

1　物の発明と方法の発明の区別

　物の発明と方法の発明を区別する実益は，特許権侵害とされる行為を画定するところにある。

　物の発明であれば，物の生産，使用，譲渡等が特許発明の実施行為として特許権に服するが（2条3項1号），方法の発明であれば，その使用が禁止されるに過ぎない（同項2号）。

　第三者の予測可能性を確保するために権利の内容を公示するクレーム制度が用意されている以上，何が物の発明であり，何が方法の発明であるのかという区別は，クレームの文言で形式的に決まる。

　クレームの文言が方法の発明として記載されているにも拘わらず（e.g. コンクリートを混和する方法），実質的に物の発明である（e.g. コンクリート混和剤）などと主張して2条3項1号の保護を享受しようとすることは許されない。

　逆に，クレームには物の発明として記載されているにも拘わらず（e.g. コンクリート混和剤），明細書の説明には方法の発明として記されているに止まり（e.g. コンクリートを混和する方法），物の構成が不明な場合などには，クレームに従って，物の発明であると解したうえで，明細書の記載と食い違う

ことを理由に，サポート要件違反（36条6項1号）ということで，特許要件を欠くことになり，拒絶されるか無効とされることになる。

[Check] 物の発明と方法の発明の区別の実益

　このように，物の発明と方法の発明を区別する実益は，特許権の権利範囲を画定するところにある。しかし，法技術的にいえば，2つの発明のカテゴリーを区別することなく，特許権は発明の対象の生産，使用，譲渡等に及ぶと包括的に規定したとしても，発明のなかには生産，譲渡等を観念しえないものがあるとすれば，結局，その種の発明については，概念上，特許権はその使用に対してしか権利行使をなすことができないことになる。そして，まさにそのような種類の発明こそが，方法の発明だということに過ぎない。

　経時的な要素のあるものが方法の発明であるという従来の説明も，生産や譲渡等を観念しえない発明を特定する工夫として，正当なものを含んでいたと評価すべきである。2002年改正で，プログラムの発明が物の発明に含まれるようになったために，現在，物の発明と方法の発明の区別が問われている。これもまた，プログラムという技術が登場したことにより，経時的な要素を含むものであっても生産や譲渡等を観念しうる発明が現れるようになったために，経時性で両者を区別することが技術に適合しなくなったというだけの話に止まる。あくまでも，肝要なことは生産や譲渡等を観念しうるか否かということなのである。

　このように，物の発明と方法の発明の区別が法技術的な問題に止まるのであれば，実施行為を区別するという法技術的な問題以外の場面で，両者のどちらに発明が区分されるかによって，法的な取扱いを異にする理由はないと考えるべきである（たとえば，プロダクト・バイ・プロセス・クレームや方法の発明の消尽の場面など。他方，間接侵害の場面で，他用途に用いると部品に遊びが生じる場合には例外的に区別の実益がある（3「間接侵害」Ⅳ2(1)(d)「他用途に用いると部品に遊びが生じる場合」参照））。

2　方法の発明と物を生産する方法の発明の区別

　（単純）方法の発明と，物を生産する方法の発明を区別する実益も，同様に，特許権侵害となる行為を確定するところにある。物を生産する方法の発明の場合には，それにより生産された物の譲渡等についても特許権が及ぶことになるからである（2条3項2号・3号）。

　何が単純方法の発明で，何が物を生産する方法の発明であるのかということもクレームの文言で決まる。その理由は，繰り返しになるが，第三者の予

測可能性を確保するために権利の内容を公示するクレーム制度が用意されているからである。

　したがって，クレームの文言上，単純方法の発明として記されているにも拘わらず（e.g. 測定方法の発明），発明の実質に鑑みて，物を生産する方法の発明であると主張する（e.g. 現存する唯一の測定方法である当該方法を経由しなければ薬事法上要求されている規格を履行しているか否か確認することができないために，当該測定方法は実質的に特定の医薬品を製造する方法であると主張する）ことは許されない（最判平成 11.7.16 民集 53 巻 6 号 957 頁［生理活性物質測定法］）。

5 消　尽

　特許権者は，業として特許発明を実施する権利を専有する（68条）。そうすると，特許法の条文上，特許権者や実施許諾を受けた者が国内で譲渡した特許製品の使用，譲渡等の行為（2条3項1号）についても特許権の効力が及ぶことになる。しかし，かかる行為について特許権者の個別の許諾を要するとすれば，特許製品の円滑な流通を妨げることとなる。他方で，特許権者は特許製品の最初の譲渡において対価を獲得する機会を有していたのだから，あらためて権利行使を認める必要はない。それゆえ，特許法上明文の規定はないが，特許権者等が国内で譲渡した特許製品を使用，譲渡等する行為について特許権の効力は及ばないとされている（消尽理論）。

　消尽理論が認められることについて争いはないが，具体的な場面では，消尽の適否や範囲が問題となることがある。消尽が関わる事案は，論点で説明するとおり，①特許発明の種類（客体問題），②製造販売主体（主体問題），③被疑侵害者の行為（行為問題）の3段階に分けて検討するとよいだろう（「客体問題」，「主体問題」，「行為問題」の呼称は，本書独自の呼び名である）。

　なお，特許製品が国外で譲渡された場合には，並行輸入（国際消尽）の問題となる。

Ⅱ　要件事実

　1　特許権者や特許権者から実施許諾を受けた者がその許諾の範囲内で譲渡した特許製品（又は間接侵害に該当する製品）であることは，特許権侵害に基づく請求に対する抗弁となる。

　なお，製造販売地域制限等に違反した場合については単なる債務不履行に留まり消尽の成立は妨げられないと考えられている（Ⅳ2(2)(b)「契約に違反している場合」参照）。

2 当該特許製品に加工又は部材の交換がなされ同一性を欠く特許製品が新たに製造されたことは，消尽の抗弁に対する再抗弁と位置付けられるが，被告の製造行為が問題となるような場合には実施行為の態様として請求原因において主張立証されることになるだろう（髙部眞規子『実務詳説特許関係訴訟』（第3版・2016年・きんざい）152頁）。

3 当該特許製品が日本国外で譲渡されている場合，以下が再抗弁となる。

（1）　被告が直接譲り受けた者の場合
① 当該製品について販売先・使用地域から日本を除外する旨を合意したこと

（2）　被告が転得者の場合
① 当該製品について販売先・使用地域から日本を除外する旨を合意したこと
② 特許製品に当該合意を明示したこと

Ⅲ　意義・趣旨

1　意　義
特許権者自身もしくはその許諾を得た者が国内で特許発明の実施品を製造，販売したという場合に関しては，特許権は用い尽くされたのであるから，以降，実施品が転々流通し，特許製品の購入者がそれを使用したり転売したりしたとしても，もはや特許権者は特許権を行使することができない，と理解されている（消尽理論）。

2　趣　旨
消尽が認められる根拠については，黙示的許諾に求める見解がありうるが（黙示的許諾説），反対の意思表示をなしても消尽の効果が妨げられることはないと理解されていることと平仄が合わない。

そこで，多数説は，特許製品が流通に置かれた段階で特許権が目的を達成したために権利が消尽するという説明をする（目的到達説）。

しかし，この説明だけでは，自ら特許権の目的を定義し，それが消滅した

と論じているに止まるから，循環論法の域を脱していない。肝要なことは，なぜそのような場合に権利行使を否定するのかということの方である。

　最高裁判決として初めて消尽に言及した最判平成 9.7.1 民集 51 巻 6 号2299 頁［BBS］も，最判平成 19.11.8 民集 61 巻 8 号 2989 頁［液体収納容器］（インクタンク事件）も，目的到達という言葉は用いておらず，大要，下記「Point」に示したような利益衡量を用いている。そして，消尽理論の殆どの論点について，この消尽理論の積極的根拠と消極的根拠を駆使して説明することができる。

> ［Point］　消尽の根拠
> 　特許法の条文の文言（68 条, 2 条 3 項 1 号・3 号）に従い，特許権者自身により，又はその許諾の下に譲渡された製品に関してまで，転々流通する度に，特許権者の許諾のない限り，特許権の侵害行為とするときには，特許製品の流通を阻害する［積極的根拠］。
> 　特許権者としても最初に拡布する段階で特許発明に対する市場を利用して利潤を獲得する機会があったのだから，その際に以降の流通のことをも考えて十分な利潤を確保しておくことは不可能ではない［消極的根拠］。

　したがって，特許権者自身もしくはその許諾を得た者が特許発明の実施品を，国内で製造，販売したという場合に関しては，特許権は用い尽くされたのだから，以降，実施品が流通し，特許製品の購入者がそれを使用したり譲渡したりしたとしても，もはや特許権者は特許権を行使することができないと理解すべきである（消尽理論）。

Ⅳ　論　点

1　ステップ 1 ──特許発明の種類（客体問題）

　まず，ステップ 1 として，特許権者が権利を主張している特許発明の種類は何かということ（客体問題）を確認する。

（1）　物の発明

　第一に物の発明の特許権であれば，この点が問題となって消尽が否定されることはないので，ステップ 2 に進む。

　ただし，物の発明であっても，特許権者がその物ずばりではなく，間接侵害に該当しうる物を製造販売していた場合（e.g. 特許発明の実施品が携帯電話

であるところ，特許権者が携帯電話にのみ用いられるベースバンドチップを製造販売していた場合）にも，排他権の庇護が及んでいたのだから，消尽を肯定してよいのではないかということが問題となる。

近時，この点を扱う裁判例として，アップル対サムソン事件大合議判決として知られる知財高大判平成 26.5.16 判時 2224 号 146 頁［パケットデータを送受信する方法及び装置］（Apple Japan 対三星電子事件）が現れた。以下，詳述するが，知財高裁の理論のポイントは，特許権者に排他権の行使の機会があったと評価できるか否かということに尽きる。これが肯定されるのであれば，前述した消尽を認めるべき消極的根拠が充足されるからである。

① 被疑侵害者が特許権者の製造販売にかかる間接侵害に該当しうる物（e.g. ベースバンドチップ）を使用・譲渡している場合には，消尽が肯定され，特許権者はもはや当該物に対して間接侵害を問うことができなくなる，と解される。間接侵害といえども，排他権の庇護の下で製造販売されたことに変わらないからである（前掲知財高大判［パケットデータを送受信する方法及び装置］）。

② 被疑侵害者が特許権者の製造販売にかかる間接侵害に該当しうる物（e.g. ベースバンドチップ）を用いて特許発明にかかる物を生産したり，そのようにして生産された特許発明に係る物（e.g. 携帯電話）を使用・譲渡している場合には，特許権者が間接侵害に該当する物を製造販売した際に，その物により実施されることになる特許発明の直接実施（＝被疑侵害者の特許発明にかかる物の使用・譲渡）の分まで対価獲得の機会があったといえるか否かという問題となる。

そして，一般論をいえば，間接侵害に該当しうるからといって，特許発明の実施品の一部を構成するに過ぎない部品等を譲渡しただけで，特許製品全体についての消尽を肯定することはできない。そのような場合には，「特許発明の公開の代償を確保する機会」があったとはいいがたいからである（前掲知財高大判［パケットデータを送受信する方法及び装置］）。

ただし，そのような場合であっても，特許権者において，当該間接侵害に該当する物を用いて特許製品の生産が行われることを黙示的に承諾していると認められる場合には，特許権の効力は，当該間接侵害に該当する物を用いた特許製品の生産や，生産された特許製品の使用，譲渡等には及ばない（前掲知財高大判［パケットデータを送受信する方法及び装置］）。黙示的許諾とそれ

に基づく消尽があると解されるからである。

　また，実施品の全部品を一揃えにしたキットが譲渡された場合などのように，特許製品を譲渡したに等しいといえるほどの利益の獲得の機会があったと評価しうる場合に関しては，例外的に消尽が認められると解する学説もある（田村善之［判批］NBL1028 号 36 頁（2014 年））。

（2）　方法の発明

　第二に，方法の発明の特許権であれば，特許権者が発明の実施行為としての譲渡を行い，その目的物である製品が市場において流通するということが観念できないため，かつては消尽を否定する学説が通説であったが，知財高大判平成 18.1.31 判時 1922 号 30 頁［液体収納容器］がこれを肯定する前後から，むしろ学説は一定の場合に消尽を肯定する見解が優勢となっている（前掲最判［液体収納容器］はこの論点を扱っていない）。

　知財高裁の理論のポイントは，ここにおいてもやはり特許権者に排他権の行使の機会があったと評価できるか否かということに尽きる。その結果，以下の 2 つの場合に限って，消尽が肯定される。

（a）　特許権者自身等が当該方法の発明にのみ用いる物等の製造販売をするなど，間接侵害を構成する装置を製造販売している場合

　この場合，排他権の庇護の下に製造販売しているといえるので，当該装置を用いた特許方法の使用について消尽が認められる。

　「にのみ」型間接侵害（101 条 4 号）のほか，多機能型間接侵害（101 条 5 号）を構成する装置も含むと理解してよい（主観的要件の充足が必要であることに鑑みた異論はある）。

　注意を要するのが，前掲知財高大判［一太郎］の示した間接の間接侵害の否定理論である（田村善之「多機能型間接侵害による本質的部分の保護の適否」同『特許法の理論』（2009 年・有斐閣）179 ～ 182 頁）。学説上批判が強いこの考え方を採用するのであれば，間接の間接侵害に該当するようなもの，例えば（前掲知財高大判［一太郎］の射程は不明確であるが），方法の特許を使用するために用いられる装置（直接の間接侵害）の部品（間接の間接侵害）などの製造販売は間接侵害に該当しないため，特許権者が排他権の庇護の下に製造販売したとはいえなくなるので，消尽は否定される。

　また，この理論を採用しなかったとしても，やはり，特許方法を使用するための装置の部品や，あるいは特許方法（e.g.「a＋b＋c」）の一部の工程

(e.g.「a」) のみに用いられる装置であった場合には，そのような小さな部分に関わる装置を排他権の庇護の下に製造販売したからといって，特許権者に方法の発明全体の使用に対する権利行使を否定するほどの対価獲得の機会があったとはいえず，消尽の根拠に乏しいのではないかという問題がある。したがって，方法の発明においては，間接侵害を構成する装置の中でも全工程の実施に関わる装置を製造販売した場合に限り，方法の特許の消尽を認めた方がよいと考えられる（田村善之「消尽理論と方法特許への適用可能性について」同・前掲特許法の理論 274 ～ 275 頁）。

ただし，これらのように消尽が否定される場合であっても，特許権者において，当該間接侵害に該当する物を用いて特許方法を使用することを黙示的に承諾していると認められる場合には，当該間接侵害に該当する物を用いた特許方法の使用には及ばない，と解される（参照，前掲知財高大判［パケットデータを送受信する方法及び装置］）。

（b） 同じ特許権内に，（多項制を利用して）同一の技術的思想について物の発明と方法の発明の 2 つのクレーム（請求項）がある場合

この場合，特許権者等が物の発明の実施品を製造販売していれば，物の発明に関するクレームばかりでなく方法の発明に関するクレームについても消尽が認められる（特許権の行使の際には，クレーム毎に侵害が成立する）。

前掲知財高大判［液体収納容器］の提唱にかかるものであり，物の発明について一度権利行使をした以上，同じ技術的思想であるにも拘わらず，方法の発明で再度，使用に対して権利行使を認めてしまうと，物の発明に対する消尽の法理を潜脱することになってしまう，と考えたのだと思われる（田村・前掲消尽理論と方法特許 277 ～ 282 頁）。

（3） 物を生産する方法の発明

第三に，物を生産する方法の発明の場合には，以下のように分類して検討する。

① 物を生産する方法の発明によって生産された物が流通した場合
⇒この場合には，物の発明と同様に取り扱う。
② 物を生産する方法の発明に使用する装置が流通した場合
⇒この場合には，方法の発明の①と同様に取り扱う。
③ 同じ特許権内に，同一の技術的思想について物の発明と物を生産する方法の発明の 2 つのクレームがある場合

⇒この場合には，方法の発明の②と同様に取り扱う。

2　ステップ2──製造販売主体（主体問題）

次にステップ2として，誰が製造販売した製品かということ（主体問題）を確認する。

（1）　特許権者自身が製造販売した製品

第一に，被疑侵害者が実施している製品が特許権者自身が製造販売していた製品であれば，この点が問題となって消尽が否定されることはないので，ステップ3に進む。

（2）　特許権者の許諾を受けた実施権者が製造販売した製品

第二に，特許権者の許諾を受けた通常実施権者や専用実施権者が製造販売していた製品であったという場合には，当該実施権を許諾ないし設定する契約による拘束に違反していないか否かを吟味する。

（a）　契約違反がない場合

契約違反がないのであれば，ここで消尽が否定されることはないので，ステップ3に進む。

（b）　契約に違反している場合

契約に違反している場合には，そのような制限に対する違反が特許権侵害に該当すると評価されるのか，それとも債務不履行に止まるのかということを調べることになる。

通説は，契約による拘束に違反して特許製品が製造販売されたからといってただちに消尽が否定されるのではなく，その違反が特許権侵害を構成するような違反である場合に限って消尽が否定されると考えているからである。些細な契約違反があるからといって，特許権者が十分な対価を取得する機会が失われたとは考えられない反面（∴消尽を肯定すべき消極的根拠が失われない），契約による拘束という第三者からわかりにくい制限によって逐一消尽が否定されるとすると取引の安全を阻害するからである（∴消尽を肯定すべき積極的根拠が妥当する）。

（c）　特許権侵害と単なる債務不履行の区別

問題は，特許権侵害を構成するような契約違反と単なる債務不履行に止まる契約の区別である。

多数説は，これを特許権者が許諾していると評価できるか否かという問題

だと理解する。そして，許諾の対象を制限するような制約，例えば，対象製品の制限（e.g. 契約の対象は蛍光灯であったにも拘わらず，LED が生産された場合），最高数量制限等に違反した場合には特許権侵害となるが，製造販売地域制限や最低数量制限に違反した場合，ライセンス料未払い，原材料供給業者指定についての違反等は単なる債務不履行に止まるとするものが多い（下請禁止条項違反については見解が分かれるかもしれない）。その理由が語られることは少ないが，許諾の対象外と目される製品に関しては，特許権者は十分な対価を得ていないということなのだろう（∵消尽を肯定すべき消極的根拠が失われる）。

　他方，少数説ではあるが，取引の安全を重視して，最高数量制限等についても消尽を肯定する見解もある（田村善之「特許権の行使と独占禁止法」同『市場・自由・知的財産』（2003 年・有斐閣）158 〜 160 頁）。

　Check　解除後の製造販売
　実施許諾契約違反があった場合の消尽の範囲についていずれの立場に与したとしても，債務不履行違反を理由に契約が解除された時点以降に，それでもなお元実施権者が特許製品の製造販売を継続した場合には，純粋な侵害品なので，消尽が肯定される余地はない（∵消尽を肯定すべき消極的根拠が完全に失われている）。

　Check　所有権留保と消尽
　前述したように実施権者の単なる契約違反は消尽を否定する効果を持たないので，実務では特許権者が特許製品を譲渡するのではなく，所有権は留保しており貸与しているだけであるという形式をとって消尽の効果を防ごうとすることがある。所有権と異なり，貸与の場合には，有体物を自由に譲渡しうる権原が占有者に移転していない（∵消尽を認めるべき積極的根拠に乏しい）。反面，特許権者は製品の譲渡を容認するに値する対価の取得の機会があったとはいえない（∵消尽を肯定すべき消極的根拠に乏しい）。したがって，真実，貸与であれば消尽は否定すべきである（大阪高判平成 12.12.1 判タ 1072 号 234 頁［薬剤分包機用紙管］）。

　もっとも，実質は譲渡であるにも拘わらず，形式的に貸与が装われる場合がある。もちろん，そのような場合には，実質に着目して消尽が肯定されることになる（大阪地判平成 26.1.16 判時 2235 号 93 頁［薬剤分包用ロールペーパ］）。

法定通常実施権者が製造販売した製品

職務発明や先使用に基づく法定通常実施権者，あるいは共有特許権者の一部が製造販売した製品の場合にも，消尽を肯定しないことには，これらの法定通常実施権者等が製品の売却先に困ることになるので，その点が問題となって消尽が否定されることはないと解すべきである。

3　ステップ３──被疑侵害者の行為（行為問題）

最後に被疑侵害者の行為態様を吟味する（行為問題）。

（1）　取得した製品そのものを使用・譲渡している場合

取得した製品そのものを使用・譲渡している場合には消尽が肯定される。

（2）　取得した製品を加工等している場合（修理と再生問題）

特許権者により譲渡された特許製品に対する加工・修理は，特許製品の「使用」に付随するものとして，取引安全の観点から許容されるべきとも思えるが，特許権者の保護という観点からすれば，製品寿命を延長させるものとして一定の限界があってしかるべきであろう。

Check　特許製品に対する加工・修理に対して特許権の効力が及ぶ範囲

この点について，前掲最判［液体収納容器］は，消尽は特許権者等が譲渡した特定の特許製品を対象とするものであるから，「特許製品につき加工や部材の交換がされ，それにより当該特許製品と同一性を欠く特許製品が新たに製造された」場合に消尽の範囲外となる（＝特許権侵害となる）との基本的な考え方を示したうえで，新たな製造該当性については，「特許製品の属性，特許発明の内容，加工及び部材の交換の態様のほか，取引の実情等も総合考慮して判断する」との基準を示している。

（a）　加工・修理がクレームにかかる部分について行われている場合

加工・修理がクレームにかかる部分について行われている場合には，前掲最判［液体収納容器］の基準に従って消尽の成否を吟味する。

なお，消尽の前提として，物の発明であれば2条3項1号の各実施行為（生産，使用，譲渡等）に該当することを要する。そして，2条3項1号の「生産」は，日常用語にいう生産より広く，例えばハンマーの構造に特許がある場合の打撃板の取り替えのように，部品を特許のある本体に組み合わせる行

為もユーザーによって「生産」（2条3項1号）がなされたものと考えられる（3「間接侵害」Ⅳ1（3）「特許法上の「生産」概念は，日常用語にいう「生産」よりも広い」参照）。そうすると，消尽の場面でも，部材の交換は，「生産」（2条3項1号）であり，したがって，消尽の範囲から一律外れるのではないかと考える向きもあるかもしれないが，大多数の学説はそのような帰結を採用しない。その説明方法として，「生産」は消尽しないことを前提に消尽の範囲を画する概念として「生産」を用いる見解とそうでない見解がある。

一説として，特許権者が販売した製品についての部品の組み合わせ，取り付けに加えて，通常の修理の範囲を超えている場合に「生産」に該当するとして，加工・修理がクレームにかかる部分について行われていたとしても，一定の場合に非侵害の結論を導く立場がある（広義の生産アプローチ）。しかし，このような立場では，「生産」概念が場面ごとに異なり，もはや問題を解決する基準として機能しないことになる。消尽の場面でも，「生産」は，2条3項1号の「生産」と同様であり，「生産」に該当するかもしれないが，消尽の範囲内にあるから非侵害なのだと説明したほうがよいだろう（広義の消尽アプローチ）。

もっとも，加工・修理がクレームにかかる部分について行われている場合，いずれのアプローチを採用するかは，説明の仕方の問題であり，より重要なのは，「当該特許製品と同一性を欠く特許製品が新たに製造されたと認められるとき」という，侵害の成否を決する前掲最判［液体収納容器］の真の基準である。前掲最判［液体収納容器］は，下位規範として具体的な観点を提示しているところ，あてはめにおいて，①「特許製品の属性」に照らした場合の「加工及び部材の交換の態様」（経済的事情），②「特許発明の内容」に照らした場合の「加工及び部材の交換の態様」（技術的事情），③取引の実情を考慮している。これら諸事情の総合衡量をごく簡単にまとめれば，①消耗品や経済的に些細な部分であれば，原則として消尽が肯定されるが，②その部分が特許発明の技術的な特徴であった場合には例外的に消尽が否定される方向に傾き，③そのような加工・修理を容認していたというような事情がある場合には，消尽が肯定される方向に斟酌される。

（i）特許製品の属性（経済的事情）

製品の構造上加工が予定されている部分の加工であれば，特許権者はそのような加工を予定して製造販売したのであるから，当該加工に対して対価を

取得する機会があったといえる（消尽を肯定すべき消極的根拠の充足）。反面，そのような製品の取得者は，当該部分の取替えを予定して製品を購入しているから取引の安全を図る必要性が高い（消尽を肯定すべき積極的根拠の充足）。ゆえに，こうした事情は，特許権の消尽を肯定する方向に働く。具体的には，消耗品の取替え（e.g. インクの詰め替え，打撃板の取替え）等がこれに該当する。

　また経済的に些細な部分の修理についても，特許権者としてはその程度の修理は折り込み済みで製品を製造販売しているといえる（消尽を肯定すべき消極的根拠の充足）。反面，修理不可だとすると製品全体の使用を諦めなければならなくなる製品の取得者の期待を保護する必要性がある（消尽を肯定すべき積極的根拠の充足）。ゆえに，こうした事情は，消尽を肯定する方向に働く。

　一方，製品の耐用期間が過ぎていたり，修理部分が多岐ないし大量にわたるといった事情は，新たな製品を生産するに等しくなりかねず，一つの製品を販売したに止まる特許権者の予定を超え，対価獲得の機会があったと評価することを難しくする場合がある（消尽を肯定すべき消極的根拠に欠ける）。一個の製品を購入したに過ぎない消費者にそこまでの修理を認める必要性も薄い（消尽を肯定すべき積極的根拠に欠ける）。ゆえに，こうした事情は，消尽を否定する方向に斟酌される。

(ii)　特許発明の内容（技術的事情）

　特許発明の技術的特徴にかかる部分の修理加工であるという事情は，技術的思想の保護の必要性を高めるから，消尽を否定する方向に働く（消尽を肯定すべき消極的根拠に欠ける）。例えば，消耗品や，経済的に些細な部分であっても，それが特許発明の技術的な特徴にかかる部分である場合には，消尽が否定される場合があることになる（取引の安全を理由とする反対説はある）。

(iii)　取引の実情

　その他，特許権者が修理加工を容認していたと目される事情があれば（e.g. 消費者の手元で取替えが容易であることなどを宣伝していた場合など），消尽が肯定される方向に働く（理論的には黙示の実施許諾と評価してもよいが，前掲最判［液体収納容器］は消尽の要素としている）。

消耗品の交換を防ぐ構造と消尽の成否

消尽の効果は，特許権者の単独の意思表示や最初の譲受人との間の契約により妨げることはできないと考えられている。前掲知財高大判［液体収納容器］は，インクタンク本体にインクを充填した注入口が塞がれていることは特許発明の目的上不可避的な構成ではなく，インクの再充填のために新たに注入のための穴を設けるという被告製品の製造方法は一般のリサイクル品の製造方法とほぼ同じものであるから，リサイクル品の製造者がインクタンク本体に穴を開けていることをもって消耗部材の交換に該当しないとはいえないとして，かかる事情により消尽を否定しなかった（結論としては，特許発明の本質的部分を構成する部材が加工・交換されたことを理由に消尽を否定した）。

上告審の前掲最判［液体収納容器］は，この論点を扱わず，インクタンク本体に穴を開けインクを補充するという行為態様を前述の①「特許製品の属性」に照らした場合の「加工及び部材の交換の態様」（経済的事情）において消尽を否定する方向に斟酌した。事実の評価の問題として，リサイクルを許さない構造となっていることにその必要性があると判断したからである（中吉徹郎［判解］『最高裁判例解説民事篇平成 19 年（下）』（法曹会）791 頁）。したがって，前掲最判［液体収納容器］は，必要もないのにリサイクルを防止する構造が採用されていた事案において，そうした事情を消尽を否定する方向に斟酌すべきでないとした前掲知財高大判［液体収納容器］の論法を否定するものではない。

(b) 加工・修理がクレームにかかる部分以外のところについて行われている場合

加工・修理がクレームにかかる部分以外のところについて行われている場合に関しては見解が分かれている。

例えば，特許発明がアシクロビルをクレームする物質特許であるところ，当該アシクロビルを有効成分とする錠剤を購入して溶解し，有効成分にかかる物質アシクロビルを取り出したうえ（ゆえに特許発明の対象であるアシクロビル自体は改変していない），粉末材として，あるいは錠剤として販売する場合（東京地判平成 13.1.18 判時 1779 号 99 頁［置換プリンⅣ］，東京高判平成 13.11.29 判時 1779 号 89 頁［同 2 審］），特許発明が注射器の構造をクレームする物の特許であるところ，使用済みの使い捨て注射器を洗浄して再び注射液を注入し使用する行為（前掲知財高大判［液体収納容器］の傍論），特許発明がエンジンをクレームする物の特許であるところ，購入した自動車が大破した

り耐用期間が過ぎたので，破損していないかまだ耐用期間が残っているエンジンを取り出して，別の車に装備して使用する行為などが挙げられる。

　このように，具体的には，クレームの解釈で形式的にも「生産」（2条3項1号）に当たり得ない場合にも，当初に特許権者が予定しない使用であるということを理由に特許権侵害を構成することがあるかという点について，否定する考え方（狭義の生産アプローチ）と肯定する考え方（狭義の消尽アプローチ）がある。

（i）　生産アプローチ

　これらの場合，いずれも特許発明について生産は行われておらず，使用がなされているに過ぎない。そこで，取引の安全を重視する立場は，生産に該当する行為がなされていない限り，特許製品の使用は自由であると考える（前掲東京高判［置換プリンⅣ2審］）。前掲最判［液体収納容器］は，加工や部材の交換により特許製品と同一性を欠く特許製品が新たに「製造」されたものと認められるときは，特許権の行使が許されるとの抽象論を示した。一般には本判決は生産アプローチを採用したと理解されている。

（ii）　消尽アプローチ

　他方，特許権者の対価の回収の予定を重視して，生産がない場合であっても，特許権者が予定していないような使用が行われた場合には消尽を否定する考え方もある（前掲知財高大判［液体収納容器］の傍論）。もっとも，この立場でも，上に掲げた例のうち，アシクロビルについては，ルートこそ異なるが，結局，一人の患者に投与されるに止まるという点では特許権者の予定を超えるものではないので，消尽が否定されることはないと理解されている（異論はあるが，前掲東京地判［置換プリンⅣ］）。

　Check　生産に該当するか否かはクレームで決まる

　学説上，優勢である生産アプローチを採用した場合，生産に該当するか否かはクレームで決まることに注意しなければならない。例えば，先に掲げた例で，特許発明がアシクロビルを包含する錠剤という形でクレームされていたり，注射液入りの注射器という形でクレームされている場合，錠剤を溶かして再度錠剤としたり，使い捨て注射器に再度注射液を注入する行為は，クレームの要素である錠剤の部分や注射液の部分を含めて再現する行為であるから，形式的には生産に該当する。ゆえに，生産アプローチの下でも定型的に消尽を否定することができず，

これが消尽するか否かということは，前掲最判［液体収納容器］の基準に従って判断されることになる。

4 間接侵害 ───────────────────

　間接侵害との関係に関しては，特許権者が製造販売した製品が直接侵害品ではなく間接侵害品に該当する場合にどうなるのかという論点をここまで紹介してきた。

　他方，消尽と間接侵害に関しては，もう一つ，被疑侵害者側の事情として，特許製品を取得したユーザーが修理・加工を行う際に（e.g. 特許発明にかかるハンマー中，打撃板の部分を取り替える），被疑侵害者が修理・加工用の部材を提供する行為（e.g. 前記打撃板をユーザーのために製造販売する）が，特許権の間接侵害に該当するか否かという形で問題とされることもある（大阪地判平成 1.4.24 無体集 21 巻 1 号 279 頁［製砂機のハンマー］）。間接侵害に関する折衷説ないし制限規定等射程説の下では，ユーザーに消尽が肯定されるのであれば，従属的に，被疑侵害者の間接侵害も否定されるという関係にある。さもないと，ユーザーは全ての部品を自ら製造しなければ修理・加工をなすことができないことになり，消尽を認めたことが無意義になりかねないからである。

　なお，ユーザーが私人の場合には，業としての侵害が成立しない（68 条）。しかし，折衷説ないし制限規定等射程説は，ユーザーに業としての侵害が成立しないという理由に関しては，間接侵害を否定しない。ゆえに，この場合でも，決め手はユーザーについて消尽が肯定されるか否かということになる。

　以下に，特許製品を保有するユーザーに修理・加工用の部材を提供する行為の間接侵害の成否の検討の流れを示す。

　① ユーザーの直接実施と被疑侵害者の間接実施の関係を明らかにする

　請求原因の問題として，ユーザーの行為を直接実施として，被疑侵害者の間接侵害が成立しうる論理的な関係にあることを明らかにする。

　② ユーザーの私的使用と被疑侵害者の間接侵害の成否の関係を明らかにする

　ユーザーが私人である場合，68 条により非侵害であることが，間接侵害の成否に影響するか否かを明らかにする。

⇒この理由では間接侵害は否定されない。間接侵害に関する制限規定等射程説の下での独立説的理解である（3「間接侵害」Ⅳ1(4)(b)(i)「家庭内実施」参照）。⇒③へ

③ ユーザーにおける消尽の成否と被疑侵害者の間接侵害の成否の関係を明らかにする

ユーザーの消耗品の取替行為が消尽に該当する場合，それが間接侵害の成否に影響するか否かを明らかにする。

⇒ユーザーについて消尽が肯定されるならば，間接侵害も否定される。間接侵害に関する折衷説ないし制限規定等射程説の下での従属説的理解である（3「間接侵害」Ⅳ1(4)(b)(vi)「消尽」参照）。

④ ユーザーにおける消尽の成否を吟味する

ユーザーの手元で消尽が肯定されるか否かを，前掲最判［液体収納容器］の3基準（経済的基準，技術的基準，取引の実情）を使用して吟味する。

5 並行輸入

国内消尽は，特許権者かその許諾を受けた者が日本国内で特許製品を製造販売していた場合に限って適用される。日本国外で製造販売した特許製品が日本国内に「輸入」（輸入も物の発明の実施行為である。2条3項1号）され流通する場合には，並行輸入の問題となり，最判平成9.7.1民集51巻6号2299頁［BBS］は，消尽ではなく，黙示的承諾説ないし承諾擬制説によることを明らかにしている。

前掲最判［BBS］（田村善之［判批］同『競争法の思考形式』（1999年・有斐閣））は，国際的な消尽法理の存在を否定しつつ，現代の国際取引社会においては製品が流通して国内に流入することになることを覚悟しなければならないということを理由に，「我が国の特許権者又はこれと同視し得る者が国外において特許製品を譲渡した場合においては，特許権者は，譲受人に対しては，当該製品について販売先ないし使用地域から我が国を除外する旨を譲受人との間で合意した場合を除き，譲受人から特許製品を譲り受けた第三者及びその後の転得者に対しては，譲受人との間で右の旨を合意した上特許製品にこれを明確に表示した場合を除いて，当該製品について我が国において特許権を行使することは許されない」と判示している。この最高裁判決は，国際的な消尽という理論は採用しないけれども，製品に明示的に並行輸入を

禁止する旨を表示しない限りは，国際的に流通することを黙示的に承諾したとみなしてしまうという，「黙示的承諾説」とか「承諾擬制説」といわれる法理を採用したと理解されている。

　■Point■　並行輸入品に対する権利行使の許否

　外国で最初に製造販売された製品は，日本の特許権の排他的な庇護の下で製造販売されたといえず（消尽の消極的根拠の不充足），国内消尽の法理の適用はない。

　しかし，現代の国際的な取引社会においては，取引の安全を保障するために，国外といえども製品をいったん流通に置いた場合には，以降，それが転々流通して日本国内に流入してくることを特許権者は覚悟すべきであり，当該製品が日本国内に輸入される場合でも，特許権を行使することは許されないものというべきである。

　もっとも，特許権者が日本国内への輸入を禁止する旨の表示を製品に付した場合には，取引の安全への配慮はそれで果たされるので，特許権者の権益を守るべく，輸入に対して権利行使をなすことを許してもよいと考える。

（1）　特許権者以外の者が製造販売した場合

　前掲最判［BBS］は，「子会社又は関連会社等で特許権者と同視し得る者により国外において特許製品が譲渡された場合も，特許権者自身が特許製品を譲渡した場合と同様に解すべきであ」ると明言する。

　判旨のように特許権者の承諾というところに特許権を行使することができなくなる根拠を求める論法の下では，発明者に対価獲得の機会があったか否かということが問題なのではない。特許権者がまさに当該製品について販売先や使用地域を制限することなく譲渡することを（擬制とはいえ）承諾していたと見ることができるのかということを問題としなければならない。特許権が譲渡されたために，内外の特許権者を異にするようになった場合にまで，日本の特許権者の承諾があったと見ることは困難であろう。判旨が，当該製品に関するライセンス料の流れではなく，むしろ子会社や関連会社のように特許権者と資本関係があるために，別人格とはいえ，特許権者と事実上，同視しようと思えば思えなくもない者であることに着目したのは，そのためであろう。

　もっとも，判旨は一言も触れていないが，拡布地で当該製品を製造販売し

た者が日本の特許権者のライセンシーであった場合には，やはり，特許権者としては，販売先や使用地域制限が表示されていない限り，当該製品の並行輸入を阻止しえないと解することになるのではないか。判旨のような立場でも，特許権の譲受人ではなく，ライセンシーのように，特許権者が製造販売される製品についてあれこれ指示しうる関係がある場合には，それにも拘わらず，販売先や使用地域を限定することなく譲渡された製品について，特許権者の承諾があったものと擬制することが許されるように思われるからである。

なお，強制実施権等の制度により，第三者により製造販売された製品に関しては，特許権者の承諾がないのであるから，判旨のような立場の下では，当然，その並行輸入を阻止することができることになろう。

（2）　製造販売地である外国に対応する特許権を有していなかった場合

前掲最判［BBS］によれば，「特許製品の譲受人の自由な流通への信頼を保護すべきことは，特許製品が最初に譲渡された地において特許権者が対応特許権を有するかどうかにより異なるものではない」ことになる。

高度に国際的に商品が流通する取引社会において，何らの制限を付することなく当該製品を流通させた以上，譲受人又は譲受人から特許製品を譲り受けた第三者が，業としてこれを日本国内に輸入し，日本国内において業としてこれを使用し，又は，これを更に他者に譲渡することが当然予想される点では対応特許を当該外国で有していた場合と同様であって，最初に流通させた地に対応する特許権があろうがなかろうが，日本の特許権を行使することは許されない，と考えるのであろう。

（3）　明確な表示

判旨によれば並行輸入品に対する特許権の行使が許されるためには，「反対の合意」が当該製品に「明確に表示」されている必要がある。

しかし，デザイン上の理由その他のために製品に直接，表示を付すことが困難な場合もあろう。事情に応じて，包装や添付文書に明確な表示を付すことも可能となろう。

「明確な表示」が流通過程で抹消された場合にはどうなるのかという問題がある。以降，特許権を行使することは許されなくなるという理解もありうるが，特許権者にとってみれば，表示の抹消に対して対処する有効な対策を講ずることが物理的にも，そしてもしかすると法的にも困難であることに鑑

みる場合には，特許権の行使を許さざるをえないように思われる。

　なお，「明確な表示」は日本語でなければならないという指摘がある。しかし，日本に輸出することができるのか否かということを気にかける者が日本語に精通しているとは限らない。むしろ，拡布地や国際的に通用している言語の方が，譲受人にとって「明確な」表示であることも少なくないであろう。

　Check　並行輸入と国内消尽の差違

　前述したように，特許権者が日本国内で特許製品を製造販売した場合には国内消尽の問題となり，特許製品に反対の表示を付したとしても，特許権が消尽していることに変わりはない，と理解されているのに対して，特許権者が最初に外国で特許製品を製造販売した場合には前掲最判［BBS］が適用され，特許権者は反対の表示を特許製品に付すことによって並行輸入を阻止することができることになる。

　なぜこのような違いが生じるのかというと，国内消尽が適用される場面では，最初の特許製品の製造販売の際に，特許権者は日本の特許権の庇護を受けていたのだから，日本の特許権という排他権の利益を享受しうる機会があったのであり，反対の表示を付したとしても，特許製品の流通を阻害してまで再度の権利行使を認めるべきではないと考えられているのである。

　Check　並行輸入品の修理・加工

　前掲最判［液体収納容器］は，国外で譲渡された特許製品に対する日本国の特許権の行使の可否について前掲最判［BBS］を引用したうえで，譲渡した特許製品に加工や部材の交換がなされ同一性を欠く特許製品が新たに製造されたものと認められるときは特許権の行使が許されるものとした。なお，同一性を欠く特許製品が新たに製造されたか否かの判断基準は国内で譲渡された場合と同一である旨を判示した。

6　先使用権

Ⅰ　イントロダクション

　先使用権は，他人の出願前からその発明の実施である事業又はその事業の準備をしている者に一定の要件の下，法定の通常実施権を認めたものである（79条）。もっとも，特許侵害訴訟では，被告の抗弁として用いられることが多い。特許侵害訴訟における抗弁としては，（充足論以外では）無効の抗弁による特許要件の検討（特に新規性や進歩性）が主たるものである。しかし，事業（その準備も含む）が守秘義務を負う者の間で秘密に行われている等のために，新規性や進歩性を喪失させるには不足している場合には，先使用権のみを主張できることになり，この点に先使用権のメリットがある。

Ⅱ　要件事実

　① 特許出願された際，現に発明の実施である事業をなしているか，少なくともその準備をなしていること

　②（書かれざる要件として）発明が完成していること

　③ 主観要件（「特許出願に係る発明の内容を知らないで自らその発明をし，又は特許出願に係る発明の内容を知らないでその発明をした者から知得し」たこと）

　なお，④として，「本訴訟の対象となっている実施行為が，①の実施または準備していた発明又は事業の目的の範囲内であることを求める整理もある（岡口基一『要件事実マニュアル3』（第5版・2017年・ぎょうせい）479頁）。

Ⅲ　趣　旨

　先使用権の制度の趣旨については，特許権者と先使用者の公平（衡平）を図るものであると説く公平（衡平）説が通説である。しかし，ただ，「公平」というだけでは，個別の論点において制度趣旨に鑑みた帰結を論理的に導く

ことは困難である。そこで，近時は，以下のようにその具体化を図る見解がある（田村善之「特許権の先使用権に関する一考察（1）—制度趣旨に鑑みた要件論の展開—」知的財産法政策学研究 53 号 137〜149,151 頁（2019 年））。

　第一に，発明と出願により公開を促すこと及び発明の実用化の双方が特許法の趣旨であることに鑑みると，先使用権の趣旨の一つは，発明者に，実施と出願の双方かどちらかを早期に選ばせるインセンティヴを与えることで，発明の実施を促進させることにあると解される（実施の促進）。第二に，先使用権の制度がない場合，特許発明に係る発明者とは別個独立に発明をなした独自発明者（79 条）は将来，特許権者からの特許権侵害の責任追及をうけることを慮って実施を躊躇するか，あるいは，他者の特許権の出現を可能な限り防ごうとして先使用権がなければなされなかった出願を強いられる可能性がある。このようなことに鑑みると，特許権を取得した他者からの差止請求をおそれて無駄な出願をするという弊害を防ぐこと（過度の出願の抑止）に先使用権のもう一つの趣旨があると解される。

　[Check]　出願前から存在する物に関する 69 条 2 項 2 号
　以上のように，先使用権は，特許発明とは独立してなされた発明について，特許権者の特許出願前に準備していた事業の範囲内で，その準備をなしていた者（及びその者と一定の関係にある者）が援用することができるという制約が課されている。しかし，これらの要件を欠く場合でも，出願前から存在する物を使用したり，譲渡する場合には，69 条 2 項 2 号を援用して，特許権侵害を免れることができる。例えば，当該物の使用，譲渡行為が特許発明にかかる物の使用，譲渡に該当する場合や，当該物の使用行為が特許方法の使用に該当する場合が，これに当たる。

　69 条 2 項 2 号は，特許出願よりも早く有体物に化体する形でなされた投資を保護する規定である。したがって，出願前から存在する有体物としての物を保護するに止まるから，その物が滅失した場合，構造が同じ物を製造して使用しようとしても，69 条 2 項 2 号を援用することはできない。その場合には，79 条の先使用権を主張する必要がある。

1　要　件

（1）　特許出願された際，現に発明の実施である事業をなしているか，少なくともその準備をなしていること（＝事業の準備）

本要件については，どの程度の準備があれば先使用権が認められるのか，その分水嶺が重要である。特許制度の存在によって過度に実施が躊躇われることがないようにするという上記の先使用権の趣旨に鑑みれば，事業の準備については，当該発明を実施できないのであれば無駄になる投資（＝関係特殊的投資）がなされているか否かがメルクマールになると考えられる。

事業の準備に関する裁判例を俯瞰すると，まず「事業の準備」とは，未だ事業の実施の段階には至らないものの，即時実施の意図を有しており（主観），かつ，その即時実施の意図が客観的に認識される態様，程度において表明されている（客観）場合に認められる（最判昭和 61.10.3 民集 40 巻 6 号 1068 頁［ウォーキングビーム炉］）。本判決については，最終製品の具体的仕様が確定していない段階で事業の準備を認めたことにつき，先例としての価値がある。またその理由としては，本判決で問題となった加熱炉が受注生産であって，しかも相当高額なものであったことから，見積仕様書等の作成自体にも相当な費用が掛かるものであったという関係特殊的投資の視点からも理解し得る（大量生産の場合は定かではないとしつつ水野武［判解］『最高裁判所判例解説　民事篇　昭和 61 年度』（1989 年・法曹会）413 頁，中山信弘［判批］法学協会雑誌 165 巻 8 号 1147 頁（1988 年））。事業の準備に関する裁判例の判断要素は以下の通りである。

（a）　試作品の完成

試作品の完成は，当該発明を実施できないのであれば無駄になる関係特殊投資の典型であり，そのような場合，事業の準備があったと認められる。例えば，特許発明と同一の物の試作品につき，その製造を他者に依頼し，完成した試作品を受領した場合（東京地判平成 3.3.11 昭和 63(ワ)17513［汗取バンド］）には，事業の準備が認められる。また，特許権が方法の発明の事案で，下請業者に特許発明の方法と同一の方法を使用したサンプルの製造を依頼し，完成したサンプルを使って他社に売り込みをしていた場合は，事業の準備があったと認められる（大阪地判平成 7.7.11 平成 3(ワ)585［アンカーの製造

方法]。以下，特許発明と同一の物の試作品，及び，特許発明の方法と同一の方法を併せて「被告の発明」という）。もっとも，試作品の製作後，実用化に至らず数年が経過した場合（事業の中断や中止があるような場合）は，事業の準備とは認められないことがある（例えば，東京地判昭和48.5.28判例特許実用新案法472頁［精殻機］や福岡地久留米支判平成5.7.16判例工業所有権法［2期版］2293の99の2頁［円筒型長提灯袋製造装置］）。

(b) 試作品製造に必要な材料や設備を購入する等当該発明に特有の投資がなされている場合

当該発明に特有の投資がなされている場合も，事業の準備があったと認められる。例えば，先使用製品を製造する金型の図面を完成させ，試作材料を発注するとともに，金型の製造に着手していた場合（大阪地判平成17.7.28平成16(ワ)9318［モンキーレンチ］）や，先使用方法により製造した治験薬を用いた臨床試験に関する治験計画届書を提出し実施設備の稼働も開始させていた事例（東京地判平成18.3.22判時1987号85頁［生理活性タンパク質の製造法］），先使用製品を製造するのに必要かつ特有な設備（高圧ボイラー）を購入し，他社と先使用製品の製作物の供給を受ける契約を締結したうえ，成型器やその裏金の製作も同社に委託し，同社おいてその最終設計図を完成させていた場合がある（大阪地判昭和52.3.11無体集9巻1号222頁［飴菓子製造装置］）。

(c) 事業化に関する契約の交渉に相応の投資がなされたような場合

当該発明に特有の投資は，図面や製品，あるいは製造等の設備などに化体されるものばかりではなく，事業化に関する契約の交渉に相応の投資がなされたような場合も含まれうる（もっとも，発明が完成している必要はある）。例えば大型プラントに関し，具体的な事業設備を有するには至っていないが，その建設のための基本設計や建設費見積もりのためのエンジニアリング作業をグループ企業に請け負わせてその作業の対価を支払ったり，建設に必要な実施許諾契約を締結してその対価を支払っていた等の事例で，事業の準備があると認めた判決がある（東京地判平成12.4.27判時1723号117頁［芳香族カーボネート類の連続的製造法］）。

(d) 顧客の要望に合わせた仕様や設計に基づいて初めて製造する場合

最終的に受注に至らない場合であっても事業の準備と認められることがある。例えば，設計図の作成自体に相応の投資を要する個別注文品，特に，大

量生産品ではなく工業用加熱炉のような個別的注文を得て初めて生産にとり
かかるものにあっては，見積仕様書等が引合いをなした相手方に提出されて
いれば，結局，受注に至らずとも，先使用権の成立が認められる（前掲最判
［ウォーキングビーム炉］）。もっとも，同じく受注に至らなかったという事案
でも，装置の大まかな構造を示す概略図が作成されたに止まり，顧客の要望
に合わせた仕様や設計に関する作業はなされていない事案では，事業の準備
がないとされた（東京地判平成 14.6.24 判時 1798 号 147 頁［6 本ロールカレン
ダーの構造及び使用方法］）。当該事例は，保護に値するほどの当該発明に特
有の投資は無い事案であると理解される。

（2）（書かれざる要件として）発明が完成していること

　79 条には明示はないが，前掲最判［ウォーキングビーム炉］及びこれを
受けた下級審判決では，先使用権を主張するには，自己の発明についてそれ
が完成していることが必要であると解されている。この要件は，特許出願す
べき発明が完成されていなければ過剰な出願も起こりえないことから課され
ている要件であると考えられる。もっとも，発明が完成しているといえるに
は，最終的な製作図面が完成していなくても，具体的構成が設計図によって
示され，当該技術分野における通常の知識を有する者がこれに基づいて最終
的な製作図面を作成しその物を製造することが可能な状態になっていれば足
りる（前掲最判［ウォーキングビーム炉］）。ただし，この前掲最判［ウォーキ
ングビーム炉］のように，当業者に実施可能な程度まで技術思想が具体化し
ていることを要すると考えるにしても，記載要件（実施可能要件及びサポート
要件）と同レベルまで第三者に分かる形で文書等に記載されている必要はな
い。発明の完成に関する裁判例の判断要素は以下の通りである。

　（a）（具現化の程度の問題として）被告の発明の技術的思想から，発明が
解決すべき課題及びその技術的課題解決手段を看取できない場合は，当該発
明は具体化しておらず発明の完成は認められない。

　裁判例では，発明が完成していると認められるには，最終的な設計図が完
成している必要はないが，少なくとも原告特許権出願日以前に，発明が解決
すべき課題とその技術的課題解決手段を看取できる程度には，被告の発明が
具体化していることを要する（ほぼ同旨として大阪地判平成 17.7.28 平成 15（ワ）
9318［モンキーレンチ］）。例えば，被告発明の技術的思想として「生海苔の
異物分離除去装置において…当該隙間を通過できない大きさの異物を分離除

去する際に，前記隙間に異物などが詰まることを防止する手段を設ける」と主張しても発明の具体化とは認められない（東京地判平成29.12.13平成27(ワ)23843［生海苔異物分離除去装置における生海苔の共回り防止装置］）。「防止する手段を設ける」は，達成目標あるいは課題そのものであり，この記述では課題解決手段が特定されていないためと考えられる。もっとも，発明が実際に実施されているのであれば，それ以上に，課題解決の手段を構成する外部的因果関係が学理的に理解されている必要はない（大阪地判昭和41.2.14判時456号56頁［熔融アルミナ］）。

　（b）（具現化の時期の問題として）被告の発明の当該課題解決手段の完成時期が原告特許出願後である場合，発明の完成は認められない。

　例えば，被告が顧客先に提供した新商品のプレゼンテーション資料，商品提案書，試食サンプルに問題となる技術的解決手段に関する記載（サイドスリット）が一切なく，それに対して，原告特許出願後にモデルチェンジした被告商品の個包装には上記課題解決手段であるサイドスリットが当初から印字されていた等の事実の下では，原告特許出願時には発明は完成しないとされる（東京地判平成27.4.10平成24(ワ)12351［餅］）。さらに，被告の発明の当該課題解決手段の完成時期が原告特許出願後であることを裏付ける事実として，原告特許出願後になって初めて被告が被告の発明の課題解決手段と整合する原材料を購入した事実（東京地判平成27.3.18平成25(ワ)32555［生海苔異物分離除去装置における生海苔の共回り防止装置］）や，化学データシートは性質上正規の化学物質名で記載することが求められるにも拘わらず原告特許出願前の同シートには，被告の発明の課題解決手段の中核となる化学物質名の記載がない事実（東京地判29.914平成27(ワ)16829［防蟻用組成物］）が挙げられる。

（3）　主観要件（「特許出願に係る発明の内容を知らないで自らその発明をし，又は特許出願に係る発明の内容を知らないでその発明をした者から知得して」）

　79条の条文上は，出願人の発明と，先使用権又は第三者による発明との2個の発明の存在が予定されており，先使用者の発明又は第三者による発明が出願人の発明と別個独立の起源であることを要する。このような要件が求められる趣旨は以下のとおりである。特許出願にかかる発明者とは独立に発明をなした者がいる場合，独立発明者自身および独立発明者から発明を知得

した者の実施行為についてまで特許権侵害になるのでは，この発明者は，特許権を取得することに特に利益がない場合にも，他人に特許を取得されることを恐れて無用に出願をしなければならなくなる。そこで79条は，こうした者が所定の時点で事業の準備をしていれば，その限度で先使用権の成立を認め，特許権侵害を構成しないものと解される。

　同一起源の発明である場合もかつては，特許発明が冒認された場合（特許を受ける権利を有する者に無断で出願された場合）の被冒認者（＝特許発明の発明者）に限って先使用権の成立を認め得る立場が有力であったが，2011年特許法改正により，特許出願していない発明者であっても冒認出願を理由に真の発明者が特許権登録移転請求制度（74条）が制定されたため，今後はそうした規律に委ねるべきであろう。

　　応用　　原告特許発明と被告が完成した独自発明の同一性
　例えば，（現在の被告の被疑侵害物件が原告特許権の構成要件を充足していることを念頭に，）被告が，自己が完成させた元の発明とは実施形式を変更しているような場合，先使用権の成立要件として，原告発明と被告が完成させた元の独自発明が同一であることを求めるかという論点がある。
　学説の趨勢は，先使用に係る元の発明の技術思想が原告の特許発明と同一であることを先使用権成立の要件としている（以下，「同一説」という）。裁判例でもその旨を明言するものがあるが（知財高判平成30.4.4平成29（ネ）10090［医薬］），他方，一部に同一性を要求しないように読めるものも存在する（東京地判平成20.3.13平成18（ワ）6663［粗面仕上金属箔および自動車の排ガス触媒担体］，東京地判平成5.5.28平成元（ワ）2937［石英ガラスルツボ］）。
　前述のように，先使用権の趣旨が過度の出願防止と実施の促進にある以上，独自発明者（とその知得者）に，自己の実施かその事業の準備が特許発明の出願よりも先んずれば実施を継続することができるという保障が存在しなければならない。ところが，同一性説の下では，独自発明者は自己の発明について実施や事業の準備を所定の時期までになしたにもかかわらず，特許発明との同一性という，自らはコントロールしえない偶発的かつ後発的な事情により，先使用権の成立を否定されることになり，その制度趣旨を達成しえないことになる。この理は，とりわけ，数値限定発明などのように，特許発明の技術的範囲の境界線をまたぐ実施態様の変更に物理的に支障がなく，ゆえに容易に外から内への食い込みがなされうる事例においてとりわけ妥当するように思われる（田村善之「特許法の先使用権に関する一考察（2）——制度趣旨に鑑みた要件論の展開」）知的財産法政策学

研究 54 号 142 頁（2019 年））。

2　効　果

（1）　原　則

（その）「実施又は準備をしている発明及び事業の目的の範囲内において」（79 条），その特許出願にかかる特許権について通常実施権を有する。

（2）　例外（実施形式の変更及び事業形式の変更）

（a）　実施形式の変更

79 条によれば，先使用権は事業の準備にかかる発明と事業の範囲で成立する。この場合，原告の出願より先に被告が実施していた製品と同じ製品を製造等し続ける場合は問題はないが，出願時より後に，先使用者が製品の実施態様を変更した場合，どこまで先使用権が認められるのかという問題がある。この点については，前掲最判［ウォーキングビーム炉］は，特許出願前に見積設計を行っていた A 製品と，現在，侵害の成否が問題となっているイ号製品とでは，いずれも本件特許発明の技術的範囲に属するものであり，その基本的構造を同じくするものであるが，ウォーキングビームを駆動する偏心軸の取付け構造等，4 点において異なっていたという事件で，実施または準備をしていた発明の範囲内で実施形式を変更しうることを明らかにした。抽象論としては，特許出願の際に事業（の準備）がなされていた製品に具現された発明(A)が特許権者の特許発明(P)の範囲と一致するときは，先使用権の効力は特許発明の全範囲に及ぶが（本件はこれに該当するとされた），他方で，実施形式に具現された発明(A)が特許発明(P)の一部にしか相当しないときは，先使用権の効力は当該特許発明の当該一部にしか及ばないというのである。

しかし，この裁判例が示す基準は断片的な事例であるから，近時，より包括的な基準として，先使用者が実施に係る準備をしていた時期に，（実施ではなく）出願をしていたと仮定した場合，特許権侵害から免責される範囲で先使用権の成立を認めるべきであるという見解も唱えられている（田村善之「特許法の先使用権に関する一考察(4)——制度趣旨に鑑みた要件論の展開」知的財産法政策学研究 55 号（2020 年）掲載予定）。

（b）　事業態様の変更

特許製品の販売をしていた者は，その販売につき先使用権を享受する。で

は，この者は，製造行為についても先使用権を主張しうるのだろうか。

　当初販売のみを行っていた先使用者が新たに製造まで行えるとすると競合品が増加し特許権者に与える打撃は大きい。一方，販売だけしていた者が製造まで行うには新たに質的に異なる資本を多大に投下しなければならず，特許権が登録されることによって，既に投下した資本による実施の促進が妨げられることもない。以上より，製造行為についてまで先使用権は及ばないと解される。

　もっとも，上記のような立場であっても，例えば，元々北海道で製造していた先使用権者が，関西に製造拠点を変更するような行為は，特許権者に与える影響も少ないし，事業を取り巻く経済環境の変化に伴うこのような変更を認めなければ，製造に投下した資本が活用されず，結局，発明の実施の促進が妨げられる。したがって，製造拠点の変更については先使用権で保護されると解する。

（3）　先使用権の援用権者

　先使用権の援用権者は，2つの方向に分けて裁判例を整理することが有用である。

（a）　特許出願の際，先使用権者自身が直接，製造をなしていなかったとしても，発意要件および全量納入要件のもと製造の先使用権者となりうる。

　特許出願の際，自身で直接製造していなくても，他人に実施品の具体的規格やデザイン等を指示して製造を依頼し（発意要件），自己に対してのみ引渡しをさせていた場合（全量納入要件），当該下請元（発注元）も販売ばかりでなく，製造についての先使用権者となりうる（最判昭和44.10.17民集23巻10号1777頁［地球儀型ラジオ］）。たしかに，第一に，製造するか否かの決定のイニシアティヴをとっているのが下請けではなく元請けである場合には，元請けに製造に関する先使用権を認めないことには，製造の手控えを招来しかねない（発意要件の趣旨）。第二に，下請けが元請けに全量納入していた場合には，製造に関する下請に独自に先使用権を認める利益はない（全量納入要件の趣旨）。これら二つの要件を満たす場合には，元請けに（のみ）販売だけでなく製造に関する先使用権を認めるべきものと考えられる。

　なお，このようにして元請けに製造に関する先使用権が認められる場合には，従前とは異なる下請けを含めて下請けに製造を委託することが可能であり，その場合，当該下請けは元請けの製造に関する先使用権を援用できる

（前掲最判［地球儀型ラジオ］）。さもないと，製造能力を有しないかもしれない元請けに製造に関する先使用権を認めた意義を無にしかねない反面，これら二要件が満たされる場合に下請けに先使用権の援用を認めても，結局，元請けの計画と（販売に関する）資力を超えて実施がなされることはないから，特許権者に過度に不利益を与えることにはならないからである。

（b）　**先使用権者が販売した実施品の購入者であれば誰でも先使用権を援用できる。**

　先使用権者から特許発明の実施品を購入した者がこれを業として使用する行為についても，当該先使用権の援用が認められるべきである（千葉地判平成 4.12.14 知裁集 24 巻 3 号 894 頁［建築用板材の連結具］，名古屋地判平成 17.4.28 判時 1917 号 142 頁［車載装置］（傍論））」。なぜなら，さもないと，販売業者が製造業者から同製品を購入することが事実上困難となり，ひいては先使用権者たる製造業者の利益保護も不十分となり，先使用権を認めた趣旨が没却されるからである（村井麻衣子「特許侵害訴訟において先使用権を援用しうる者の範囲——移載装置事件」知的財産法政策学研究 13 号 236 〜 238 頁（2006 年）参照）。

7 試験・研究

Ⅰ イントロダクション

　特許法は，試験又は研究のためにする実施には特許権の効力は及ばない，と規定する（69条1項）。試験や研究という名目の下で実施されれば常に非侵害となるわけではなく，規定の趣旨から，69条1項で特許権非侵害とされる試験や研究には限定がある。

Ⅱ 意義・趣旨

　特許権をして，その発明の技術的内容を確認する行為をも禁止できる権利であるとしてしまうと，発明を奨励しこれを公開させ技術の進歩を促そうとする特許法の趣旨に反することになる。逆に，これらの行為は特許権者が特許権により排他的に利用しようとしていた市場の外で行われる行為であるから，特許権の効力外としても，特許権者が市場を利用する機会を直接奪われて打撃を被るということにはならない。そこで，特許法は，これらの行為を特許権の効力の対象外とした。

Ⅲ 論　点

1　対象による限定

　69条1項により実施しても非侵害となるのは，まず，試験又は研究の直接の対象となっている特許権の実施に限定されるものと解されている。試験又は研究のために用いられる試験器具・装置等の特許発明の実施（使用・製造）についてまで本条により非侵害となると，この種の発明に特許権を付与することが殆ど無意味になるからである。

2 目的による限定

さらに，本条により非侵害となる試験又は研究については，これらを行う目的による制限があると考えられている（染野啓子「試験・研究における特許発明の実施」AIPPI33巻3号141頁（1988年）参照）。

(1) 判断基準

69条1項で，試験として行う実施に特許権の効力が及ばないとした趣旨は，①試験は本来，技術の進歩に必要な行為であり，発明を奨励しこれを公開させ技術の進歩を促そうとする特許法上，積極的に評価されるべきであること，②試験が行われても通常，特許権者が当該発明につき市場を排他的に利用する機会が直接奪われて打撃を受けることはないことによる。したがって，「試験又は研究」についても，③技術の進歩を促そうとする特許法の趣旨に整合する試験か，当該試験により市場の独占という特許権者の利益を害さないかという点を考慮して判断すべきである。

(2) 試験・研究のための実施か問題となる例

(a) 技術内容や特許要件を確認するための試験

特許発明の内容自体を確認する試験はまさに，改良技術の開発に必須の行為と評価できる。特許発明が真に新規性・進歩性等の特許要件を満たす発明か特許要件の存否を確認するために行う試験も，無効な特許の存在を排除し，公知技術とすることで却って技術の進歩が図られる点で，特許法の趣旨に整合するので，「試験又は研究」（69条1項）に該当する。また，非侵害となる技術の研究開発のための特許発明の調査は，技術の豊富化をもたらすものであり，「試験又は研究」に該当すると考えられる。

(b) 需要を調査するための試験製造

特許発明の実施品が経済的市場でどのくらいの需要があるか実際にテストするために行う製造や販売は，①技術の進歩を目的とする行為でもないうえに，②特許権者が投下資本を回収しようとした市場を直接奪い特許権者の利益を害する行為であり，「試験又は研究」に該当しない。

(c) 存続期間経過後の製造販売を目的とした医薬品の承認申請のための試験（侵害とならない場合）

存続期間経過後の製造販売を目的とした医薬品の承認申請のための試験については，市場調査と同様に取扱うべきようにも思われるが，最判平成11.4.16民集53巻4号627頁［グアニジノ安息香酸誘導体］は，認申請の

ための試験に必要な製造に止まる限り，「試験」（69条1項）に該当し，業として製造しても特許権の侵害とはならないとした。

その理由は以下の2点にまとめられる。第一に，医薬品については薬事法上，予め臨床試験等を行うことを要し，かかる試験には一定の期間を要する。仮に特許権存続期間中はこうした臨床試験等を一切行うことができないとすると，後発医薬品製造者は特許権存続期間満了直後から当該医薬品を製造販売することはできず，特許権を事実上相当期間延長する結果となりかねない。第二に，臨床試験等の承認申請のための試験に必要な範囲内で特許製品を製造するに止まる限りは，全て試験で費消され，市場で販売されるわけでもないから，特許権者の市場の独占権を侵害せず特許権者の利益も害さない。

他方，最高裁は，傍論で「存続期間中に，薬事法に基づく製造承認申請のための試験に必要な範囲を超えて」生産することは侵害となる旨を説いている。したがって，本判例法理の下でも，存続期間経過後に販売する目的で備蓄のために予め医薬品を製造しておくことは，特許権侵害になる。あくまでも，承認申請のための試験に必要な製造のみが，例外的に，特許権侵害にならないとされたに過ぎない。

Check　特許権の延長登録がなされた場合
特許権存続期間経過後の製造販売を目的とした医薬品の承認申請のための試験を行っていたが，当該特許権が延長登録された場合，結果的には当初の特許権存続期間経過直後から販売できるために必要な時期での試験ではなかったことになるが，延長登録は特許権者側の事情に基づくものであること，また臨床試験に必要な数量を製造しても特許権者の市場独占の利益を害さない点では同様であることなどから，なお69条1項の「試験」の範囲内としてよい。

Check　存続期間経過後の製造販売を目的とした医薬品の生産が侵害となる場合の処理
存続期間経過後に販売する目的で備蓄するために特許製品を製造する場合は特許権侵害となるが，この場合の救済手段の取扱いに関しては注意が必要である。

差止請求は，現在の侵害の停止，または将来の侵害の抑止を目的とするものであって，特許権の存続期間が経過し特許権が消滅した以上，これを行うことはできない。また，廃棄請求（100条2項）についても，「前項の規定による請求をす

るに際し」（100条2項）と規定されており，1項の差止請求と併せて行うことが想定されているため，差止請求ができない場合は，廃棄請求もなしえないものと解されている（反対，田村善之「特許権の存続期間と特許法69条1項の試験・研究」NBL636号42〜45頁（1998年））。

　他方，損害賠償請求については，たとえこれを特許権存続期間経過後に行う場合であっても，過去の行為を対象にしうるものである以上，なしうると解されているが，問題はその損害の範囲である。すなわち，特許権存続期間経過後に後発医薬品製造業者が販売した当該特許製品であっても損害として観念されるのは，特許権存続期間中に特許権を侵害した結果，そうでない場合に比べて早期に販売をすることができ（フライング），それがゆえにより多く販売しえた数量分のみが，特許権侵害と因果関係のある損害となる（東京高判平成14.10.31判時1823号109頁［新規芳香族カルボン酸アミド誘導体の製造方法Ⅱ］）。

8　存 続 期 間

Ⅰ　意義・趣旨

1　存 続 期 間

　特許権は設定登録によって発生し（66条1項），出願日から20年をもって期間満了で消滅する（67条1項）。発明の奨励とその利用を促進するという特許法の目的に鑑みれば，必要なインセンティヴを形成するに足りる期間，特許権の保護を享受させれば十分のはずであり，かえって過度に長期の保護を与える場合には，特許権が足枷となって産業の発展を阻害することになりかねないからである。

　存続期間が，出願時から20年とされ，登録日から起算されないのは，出願後，権利化まで時間がかかり，技術が相当程度普及した時点でも権利が存続し産業に悪影響を与えるいわゆるサブマリン特許を防止するためである。出願日から登録日までは特許権は発生していないのに，この20年にカウントされることになる（この期間は，出願公開による補償金請求ができるに止まる）。

2　存続期間の延長

（1）意　義

　許可等の処分（政令指定が必要）を受けることが必要であるために，特許発明の実施をすることができなかったとき，存続期間満了前に特許庁長官に対して出願して審査・所定の手続等を経ることにより，5年を超えない限度かつ特許発明の実施をすることができなかった期間相当分，特許権の存続期間を延長できる制度である（67条4項）。68条の2により，延長された特許権の効力は，製造許可等の処分の対象と「物」及び「用途」を同じくする範囲で生じる。

（2）趣　旨

　農薬や医薬品のように，特許権とは別に，その製造には，主として国民に

対する安全性確保のための審査や許可等が必要で，しかもそれらの手続に相当な時間を要するために製造が可能になるまで相当な時間を要するような場合，特許権の存続期間が実質的に目減りし，開発に要した費用等回収の機会が減少するため，これを補う趣旨である。

[Check] 特許発明の実施をすることができなかった期間（67条4項）

特許権の存続延長期間となる，特許発明を実施することができなかった期間とは，特許権を取得したにも拘わらず，処分のための各種試験や審査が行われており，処分が下りないために，収益を挙げることができなかった期間をいう。起算点は，「承認を受けるのに必要な試験を開始した日又は特許権の設定登録の日のうちいずれか遅い方」と解されている（最判平成11.10.22民集53巻7号1270頁［新規ポリペプチド類］）。試験を早期に開始することは，特許権者自身が改善することができる事情である。そうすると，登録を受けたにも拘わらず未だに承認申請のための試験を開始していなかった場合にまで，登録時から試験開始時までの間を実施不能期間に参入できるとすると，特許権者自身の怠慢により逆に当該期間分だけ，存続期間が延長されることになり，不都合だからである。

また，判例は，期間の終期は，薬事法所定の承認があった日ではなく，承認が申請者に到達することにより処分の効力が発生した日の前日である，とする（前掲最判［新規ポリペプチド類］）。承認が到達するまでは，実施をなしうるのかどうかわからないのであるから，この解釈でよい。

以上を集約すると，特許権の存続延長期間は，①承認を受けるために必要な試験を開始した日→②特許登録日→③承認が申請者に到達することにより処分の効力が発生した日の前日という例であれば，②特許登録日から③承認効力発生日前日までの期間であって5年を超えない期間，①特許登録日→②承認を受けるために必要な試験を開始した日→③承認が申請者に到達することにより処分の効力が発生した日の前日という例であれば，②試験開始日から③承認効力発生日前日までの期間であって5年を超えない期間という帰結になる。

Ⅱ　論　点

1　前提知識

医薬品については，特許権を取得しても，製造承認がなければ，実際には製造販売できない。また，薬機法上の承認は，新たに発売する薬剤が，剤形や用法，用量を異にするものである場合は過去に，同一の有効成分，効能・

効果の薬品について製造承認を得ていても，新たに別個の製造承認を要する。以上を時系列で示すと，次のとおりである。

① 特許権取得（前述のように，承認を受けるために必要な試験の開始は，①の前後になされている）

      ↓

② 先行処分（薬機法の製造承認）

      ↓

③ 後行処分（薬機法の製造承認。②と異なる製造承認が必要であることに基づく）

2 医薬品の延長登録

(1) 従来の裁判例の考え方──有効成分及び効能・効果の単位で全てを把握する立場

前述のように，68条の2により，延長された特許権の効力は，製造許可等の処分の対象と「物」及び「用途」を同じくする範囲で生じる。そして，従来は，68条の2の「物」は有効成分，「用途」は効能・効果を意味すると理解し，製造承認を受けた製剤の範囲を超え，有効成分及び効能・効果を同じくする範囲で特許権の延長が認められると解されてきた。このように，延長される特許権の効力を，有効成分及び効能・効果単位で判断することから，延長登録の可否についても統一的に考え，同一の有効成分及び効能・効果について二重に延長登録されないよう，後の承認（後行処分）が先の承認（先行処分）と有効成分及び効能・効果を同じくする範囲内の承認である場合には，再度の処分につき，その特許発明の実施に政令で定める処分を受けることが必要であつたとは認められないものに該当するとして，延長登録を否定してきた。

（従前の裁判例の具体例）

① 物の特許として特許権を取得後，抗悪性腫瘍剤（シスプラスチン等）投与に伴う消化器症状（悪心，嘔吐）の軽快を効能・効果とする成人用医薬品として最初の製造承認を受け，その後，同一有効成分及び効能・効果のまま小児用医薬品として製造承認を受けたという事例では，延長登録は認められ

ない（東京高判平成 12.2.10 判時 1719 号 133 頁等［塩酸オンダンセトロン］）。

　② 最初にカプセル剤として製造承認を受け，その後，点鼻液として製造承認を受けても，同一有効成分及び効能・効果である以上，剤形が違っても，後者の承認を根拠として延長登録は認められない（東京高判平成 10.3.5 判時 1650 号 137 頁［フマル酸ケトチフェン類の新規な製造法］，知財高判平成 17.10.11 平成 17(行ケ)10345［水溶性ポリペプタイドのマイクロカプセル化］参照）。

(2)　近時の傾向──個別化思考へ
(a)　先行処分で特許発明を実施できなかった場合
　たしかに，医薬品の発明として，新規化合物と用途発明を想定する場合は，上記のような従来の考え方が適していた面もあった。しかし，近時は，例えば，剤形を工夫して体内の適切な場所で適切な量だけ薬物を吸収させるようにするなど，細かいイノヴェイションの部分での特許権が増加している。

(b)　医薬品に関するイノヴェイションの変化
　存続期間の延長登録制度が導入された 1987 年改正当時は，新たな有効成分，新たな効能・効果に係る新薬の開発のイノヴェイションがまだ主流を占めていた。しかし，1990 年代以降は，有効成分や効能・効果を超えた剤型の工夫や，あるいは同じ有効成分や効能・効果の枠内での用法，用量等に特徴のある Drug Delivery System（DDS：薬物送達システム）に係るイノヴェイションが重要性を増し，現在に至っている。有効成分，効能・効果に焦点を当てて延長の可否や延長後の特許権の効力を画定しようとするかつての特許庁の考え方は，こうした新たなイノヴェイションに適合しておらず，これらの点に特徴のある特許発明に関して十分な保護を与えることができないことが問題となる。

　こうした特許権について，従来のように，延長登録の可否を有効成分及び効能・効果で判断すると，先の承認（先行処分）が，当該剤形に関する特許権と異なる剤形で承認をした製造処分であったために，当該処分によっては剤形に関する当該特許権を実施できなかったにも拘わらず，先行処分と有効成分及び効能・効果が同一であるために，延長登録が拒否されることになる。こうした帰結は，剤形等に焦点を当てたこの種の特許権の保護に著しく

欠けることになる。換言すれば，従来の裁判例は，68条の2で延長される効力の範囲と67条の3第1項1号（延長登録の拒絶要件）を統一的に理解し，延長登録の要件も，68条の2の「物」を「有効成分」，「用途」を「効能・効果」と理解して両者が共に同一であるかどうかにより延長登録の可否を判断してきた。こうした基準は，新規物質と用途発明という従来型の医薬の発明を前提とした事案で判示された基準である。しかし，そうした2点以外に特許性のある近時の新しいタイプの医療関連発明に対応することができない。

　このような事情もあって，近時，先行処分と後行処分が，有効成分及び効能・効果の点で同一であるために，従来の基準では延長登録が認められないような事例であるにも拘わらず，先行処分は点鼻薬の形態に対する製造承認であったために，マイクロカプセル化という特許発明の実施ができず，マイクロカプセルの形態に対する製造承認が出た後行処分になって初めて当該特許発明が実施できるようになったという事情があった事案で，知財高判平成21.5.29判時2047号11頁［パシーフカプセル30mg］は，有効成分及び効能・効果の単位で全てを把握する従来の立場を変更し，延長登録を認め，最判平成23.4.28民集65巻3号1654頁［パシーフカプセル30mg］も結論としてこれを支持した。これらの判決により，少なくとも，先行処分によっては，特許発明の実施（特に製造）ができない場合には一定条件のもと，基本的に延長登録が認められることが明らかになった。

　先行処分によって認められた医薬品の製造販売行為が特許発明の技術的範囲に属しないために先行処分によっては特許発明を実施できなかった場合は，先行処分がされていることを根拠として，当該特許権の特許発明の実施に後行処分を受けることが必要であったとは認められない（67条の3第1項1号）ということはできないのだから，延長登録出願を拒絶する理由はない。本件の知財高裁判決，最高裁判決は，条文の文言から導かれる当然の解釈を確認したといえる。実質的に考えても，特許権の存続期間の延長制度は，特許法67条2項の政令で定める処分を受けるために特許発明を実施することができなかった期間を回復することを目的とするところにある。そうすると，例えば，剤形に関する特許権については，たとえ先行処分と後行処分が同一有効成分及び効能・効果であっても，先行処分で承認された医薬品の剤形が当該特許発明の技術的範囲とされる剤形と異なる場合は，先行処分

によっても，当該特許権は実施できなかったものといえることに変わりはなく，実施不能であった当該期間を回復することが延長登録制度の趣旨に沿う。

（具体例）
　マイクロカプセル化という製剤技術に関する特許発明において，先行処分が点鼻薬（剤形）としての承認の場合，先行処分によっては未だマイクロカプセル化という当該特許発明の実施行為ができなかったものといえるから，たとえ先行処分と後行処分で有効成分及び効能・効果が同一でも延長登録は認められる。

（c）　先行処分によって特許発明を実施できた場合

　では，上記の事例とは異なり，先行処分の製造承認によって，特許発明が実施できていた，という場合は，先行処分とどの程度，後行処分が異なっていれば，後行処分を根拠とした延長登録，すなわち，特許権登録日（あるいは承認に必要な試験の開始日）から後行処分の到達日の前日までの期間を実施不能期間とした延長登録（かつ5年を超えないこと）をなしうるだろうか。

　この点については，前掲最判［パシーフカプセル30mg］が直接判示するところではない。しかし，先行処分と後行処分につき，有効成分及び効能・効果の同一性のみにとらわれず，より個別的な差違に配慮して存続期間の延長を検討するこれらの裁判例（特に，前掲知財高判［パシーフカプセル30mg］）のもとでは，先行処分の製造承認によって，特許発明が実施できた事例であっても従前の裁判例とは異なり，より細やかな範囲で延長登録が認められるのではないかと予想される。

　実際，その後，特許発明は先行処分で実施可能であったが，製造販売しうる医薬品の用法，用量が限定されており，患者は「ベバシズマブ療法」を単独で受けることができるに止まっていたところ，後行処分で用法，用量が異なる医薬品の製造販売が可能となり，患者は「ベバシズマブ療法」に加えてXELOX療法も併用して受けることができるようになったという事案で，後行処分に基づく延長登録の出願を拒絶した特許庁の審決を，大合議である知財高大判平成26.5.30判時2232号3頁［アバスチン］は，後行処分で初めて実施ができるようになったことを理由に延長登録を認めるべきであると論

じて，これを取り消しており，最判平成27.11.17民集69巻7号1912頁［同］（田村善之［判批］知的財産法政策学研究49号389頁（2017年））も原判決を維持した。

　もっとも，これらの判決といえども，分量，用法，用量等のいかなる些細な変更であっても，常に後行処分に基づく延長登録が可能であるとは考えていないようである。大合議判決と同日付けで下された，知財高判平成26.5.30平成24（行ケ）10399［粉末薬剤多回投与器］は，先行処分に対しノズルにカウンターを搭載するという変更を加えた後行処分がなされたという事案で，ノズルのカウンターが特許の請求範囲や明細書に記載がないことを斟酌しつつ，「粉末薬剤としては，成分，分量，用法，用量，効能，効果等において全く同じである」と論じて，延長登録出願の拒絶審決を維持している。特許発明の技術思想と関係のない些細な変更をなしたに過ぎない後行処分に関してはなお延長登録を認めない立場を示したものと理解することができそうである。

　Point　先行処分によって特許発明の実施ができた場合の延長登録の可否

　存続期間の延長登録制度が，行政処分が必要であるために特許発明の実施が行いえない場合に特許権者を救済するための規定であることに鑑みれば，医薬品の成分を対象とする特許において，先行処分によっても特許発明の実施行為の一部に関して実施できないところがあり，後行処分によってそれが初めて実施することができるようになった場合には，原則として後行処分に基づく延長登録が認められると解される（67条の3第1項1号）。ただし，先行処分と後行処分の差異が特許発明の技術的思想におよそ関わるところがない些細な変更に過ぎないという場合には，あえて存続期間を延長してまで特許権者の保護を図る必要はなく，ゆえにその場合には例外的に延長登録は認められないと解すべきである。

（具体例）

　① 物の特許として特許権を取得，成人用医薬品として最初の製造承認を受け，その後，同一有効成分及び効能・効果のまま小児用医薬品として製造承認を受けた場合には，後行処分は，小児用であり，成人用を対象とした先行処分とは用法・用量が違うために薬事法上の製造承認が必要となったものであり，前掲知財高大判［アバスチン］の下では，後行処分を理由とする延

長登録が認められることになる。

　② 最初にカプセル剤として製造承認を受け，その後，点鼻液として製造承認を受けた場合にも，用法を異にする以上，延長登録が認められる。

[Check] 特許権取得後の第三者による製造承認の取得

　薬剤について特許権取得後，第三者が製造承認を得た場合について，かつての裁判例では，薬事法上の規制が解除されており，（特許権者は当該第三者にライセンスするなどして特許発明を実施できるのであって）本件発明の実施について後行の製造承認を受けることが必要であったとは認められないから，以降，承認を特許権者自身が得たからといって，延長登録は認められないとするものがあった（知財高判平成 17.11.16 判タ 1208 号 292 頁［眼灌流・洗浄液バッグ包装体］）。しかし，近時の裁判例では，先行処分において承認を受けた者が特許権者でもその実施権者でもない第三者であるという事情を，特許権者にとって特許発明を実施するためには後行処分が必要であったことを肯定する方向に斟酌した判決が下されている（前掲知財高判［パシーフカプセル 30mg］）。

　後行処分に関しては，特許権者かその実施権者が処分を受けることが必要であるとされていること（67 条の 7 第 1 項 2 号）に鑑みると，法は特許権者自身かその実施権者が処分を受けて実施をなしうるようになっているのか否かということを重視しているように思われる。そうだとすれば，先行処分において特許権者や実施権者以外の者が実施できるようになっていたとしても，なお後行処分に基づく延長登録を認めることの妨げにはならないと解すべきであろう。

(d) 延長登録にかかる特許権の効力（68 条の 2）

　前掲知財高大判［アバスチン］は，特許法 68 条の 2 の特許権の効力の範囲についても言及している（傍論）。そこでは，従来のように，同条にいう「物」を有効成分，「用途」を効能，効果とする広い考え方は取られていない。そして，その後，延長後の特許権の効力が実際に争点となった知財高大判平成 29.1.20 判時 2361 号 73 頁［エルプラット］（田村善之［判批］知的財産法政策学研究 49 号 389 頁（2017 年））は，この理を確認して，大要，以下のように判示した。

　第一に，延長後の特許権の効力に関しても，特許法 68 条の 2 の問題に立ち入る前に，そもそも延長前の特許権と同様に，特許法 70 条の原則の下で，クレームの文言解釈や均等論による技術的範囲の解釈がなされ，それに

より侵害の成否が決定される。

　第二に，延長後の特許権の効力に関しては，それに加えてさらに68条の2が適用される結果，以下のように，医薬品の成分を対象とする物の特許発明の場合，薬機法上の医薬品製造販売承認により定められた「成分，分量，用法，用量，効能及び効果」で特定された「物」についての実施の範囲で効力が及ぶ。

　ただし，それを超える範囲にいっさい延長後の特許権の効力が及ばないわけではなく，上記のように特定された事項と被疑侵害物件との差異が「僅かな差異又は全体的にみて形式的な差異」にすぎないときは，被疑侵害物件は，「実質同一なもの」として延長後の特許権の効力の及ぶ範囲に属するという。

　この「実質同一なもの」となる例として，同判決は以下の4つの類型を掲げている。ただし，あくまでも例でしかなく，実質同一として延長後の特許権の効力が及ぶ範囲がこれらの類型に限られるわけではないことは同判決も認めている。

　① 有効成分に特徴のある発明：「政令処分申請時における周知・慣用技術に基づき，一部において異なる成分を付加，転換等しているような場合」に実質同一と認める（侵害時ではなく「政令処分申請時」としている点が均等論と異なるが，例示に過ぎず，また「ような場合」ともしているので確実なところを述べているだけなのかもしれない）

　② 医薬品の安定性・剤型に関する発明：「政令処分申請時における周知・慣用技術に基づき，一部において異なる成分を付加，転換等しているような場合で，特許発明の内容に照らして，両者の間で，その技術的特徴及び作用効果の同一性があると認められるとき」に実質同一と認める（①類型と異なり，技術的特徴と作用効果の同一性について言及があるが，成分を異にすると安定性・剤型に関する技術が役に立たなくなることがあることを踏まえたのであろう）

　③「政令処分で特定された『分量』ないし『用法，用量』に関し，数量的に意味のない程度の差異しかない場合」

　④「政令処分で特定された『分量』は異なるけれども，『用法，用量』も併せてみれば，同一であると認められる場合」

9 無効の抗弁

Ⅰ　イントロダクション

　無効の抗弁は，特許権侵害を主張された被告側の主張として必ず検討すべき抗弁である。多くの侵害訴訟において，無効の抗弁が提出され，新規性喪失や進歩性の欠如などの無効事由の有無が争われている。

Ⅱ　要件事実

　特許が無効審判により無効にされるべきものと認められること（新規性喪失などの無効理由）は，特許権侵害に基づく請求に対する抗弁となる。

　但し，冒認や実施可能要件やサポート要件などの記載要件違反に基づく無効理由については，審決取消訴訟と同じく侵害訴訟においても，特許権者に証明責任があると解される。

　なお，時機に後れて提出されたことは，無効の抗弁に対する再抗弁となる。

[Check]　「無効の抗弁」における証明責任
　修正法律要件分類説によれば，特許侵害訴訟，あるいは，審決取消訴訟等の訴訟類型が異なっても，各要件の背景にある特許の基本政策や意思決定等に変わるところがないため，各特許要件の証明責任の所在は，訴訟類型毎に変わることはないと考えられる。したがって，特許侵害訴訟における「無効の抗弁」（特許法104条の3）は，名称は抗弁でも証明責任の所在とは関係のないいわゆる通称であって，各特許要件の要件事実については，訴訟類型を問わず，各特許要件で共通すると考えておけばよい。特に，冒認出願や記載要件についても，無効の抗弁を主張する被告が負担するのは訴訟進行求められる主張（争点形成責任）であって，これらの主張責任及び証明責任は引き続き特許権者側にあると考えられる。

1　意　義

　特許庁に無効審判を請求して特許権を無効とすることなく，特許権の侵害訴訟において，当該特許が「特許無効審判により……無効にされるべきものと認められるとき」は，特許権の権利行使が制限される（無効の抗弁。104条の3）。ただし，無効の抗弁が認められても，侵害訴訟の当事者間のみで当該特許権が無効と扱われるのであって，この点で対世効を有する無効審決の確定とは異なる点に注意を要する。

2　趣　旨

　無効の抗弁は，無効審決確定によらず，侵害訴訟において被告による無効主張を可能にすることで紛争を早期に解決するとともに，無効な特許によって差止め等の判決効を受ける被告の不利益を回避することにその趣旨がある。

　伝統的な考え方では，権利の有効性については特許庁の無効審判に委ねられるべきであり，侵害訴訟の裁判所は，現に無効とされていない特許はこれを有効と扱い，侵害の有無のみを判断すべきであると考えられていたが，最判平成12.4.11民集54巻4号1368頁［半導体装置］（キルビー事件）が，無効理由が存在することが明らかである特許権に基づく請求は権利の濫用に該当すると判示して以降，裁判所の侵害訴訟においても無効判断が積極的になされるようになり，2004年改正で無効の抗弁が法定されるに至った（104条の3）。

　前掲最判［半導体装置］では，「明らか」要件が課されていたが，無効の抗弁（104条の3）の下でも「無効にされるべきものと認められるとき」（104条の3第1項）に明白性要件が含まれているのではないかとする少数説が存在した。しかし，2011年改正法により，特許権侵害を肯定する判決が確定した後に特許が無効となっても再審理由にならないとされた結果（104条の4第1号），明白性要件説は解釈論としては成り立たなくなったと考えられる。同改正は，侵害訴訟において無効理由について十分に審理されるという手続保障があることが前提となっているからである。

1 訂正と無効の抗弁──訂正の再抗弁に関する諸論点

以下の事実関係において，原告特許権者Xが被告Y及びZに対して特許権侵害訴訟を提起した場合について検討してみよう。

① クレーム：物質Aにつき50〜90質量部と物質Bにつき10〜20質量部を混合した混合物を含有する物質C

② 公知技術：物質Aにつき50〜70質量部と物質Bにつき10〜20質量部を混合した混合物を含有する物質D

③ 被告Y：物質Dを製造販売

④ 被告Z：物質Aにつき70〜90質量部と物質Bにつき10〜20質量部を混合した混合物を含有する物質Eを製造販売

原告特許権には，クレームの一部に公知部分（無効部分）が存在する。そこで，上記のようなクレームを有する特許権者が被告Y又はZを相手に侵害訴訟を提起した場合，被告Y又はZは，無効の抗弁を提出するはずである。これに対して，原告Xは，無効部分を除外すべく訂正（審判）請求し，これを侵害訴訟でも主張することが多いものと思われる。そこで，本件訴訟は，請求原因→無効の抗弁→訂正の再抗弁という訴訟構造になる。

事案を見た場合，訂正後のクレームでもなお原告特許権の権利範囲に入る被告Zについては，侵害とする結論で問題なく，また，このようなZには，そもそも無効の抗弁の主張適格自体がないと考えてもよい。

問題となるのは，被疑侵害物件として公知技術を実施しているYに対する扱いである。このようなYの被疑侵害物件は，物質Aにつき50〜70質量部を配合する旨の部分が削除・訂正された後のクレームには含まれない。したがって，非侵害とすべき結論にはほぼ争いがないが，どのような方策で非侵害の結論を導くべきかが課題である。公知技術除外説（最判昭和37.12.7民集16巻12号2321頁［炭車トロ等における脱線防止装置］）による処理を主張する少数説もあるが，裁判例では，訂正の再抗弁の要件の問題として処理されている（東京地判平成19.2.27判タ1253号241頁［多関節搬送装置］）。具体的には，原告特許権者による，訂正の再抗弁の要件事実として，

① 当該請求項について訂正審判請求ないし訂正請求がなされたこと

② 当該訂正が126条の訂正要件を満たすこと

③ 当該訂正により，当該請求項について無効の抗弁で主張された無効理由が解消すること

④ 被告製品が訂正後の請求項の技術的範囲に属すること

が求められている。

この立場では，訂正後のクレームに含まれない物質Dを製造販売するYに対しては，原告Xは訂正の再抗弁を主張できず，その結果，Yによる無効の抗弁が認容され，Yを非侵害とすることができる。訂正による無効事由解消については，例えば，新規性・進歩性違反については，先行の公知技術との差違を明確にするため，特許請求の範囲に新たな要件を追加すること等により特許請求の範囲の減縮（126条1項1号，134条の2第1項1号）をすることにより，実施可能要件違反については，特許請求の範囲の減縮（126条1項1号，134条の2第1項1号）をすることにより，サポート要件違反については，誤記の訂正（126条1項2号，134条の2第1項2号）や明瞭でない記載の釈明（126条1項3号，134条の2第1項3号）をすることによって，実現することが考えられる。特許請求の範囲の減縮や誤記等を目的とする訂正は，訂正後における特許請求の範囲に記載されている事項により特定される発明が特許出願の際独立して特許を受けることができるものであることも要する（独立特許要件。126条7項，134条の2第9項）。

以下では，訂正の再抗弁に関する諸論点につき，考え方とその帰結を示しておきたい。

（1） 論点①——訂正の再抗弁の要件事実として訂正（審判）請求を要するか

無効事由が存在する場合でも，訂正（審判）請求により無効を回避できる場合，無効審判により無効とならない以上，無効の抗弁は成立しないものと考えられる。もっとも，そのような扱いを受けるには，原則として，訂正（審判）請求がなされていることが前提となるというのが，裁判例の取り扱いである。訂正（審判）が請求されていなければ訂正後のクレームを判断できないからである（訂正必要説）。

(2)　論点②──一般的に訂正（審判）請求必要説に立つとしても，法的に訂正（審判）を請求できない場合には例外を認めるべきではないか

　2011 年改正で，訂正（審判）請求に関しては，それまで以上に請求が認められない時期が増えた訂正審判は，異議申立てか無効審判が特許庁に係属している間，さらにその決定・審決取消訴訟が裁判所に係属している間は請求できない（126 条 2 項は，異議申立てにかかる決定や無効審判にかかる審決が「確定」するまでの間は請求不可と規定しているので，審判等が特許庁に係属している間ばかりでなく，決定・審決取消訴訟係属中も訂正審判請求はできないことに注意）。その場合でも，異議申立て手続や無効審判手続内で訂正を請求することはできるが，その時期は，例えば無効審判請求に対する答弁書の提出期間内など，手続の節目毎に指定される期間に限られている（134 条の 2 第 1 項）。特に，審判長が異議申立てに基づいて取消決定をなそうとするときや，無効審決をなそうとするときは，取消理由通知（120 条の 5 第 1 項）や審決予告（164 条の 2 第 1 項）がなされ，訂正請求により対応する機会が（異議申立ての場合には初めて，無効審判の場合には再度）与えられるが，当該手続に関する限りこれが最後の訂正請求の機会となり，手続が決定・審決取消訴訟に移行してももはや訂正を請求することはできない（ただし，第一に，取消訴訟で決定や審決が取り消され，異議申立手続や無効審判が再開された場合には別論となり，120 条の 5 第 1 項や 134 条の 3 により再度，訂正の機会が与えられるか，第二に，他の無効審判請求がなされた場合には，当該手続内で訂正請求の機会が与えられるという例外がある）。

　したがって，これらの訂正（審判）請求をなしえない期間は，それ以前に訂正（審判）を請求することが容易であった等の特段の事情がない限り，原則として，訂正（審判）請求を要することなく，侵害訴訟において無効の抗弁に対する訂正（予定）の再抗弁をなすことができると考えるべきであろう（知財高判平成 26.9.17 判時 2247 号 103 頁［共焦点分光分析］（傍論））。

　最判平成 29.7.10 民集 71 巻 6 号 861 頁［シートカッター］（田村善之［判批］WLJ 判例コラム 125 号（2018 年））も，抽象論として，そのような場合に不要説をとった。もっとも，原告が訂正請求や訂正審判請求をなしえなくても侵害訴訟内で訂正の再抗弁を主張しうるという論理は，積極的に原告たる特許権者を救済するというよりは，「特許権者が，事実審の口頭弁論終結時までに訂正の再抗弁を主張しなかったにもかかわらず，その後に訂正審決等

が確定したことを理由に事実審の判断を争うことは，訂正の再抗弁を主張しなかったことについてやむを得ないといえるだけの特段の事情がない限り，特許権の侵害に係る紛争の解決を不当に遅延させるものとして，特許法104条の3及び104条の4の各規定の趣旨に照らして許されないものというべきである」とする点で原告の請求を棄却する論理として用いられている。なお，調査官の解説によれば上記「特段の事情」はかなり限定的に解されており，訂正請求等が不要と解されるべき事案で過誤により訂正の再抗弁を退けたり，新たな無効の抗弁が主張されたのに直ちに弁論を終結したりしたために，訂正の再抗弁の機会が実質的に保障されたとはいいがたい事例が想定されている（大寄麻代［判解］L&T78号68頁（2018年））。

応 用　その他の理由で訂正請求等をできない場合の訂正の再抗弁

　共有にかかる特許で他の共有者が訂正に協力しない場合（132条3項，134条の2第9項，120条の5第9項）や，実施権者が訂正に対して承諾を与えない場合（127条，134条の2第9項，120条の5第9項）についても訂正請求等をなすことはできないところ，前掲最判［シートカッター］の射程は及ばないと考える（大寄麻代［判解］L&T78号69頁（2018年））。これらの場合には訂正による利益を特許権者に享受させないというのが特許法の判断なのであるから，訂正の再抗弁もなしえないと解される（田村善之［判批］WLJ判例コラム125号16頁（2018年））。

(3)　論点③──被告製品が訂正後の請求項の技術的範囲に属することを訂正の再抗弁事実と位置付けるか

　訂正請求された場合にクレームの範囲から外れる被疑侵害物件につき，非侵害とするための理論構成については，前述したように，被告製品が訂正後の請求項の技術的範囲に属することを訂正の再抗弁に位置付けるのが裁判例である。この立場の下では，特許無効を回避すべく訂正請求された場合（修正説の場合は訂正請求せずとも訂正により無効を回避できることが明らかな場合を含む）にクレームの範囲から外れる被疑侵害物件（上記事例では，被告Yの被疑侵害物件）に対し，原告が訂正の再抗弁を主張することは不可能である。その結果，被告Yによる無効の抗弁の効果発生が阻害されないため，請求棄却となる。

Check 審理を不当に遅延させる訂正の再抗弁

　審理を不当に遅延させることを目的とした訂正の再抗弁については，無効の抗弁同様，却下されるというのが判例法理である。最判平成20.4.24民集62巻5号1262頁［ナイフの加工装置］は，特許権者が侵害訴訟と並行して訂正審判の請求とその取り下げを4回繰り返したところ，無効の抗弁を容れて侵害を否定した原判決に対して上告と上告受理の申立てをなした後になされた5回目の訂正審判請求に対する訂正審決が確定したという事案において，第一審で無効理由のあることが明らかとなっていながら，1年以上の原審の審理期間において2度も訂正審判請求と取下げを繰り返したことを斟酌して，上告審の段階で訂正審決の確定を主張することは，原審の早い段階で提出すべきであった対抗主張を原審の判決後に提出することに等しく，紛争解決を不当に遅延させるものとして，104条の3の趣旨に照らして許されないと判断した。

　また，再審における主張を制限する104条の4が存在する2011年改正法の下，前掲最判［シートカッター］は，事実審の口頭弁論終結時までに訂正の再抗弁を主張せず，その後に訂正審決等が確定したことを理由に事実審の判断を争うことは，訂正の再抗弁を主張しなかったことについてやむを得ない特段の事情がない限り，紛争解決を不当に遅延させるものとして104条の3及び104条の4の趣旨に照らして許されないとしたうえで，第一審で無効の抗弁を排斥して請求認容判決がなされ，同抗弁に係る無効理由についての無効審判に対して請求不成立審決がなされ審決取消訴訟が提起され，控訴審において新たな無効の抗弁が第1回口頭弁論準備期日までに主張されていたという事案において，特段の事情を認めなかった。特許権者としては，無効の抗弁に対して訂正の再抗弁を主張するのであれば，遅くとも事実審の口頭弁論終結時までになしておくべきことになろう。

2　無効の抗弁の主張適格

　冒認出願を理由とした特許無効審判の請求人適格については，当該特許にかかる発明について特許を受ける権利を有する者に限定されているが（123条2項），侵害訴訟における無効の抗弁では，被告となった者すべてが主張することができる（104条の3第3項）。

3　無効の抗弁等と再審

⇒20「審決取消訴訟」Ⅲ4「審決取消訴訟の確定と再審事由」参照

10　発明の定義

Ⅰ　イントロダクション

　特許法は，特許の対象を「産業上利用することができる発明」（29条1項柱書き）と規定し，発明を「自然法則を利用した技術的思想の創作のうち高度のもの」（2条1項）と定義する。発明に該当しないものは，新規性や進歩性といった要件を吟味するまでもなく，特許を受けることはできないため，「発明」概念は，特許制度による保護の対象を画する機能，あるいは特許制度により排他権を付与すべきではない創作をカテゴリカルに排除する機能を果たしている。

　単なる人為的取決め，抽象的な概念や人の精神活動自体が発明足りえないことに争いはなく，発明該当性は，もっぱら，クレームの一部に人の精神活動等を含む創作について，判断基準やあてはめが問題となる。

Ⅱ　要　件

1　「発明」（2条1項，29条1項柱書き）であること

　自然法則を利用した技術的思想の創作で高度のものであることが求められる（2条1項，29条1項柱書き）。

（1）　自然法則を利用していること

（a）　自然法則を利用していないとされる創作の具体例

　自然法則に関わり合いのない，あるいは自然法則に反する発明については，特許保護が否定される。当該要件は，まず，自然法則を利用したことにならない著名事例を押さえておくのがよい。

　① 経済法則や経営法則の利用は自然法則の利用にならない。

　e.g. 沿線に住宅地，遊園地，野球場，デパートを用意することで，相乗的な収益効果を狙う私鉄の経営方法

　② 単なる人為的取決め，着想，人間の精神活動に該当するものは自然法

則の利用にならない。

　e.g. 最判昭和 28.4.30 民集 7 巻 4 号 461 頁［欧文字単一電報隠語作成方法］
　欧文字，数字，記号等を適宜組み合わせて電報用の暗号を作成する方法は，何等装置を用いず，又，自然力を利用した手段を施していないから特許に値する工業的発明であるとはいえない。

　e.g. 東京地判平成 15.1.20 判時 1809 号 3 頁［資金別貸借対照表］
　貸借対照表の内容を「損益資金」，「固定資金」，「売上仕入資金」及び「流動資金」という 4 つの資金の観点から捉え，各資金に属する勘定科目を貸方と借方に分類することで，資金毎にその差額である現在の現金預金を把握することができることに特徴を有し，資金繰り等の把握を容易にする事を目的とした資金別貸借対照表は，専ら，一定の経済法則ないし会計法則を利用した人間の精神活動そのものを対象とする創作であり，自然法則を利用した創作ということはできない。

　e.g. 東京高判平成 16.12.21 判時 1891 号 139 頁［回路のシミュレーション方法］
　2 条 3 項 1 号，4 項は，プログラム等が物の発明に当たりうることを確認する規定にすぎず，ソフトウェアによってさらにハードウェアを制御するなどの物理的な効果がなければ自然法則を利用したものとは評価されない。同裁判例は，ソフトウェアのアルゴリズムに関する創作は，（人為的取決めであり）自然法則の利用とはいえないとした。

　③　人の活動は，自然法則の利用にならない。

　e.g. 東京高判昭和 31.12.25 行集 7 巻 12 号 3157 頁［電柱広告方法］
　電柱をいくつかのグループに分けて各グループ毎に同じ広告を掲示し，順次，広告を順回させていく方法につき，広告板の移動順回に自然力を利用していないことを理由に，発明とはいえないとした。

（b）　人の精神活動等の発明該当性が否定される趣旨

　従来は，人の精神活動等について，自然法則を利用していないとして発明該当性が否定されると説明されていた。もっとも，人の行動がなぜ自然法則を利用していないことになるか，厳密に考えると難しい。Ｖ字ジャンプやフォークボールの投げ方も，自然法則を利用していないから特許発明に該当しないと説かれることも多いが，それらも詳細に観察すれば，浮力や摩擦力といった自然法則を利用している面は否定できないからである。むしろ，特許発明に該当しないとするより本質的な理由は，特許権により人の自由な活動を過度に制約しないことにある。

（c）　人の精神活動等をクレームの一部に含む創作の発明該当性

　人の精神活動等のみから構成される創作について発明該当性が否定されることに争いはない。

他方で，全ての技術は，人との関わり合いのなかで社会的に意味があるものとなる以上，どのようなクレームでも人の活動と全く無関係ではない。したがって，問題となる創作に人の精神的活動等が含まれるとしてもただちに「発明」該当性を否定すべきではなく，創作全体を判断して決すべきである。

　問題は，創作全体のうちいかなる要素を重視し結論を導くかということにある。

　① 課題解決の主要な手段が反復継続して実現する方法であるかを重視する立場

　知財高判平成20.8.26判時2041号124頁［音素索引多要素行列構造の英語と他言語の対訳辞書］は，発明該当性について，自然法則を利用した技術的思想が課題解決の主要な手段として用いられているかを判断すべきとして，英語のノンネイティヴにとっては母音よりも子音の方が認識しやすいという性質を利用した点について，一定の効果を反復継続して実現する方法であると評価して，自然法則を利用した技術的思想が課題解決の主要な手段として用いられていることを認め，発明該当性を肯定した。

　② 技術的思想が人の精神活動に向けられているか否かを重視する立場

　もっぱら人の行為を利用する創作でも，当該人の行為を物理的・化学的に分析することにより一定の効果が反復継続して実現できるとされることによって自然法則の利用の要件が認められ，発明該当性が肯定されうるとすれば，人の自由な活動として確保されるべき領域まで独占的排他権が及ぶこととなり問題であろう。人の自由な活動が特許権により不当に制約される事態を避けるためには，請求項に記載された内容を全体として考察し，①発明の本質が精神活動それ自体に向けられているか，あるいは，②人の精神活動を支援する，又はこれに置き換わる技術的手段を提供するものであるかを見極め，②のみを「発明」と認めるべきである（参照，知財高判平成20.6.24判時2026号123頁［双方向歯科治療ネットワーク］，酒迎明洋［判批］知的財産法政策学研究34号395〜397頁（2011年））。

　近時の裁判例は，発明が前提とする技術的課題，当該課題解決のための技術的手段の構成，当該構成による効果等の技術的意義に照らして全体として考察して判断すべきとし，発明が何らかの技術的思想を含むとしても，技術的思想が専ら人の精神活動等それ自体に向けられている場合は，発明該当性は否定されると説く（知財高判平成28.2.24判タ1437号130頁［省エネ行動

シート］)。

　e.g.　前掲知財高判［省エネ行動シート］
　省エネ行動のリストなどを利用する者が，省エネ行動によって節約できる電力量等や優先順位の把握が困難という課題に対し，建物内の場所ごとの省エネ行動で節約可能な電力量を面積で示すことにより，利用者が，省エネ行動を取るべき時間と場所を一見して把握することが可能になり，かつ，各省エネ行動を取ることにより節約できる概略電力量等を把握することが可能になるという省エネ行動シートについて，その技術的意義は専ら人の精神活動そのものに向けられたものであるとして，発明該当性を否定した。

　Check　ソフトウェアの発明該当性
　2002 年改正法により，物の発明に「プログラム等」（2 条 4 項に定義）が含まれうることが明示されているが（2 条 3 項 1 号括弧書き），それでも別途，当該ソフトウェアが 2 条 1 項の「発明」に該当しなければならないことに変わりはない。
　審査基準において，ソフトウェア関連発明は，機器に対する制御を具体的に行うものや，対象の物理的性質に基づく情報処理を具体的に行うものは，通常，発明に該当するとされ，これにより判断できない場合は，「ソフトウエアとハードウエア資源とが協働した具体的手段又は具体的手順によって，使用目的に応じた特有の情報の演算又は加工が実現されているものであるか否か」によって発明該当性が判断される（特許庁「特許・実用新案審査基準」第Ⅲ部第 1 章 2.2，同「ハンドブック」附属書 B 第 1 章 2.1.1.2）。
　しかし，単に，コンピュータを制御するようなクレームの書き方にするのみでは，「発明」と認めてはならないものがあるというべきである。発明の定義規定が過大な保護の現出を防ぐところにある以上，クレームされた発明の本質に鑑みて判断されなければならないのであって，ハードウェア資源を使用していたとしても，人為的取決めや人の精神活動そのものと評価し得るものあれば，発明と認められるべきではない（審査基準第Ⅲ部第 1 章 2.1）。
　発明該当性の判断を潜り抜けたとしても，既存の事務処理等をソフトウェアで実現したのみで新規性や進歩性を肯定すべきではなく，技術的な処理方法自体に特徴があるか，あるいは，プログラム等で実現すること自体が課題でありこれを解決する具体的手段を提示する場合に限られるべきである（発明を基礎付ける技術的部分が進歩性判断の対象となるとする玉井克哉「『発明』の概念」『知的財産法と競争法の現代的展開』（紋谷暢男古希・2006 年・発明協会）154 頁も参照）。
　この点に関し，知財高判平成 26.9.24 平成 26（行ケ）10014［知識ベースシステム］は，発明該当性の判断基準として，前述の技術的課題，課題解決手段の構成，効果の技術的意義の観点から全体考察すべきとの立場を示したうえで，抽象的な概

念や人為的な取決めについて一般的なコンピュータの機能を利用したデータを記録・表示するに過ぎない場合は「自然法則を利用した」技術的思想の創作ではないとして，コンピュータを利用する構成を含む知識ベースシステムについて発明該当性を否定した。

[Check] ビジネスモデルの発明該当性

　ビジネスを行う方法自体は，通常，人為的取決めや人の精神活動そのものであるが，全体として自然法則の利用が認められれば，発明該当性が肯定されるのは，他の技術分野の創作と同様である。

　一般的に，ビジネスモデルは，ビジネス用ソフトウェアのように，コンピュータを利用して実現することにより，発明該当性が認められ得る（知財高判平成21.5.25判時2105号105頁［旅行業向け会計処理装置］）。また，コンピュータ以外の機械や道具であっても，これらが課題解決のための技術的手段として用いられている場合に，発明該当性は肯定され得る（知財高判平成30.10.17平成29（行ケ）10232［ステーキの提供システム］）。

[Check] AI関連発明

　AI関連発明の増加傾向を受け，近時，特許・実用新案審査ハンドブックにおいても，AIを用いたデータの分析・学習に関連した事例が附属書A及びBに追加されている。その発明該当性は，ソフトウェア関連発明と同様に扱われており，例えば「宿泊施設の評判を分析するための学習済みモデル」（事例2-14，附属書B）では，学習済みモデルはプログラムであることが請求項及び発明の詳細な説明から明確であることを前提として，ソフトウェアによる情報処理がハードウェア資源を用いて具体的に実現されていることを理由に発明該当性が肯定されている。このような事例によれば，学習済みモデルについては，ニューラルネットワークの層構造と各層構造おけるソフトウェア処理をクレームに記載しておく必要があろう。

[Point] 新規に合成した／既知の化学物質の取扱い

　「発明」であるためには，単なる発見では足りない。化学物質も，それが新規化合物であるというだけでは特許権は付与されず，そこから一つ用途を導き出さなければならない。特許発明であるためには，経済的に無価値なものであってはならず，産業上の利用可能性が必要だからである。もっとも，新規化合物の場合は，一つ用途が見つかれば，他用途についても特許権の効力が及ぶ。新規化合物には

未確認の様々な潜在的用途があるので，他者によるフリー・ライドを防ぐために
は，発見した用途に限らず特許権の効力を及ぼすべきものだからである。
　一方，既知の化学物質であっても，新規の用途を発見し，その用途の利用の仕
方を創り出すと，「発明」となる（これを用途発明という）。用途発明は，本来用
途の利用方法として方法の発明であるが，物の発明として特許しうるというのが
実務である。用途発明は，既存の化学物質をベースとしており，新用途のみが新
たに創作性が付加された部分と考えられるため，新規化合物の場合と異なり，用
途発明の効力は，他の用途には及ばない。例えば，既存の化学物質について，ア
レルギー性鼻炎治療薬という用途を創り出した場合，「発明」に該当する一方で，
これ以外の用途で当該化学物質を使用する行為は，上記特許権の枠内にはない。

　Point　天然に存在する物質

　天然に存在する物質も，同様に，単なる発見では「発明」とならない。他方，
当該物質につき，①具体的な用途を見つけた場合のほか，②自然界には単独では
存在しない化学物質を単離したり，純化に成功したりした場合には，実験を必要
とする作業であるという点で，他の発明と区別する理由はなく，「発明」としてよ
いだろう。「発明」たりうるためには，人が何らかの方法で自然法則に人為的に介
入することをもって足り，かつそれが必要である。

（2）　技術的思想であること

　特許制度による技術の公開は重複投資を防止することに意義があるのだか
ら，自らのみならず，他人も含めて，反復して実施しうるものでなければ発
明ではない。一般には，実施可能性と反復可能性の要件に分けて考えられて
いる。当該要件を判断した裁判例を紹介する。
　① 実施可能性があること
　最判昭和44.1.28民集23巻1号54頁［原子炉］は，出願にかかる発明が
原子核分裂現象を安全に統制することを目的としているところ，それを定常
的かつ安全に実施し難いものである以上，技術的に未完成であり，発明には
当たらないとした。

　Point　安全性
　前掲最判［原子炉］については，単に未完成発明であるから「発明」たりえな

いとしたのでないことに注意を要する。原子炉のような事例は，安全装置がなければそもそも実験室においても，実際に原子炉を稼働させてエネルギーを抽出できない点で実施可能性がない。しかし，ブレーキのない自動車のようなものでも，実際に自動車として動かすことができる点では，実施可能性はあることから考えても，安全性自体が一般的に発明の要件になることはない。実質的に見ても，安全性が欠如した発明にも特許権を与えるとした方が，出願のインセンティヴが付与されるとともに，安全性に問題のある発明が公開され，安全を確保する別発明を生み出す契機となりうる点で，特許法の趣旨に沿う。

② 反復可能性があること

最判平成 12.2.29 民集 54 巻 2 号 709 頁［桃の新品種黄桃の育種増殖法］は，「植物の新品種を育成し増殖する方法」にかかる発明の育種過程に関しては，交配による新品種育成の確率は低くても，新品種の育種が可能であれば，既存の増殖方法により再生産できることを理由に反復可能性を肯定した。

（3）　高度な創作であること

高度性は，実用新案における考案（実用新案法 2 条 1 項）と区別するために置かれているものであるが，実務上は，進歩性の議論とほぼ重なり，独立に機能することはまずない要件である。

創作性は，単なる発見（e.g. 自然現象の発見，未踏の奥地・深海・宇宙を探索した結果発見された鉱石）を除外する要件である。

2　発明に産業上の利用可能性があり（29 条 1 項柱書き），特許を禁じられている発明ではないこと（32 条）

（1）　産業上の利用可能性があること（29 条 1 項柱書き）

産業の発展と寄与しないもの，実際上明らかに利用不可能なものを除く趣旨である。もっとも，何らかの産業上の利用可能性があれば足り，経済的価値・市場価値の多寡は特許庁のよく判断しうるところではないので，特許要件としては考慮されず，市場の選択に委ねられている。技術的に不利益があるのみでは産業上利用可能要件は否定されない（東京高判昭和 61.12.25 無体集 18 巻 3 号 579 頁［紙幣］）。

産業上の利用可能性がないという発明は，医療発明以外，殆どない。医療

についても，手術する方法と医薬品とでは，置かれている状況に差違がある。

① 人間を手術，治療又は診断する方法

人間を手術，治療又は診断する方法については，「産業上利用することができる」発明ではないと考えられる。生命身体の保護が特許権という財産権に優先すること，手術・治療の現場では特許権者の許諾を得る時間的余裕がないこと（切迫性）による（東京高判平成14.4.11判時1828号99頁）。

② 医薬品の製造業

一方，医薬品の製造業は，産業に該当し，医薬品には特許が成立すると考えられる。医薬品の使用は，医薬品という物の「実施」（2条3項1号）に該当し，特許権の効力が及ぶものの，医薬が製造され使用されるまでにはタイムラグがあるから，その間に特許権者自身によって必要量が供給されたり，ライセンスがなされることを期待しうるから不都合はないからである。

もっとも，そうした解釈のもとでも，医療の現場で患者を目の前に投薬しようとする医師に，ライセンスの取得や裁定許諾制度（83条，92条，93条）の利用を迫るのは，ただ煩雑であるというだけでなく，時間的な余裕を欠く。医師が医薬を調合する場合については69条3項に明文があるが，当該規定で非侵害となる場合は極めて限定されている。

そこで，医療行為は産業ではない以上，医師の投薬行為は68条の「業」として行われるものではないと捉えることにより，医薬品について特許が認められたとしても，その製造については格別，医師が治療や診断に使用する行為についてまで権利が及ぶものではないと解釈すべきである。

（2） 特許を禁じられている発明ではないこと（32条）

現行法では，公序良俗又は公衆衛生を害するおそれのある発明のみ，特許を与えないものとされているに過ぎない（32条）。法令上の規制は変更の可能性があることから，法令上規制されているだけではただちに公序良俗に反することにはならない（前掲東京高判［紙幣］）。

11 新 規 性

　特許要件の判断は，出願段階の拒絶査定及び特許権付与後の無効判断（無効の抗弁並びに無効審判及び審決取消訴訟）で行われる。

　具体的な手順としては，

　① 特許要件判断の対象とする発明の要旨の認定（クレーム解釈。出願段階の発明を特に「本願発明」ということがある）

　↓

　② 特許要件判断の対象とする発明と（主）引用例との間の一致点及び相違点の認定

　↓

　③ 相違点につき進歩性の判断

の順序で検討が進められる。

　実務上は，上記のように，この3つの論点で実質的に三位一体ともいえる運用が行われている。そこで，本章では，この3論点を冒頭で簡単に俯瞰しておきたい。

1　発明の要旨認定（リパーゼ判決）

　①の主導的判決がいわゆるリパーゼ判決（最判平成3.3.8民集45巻3号123頁［トリグリセリドの測定方法］）である。もっとも，同判決は，「要旨認定は，特段の事情のない限り，願書に添付した明細書の特許請求の範囲の記載に基づいてされるべきである。特許請求の範囲の記載の技術的意義が一義的に明確に理解することができないとか，あるいは，一見してその記載が誤記であることが明細書の発明の詳細な説明の記載に照らして明らかであるなどの特段の事情がある場合に限って，明細書の発明の詳細な説明の記載を参酌することが許されるにすぎない」と判示し，原則として，あたかもクレームの文言のみで発明要旨認定が行われるようにも読める。そこで，侵害訴訟に

おける技術的範囲を確定する場面でクレームを解釈する場合（70条2項で原則として明細書を参酌するとされている）と，審査過程や無効審判において，あるいは侵害訴訟の無効の抗弁において特許要件の充足を判断するための発明の要旨認定の場面でクレームを解釈する場合とで，取扱いを違えるのかということが問題となる。

　しかし，大多数のクレームは，一義的に明確に理解することができないために上記特段の事情があるように思われるから，両者の場面におけるクレーム解釈が，現実に齟齬する事態は少ないと指摘されており（髙部眞規子『実務詳説特許関係訴訟』（第3版・2016年・きんざい）188頁），それが裁判例の実情でもある（時井真「クレーム解釈の現況」知的財産法政策学研究40号15～16頁（2012年））。

2　一致点・相違点の認定（新規性）

　発明の要旨を認定した後，請求ごとに（主）引用例で開示されている技術事項との間で一致点及び相違点を認定する。相違点がない場合は，特許要件審査の対象とする発明は新規性を喪失しており，特許を受けることはできない（29条1項）。

　相違点の認定については，特許要件判断の対象としている発明を構成要件ごとに区切って引用例で開示されている技術内容と比較する方法が一般的である。ただし，その場合でも，発明の技術的意義を無視して細分化してはならない（発明の技術的課題の解決の観点からまとまりのある構成を単位として認定されるべきであるとする判決として，知財高判平成22.10.28平成22（行ケ）10064［被覆ベルト用基材］（傍論））（時井真「進歩性判断の概況とその応用可能性（1）」知的財産法政策学研究41号135～136頁（2013年）参照）。

3　相違点についての進歩性の判断

　1つでも相違点があるとされた場合，新規性はあるものとして，進歩性の判断に進む。進歩性の判断では，特許要件審査の対象とする発明が広義の公知技術から容易に発明をすることができるような発明に過ぎなかったと判断された場合，当該発明は29条2項により，特許権を取得することができない。相違点は複数認定されることもあり，その場合は，相違点ごとに進歩性の判断が行われる。

知財高大判平成 30.4.13 判時 2427 号 91 頁等［ピリミジン誘導体］は，当該刊行物に化合物が一般式であるマーカッシュ形式（主として化学の分野の発明において 2 種類以上の物質を包括する上位概念がない場合に用いられるもので，例えば，「A，B，C の物質群より選ばれた 1 つの物質」のように択一形式で記載されたクレーム）で記載されているために膨大な数の選択肢を有する場合には，特定の選択肢に係る具体的な技術的思想を積極的あるいは優先的に選択すべき事情がない限り，当該特定の選択肢に係る具体的な技術的思想を抽出することはできず，これを副引用発明と認定することはできない，と判示した。この説示は，進歩性を否定するために特許発明と主引用発明との相違点を架橋するための副引用発明に関するものであるが，学説では主引用発明にもこの理が及ぶと解するものがある。

　しかし，新規性要件は，刊行物に記載されているものと同一の（ものを含む）発明について特許性を否定する要件であるから，かりに本判決に従って具体的な技術的思想の記載がないことを理由に新規性喪失の基礎となる引例適格性を否定したとしても，それと出願発明や特許発明に記載されているものが同一であるならば，結局，出願発明や特許発明のほうも実施可能要件違反，サポート要件違反，あるいは論者によっては発明未完成ということで特許性が否定されるだろう。したがって，刊行物に記載されているものと出願発明や特許発明が同一であることが確認された場合に，さらになお刊行物に記載されているものが「引用発明」として適格であるか否かを問うことは，無駄な迂路に過ぎない。本判決が主引用発明に関しても同様の理を説くものだとすれば，正鵠を射ない理解といえよう（田村善之［判批］WLJ 判例コラム 153 号（2018 年））。

Check　一致点・相違点認定の実例

　特許要件判断の対象としている発明のほうが，引用例で開示された技術内容よりも，数的幅あるいは概念の点で大きく，したがって前者が後者をそのまま包含している場合も，（選択発明等を主張する場合は別として）原則として新規性喪失となる（いわば部分日食のような関係である）。

　例えば，①特許要件判断の対象としている発明（請求項発明）が「有機物又は無機物からなり」である一方，引用例が「有機樹脂からなり」であって，②数的範囲としても，特許要件判断の対象としている発明が「厚さが 10 〜 100μm である保護フィルム」であり，引用例が「厚さが 20 〜 80μm」である場合は，①も②も前者は後者を包含し前者が上位概念である。従って，仮に①と②が同一請求項にあ

れば，特許要件判断の対象としている発明と引用例には一つも相違点はなく請求項全体で新規性を喪失していることになる（高橋政治「新規性判断の基礎」知財管理 69 巻 6 号 847 頁以下（2019 年）参照）（なお，除くクレームを用いれば，請求項発明につき，「厚さが 20 〜 80μm を除く」とすることで②の新規性要件はクリアできる。もっとも公知例に近い数値範囲を特許請求すると単なる最適化として進歩性がないと判断される可能性がある）。さらに，特許要件判断の対象としている発明の構成要件がマーカッシュ形式で記載されている場合，その選択肢の一つでも引用発明と同一または上位概念である場合は，その構成要件は相違しないと判断する（高橋・前掲 846 頁）。

II　要件事実

新規性喪失は，無効の抗弁や無効審判・審決取消訴訟における無効理由として，以下のように主張する。

① 本件特許出願前に頒布された刊行物には，A ＋ B ＋ C からなる発明の記載がある。

② 本件特許発明と上記刊行物記載の発明は同一である。

③ よって，本件特許は，特許無効審判により無効にされるべきものと認められる（特許法 29 条 1 項，104 条の 3）。

（髙部眞規子『実務詳解特許関係訴訟』（第 3 版・2016 年・きんざい）145 頁以下）

なお，新規性を基礎づける事実については，権利の障害・阻止に関する事実として権利を否定し又はその行使を阻止しようとする者（無効審判請求であれば請求人，侵害訴訟なら（いわゆる無効の抗弁において）被疑侵害者）に証明責任がある。

III　趣旨

出願をさせても何ら技術の豊富化をもたらさない発明に対しては，利用可能な技術に排他権を与えることによる産業の停滞を招来してまで，出願時点のインセンティヴを付与する必要はない。そこで，特許出願前に，日本国内又は外国において公然知られた発明（公知〔狭義〕〔1 号〕），日本国内又は外国において公然実施をされた発明（公用〔2 号〕），日本国内又は外国におい

て頒布された刊行物に記載されるか，電気通信回線を通じて公衆に利用可能となった発明（刊行物記載等〔3号〕）については，特許を受けることができない，とされている（29条1項）。なお，これら公知，公用，刊行物記載等の技術のことを総称して公知（広義）技術と呼ぶことがある。新規性のない発明を出願しても出願は拒絶され（49条2号），またかりに誤って特許が付与されたとしてもそのような特許の登録は無効審判に服することになる（123条1項2号）。

1 新規性喪失を定めた各規定

条文上は，1号から3号までに分けて規定されているが，その棲み分けは明確ではなく，1号の公知と2号の公用，1号の公知と3号の刊行物記載等は曖昧な部分がある。そこで，以下では，裁判例で問題になる実際の類型毎に，検討の指針を示したい。

(1) 内容漏知型（原則として1号で処理）

1号の「公然知られた」発明については，新規性を喪失したといえるには，第三者に現実に知られたことを要するのか，あるいは知られうる状態に置かれたことで足りるのかという論点がある。条文の文言は前者に有利であるが，いずれ公衆の知りうるところとなるものについては，もはや特許権という排他権のインセンティヴを与えてまで公開を促す必要はないので，1号には公然知られうる状態も含むと解すべきである。多くの裁判例もこの立場で説明可能である。

もっとも，第三者に発明を知られたとしても，当該第三者が発明の内容について守秘義務を負う者であれば「公然知られた」発明とはならない点に注意を要する。その場合には自ずから発明の内容が公衆に知れわたりうる状態になっているわけではなく，特許権というインセンティヴを与えて公開を促す必要性は失われていないからである。以下に裁判例に基づき，「公然知られた」発明についての検討の指針を示したい。

（a） 発明の内容を知られた相手方が秘密保持義務を負わない場合には，公知となるのが原則である。

裁判例としては，公用で処理した事例ではあるが，秘密保持義務を負わない住宅公団に発明者が発明の内容を開示していた点を捉えて新規性喪失を認めた東京高判昭和49.6.18無体集6巻1号170頁［壁式建造物の構造装置］

がある。

　（b）　発明を漏らした相手方に秘密であることを明示し，かつ秘密保持を約束させて発明の内容を知らせた場合には，1号の公知とはならない。明示の約束がなくとも，黙示的に秘密保持がなされることが当然の前提とされていた場合にも，1号の公知とはならない。

　相手方に秘密であることを明示しかつ秘密保持義務を負わせた場合のみならず，黙示の秘密保持義務が認められる場合は，1号の公知とはならない。裁判例として，大判昭和3・9・11民集7巻10号749頁［乾燥用旋回座網］は，実用新案の出願前に権利を有する者が，資金供与，販売の後援を依頼するために2，3名の者に考案を内示した場合，秘密であることを明示せず，又は相手方が秘密を守るべきことを明言しない場合といえども，実用新案権を取得することを前提として交渉が行われた場合には，自ずと秘密に行われたことが明らかであるとして，公知性を否定している。

（2）　公然実施型（1号又は2号で処理）

　発明が出願前に実施されている場合，それがどの程度公に実施されると29条1項に該当するのかということが問題となる（公然実施型）。この場合，1号の公知の問題とする裁判例もあるが，多くは2号の公用の問題とする。どちらの号で処理するかによって判断の基準が変わることはないようである。

　以上を前提に，発明が不特定多数人の認識しうる状態で実施されたかどうかという基準に対する，公然実施型の検討の指針は以下のとおりである。

　（a）　公共の場所での実施のみならず，工場内で発明が実施されていたとしても，秘密保持の措置がとられていなければ，発明が不特定多数人に認識しうる状態に置かれたといえ，原則として，新規性を喪失する。これに対して，実施品が秘密の状態で保管され，秘密の下に運転されている場合には，新規性を喪失しない。

　工場が私有地内にある場合は，一般に，不特定多数の者が自由に立ち入ることができるわけではないが，そのような場合であっても，一般人による装置の見学を原則として認めない等，工場管理者が工場内に立ち入る者に対し，当該機械装置に具現された技術内容を秘密とするのに必要な措置を講じていない限り，発明は公然実施されたものと認められる（東京高判平成15.4.10平成13(行ケ)264［かき餅生地の製造装置］）。その際，実際に工場に出

入りした者が少数の特定の者であったかどうか，あるいは，実際に希望して見学に来た者がいたかどうかは問われない（前掲東京高判［かき餅生地の製造装置］）。

これに対して，工場内で実施され，それが広い範囲の者に見聞されたわけではなく，家族同様の者（東京高判昭和 23・7・12 行月 23 号 208 頁［中空助燃器］）のようなごく内輪の人間か，もしくは明示的又は黙示的に秘密保持を義務付けられた者が見たに止まっている場合には，未だ公知，公用とされることはない（東京高判昭和 30.8.9 行集 6 巻 8 号 2007 頁［精紡機用バキュームクリヤラー］）。また，試作機の運転を見た者があるとしても，それが材料の供給者等であって秘密保持を約して立ち会ったのである場合には，公知と判断することはできない（大判昭和 17.4.17 民集 21 巻 7 号 374 頁［婦人靴踵削成装置］）。

（b）　実施品を納入した相手方に秘密保持義務がなかった場合には，発明が不特定多数人に認識しうる状態に置かれたといえ，新規性を喪失する。

例えば，特許発明にかかるラベリングマシンが特許出願前に A 社工場と B 社工場に納入され，しかも外部から装置を観察しただけでその構造及び性能を知りうる状態にあったために，引渡しを受けた各工場の担当者はただちに構造等を知ることができたのだが，それにも拘わらず，A 社および B 社は，何ら守秘義務を負わなかったという事案のもとでは，当該各装置は秘密を脱した状態で譲渡され，又はその技術思想は各引渡しによって秘密状態を脱したことが明らかであるから，公知，公用のものとなったとされた（東京高判昭和 60.3.29 判例工業所有権法 2101 の 21 頁［ラベリングマシン］）。

（c）　また，発明の実施品が市場に流通したような場合は，原則として，新規性を喪失する。しかし，そのような場合であっても，出願時の技術水準によれば，実施品を解析して，特許請求の範囲に記載されている物に該当するか確認することが困難である場合には，新規性を喪失しない。

実施品が流通したような事例においては，原則として，公知，公用と認められることになる（東京高判昭和 40.9.28 判タ 188 号 198 頁［ビニールパイプの包装方法］，東京高判平成 10.9.10 判例工業所有権法〔2 期版〕531 の 15 頁［折畳みふとん干し具］）。例えば，潤滑油調節器（発明）を装備した三輪消防自動車 2 台が，出願前に発送され，十数日使用されたという事案では，潤滑油調節器がチェンケースの裏側から取り付けられており，ギヤー及びチェン

ケースカバーで覆われていて外部から覗き見ることのできないというだけでは，未だカバーの開閉等により容易に構造を分析できる状態で実施品が流通したといえるから，公然実施に該当する（新規性喪失。東京高判昭和37.12.6行集13巻12号2299頁［潤滑油調節器］の事案参照）。また，一般消費者向けに「意図的に分解・改造しないでください」との注意書きを流通品に表示してもその表示によって購入者が当該製品の構成を秘密にする義務を負うわけではないから，流通品につき当業者が通常の方法で分解・分析できる場合は公然実施になる（知財高判平成28.1.14平成27（行ケ）10069［棒状ライト］）。

　もっとも，例えば，発明の実施品である製薬が特許出願前に販売されていたとしても，その製剤方法は企業秘密として管理され，また，その含有成分の組成は公開されているものの，その他の情報は外部に開示されておらず，性質上，当業者が市販されている上記製剤を解析して，製法を知ることが困難であったり（新規性喪失の有無を検討する対象となる特許権が方法の特許の場合），流通品を出願時に一般に知られた分析方法で解析しただけではその原料の粒子径を知ることが困難である場合（新規性喪失の有無を検討する対象となる特許権が物の特許であって，特定の数値限定が加えられた粒子径が特許請求の範囲に明示されている場合）は，発明の実施により，不特定多数の者が当該発明の内容を知りうる状況ではないから，公然実施とはいえない（東京地判平成17.2.10判時1906号144頁［分岐鎖アミノ酸含有医薬用顆粒製剤とその製造方法］の事例）。この場合，発明の技術内容を公開するインセンティヴを付与する必要性が残っているのであるから，この解釈を支持しうる。

(3)　文献記載型（1号の「公然知られた」発明又は3号の刊行物記載で処理）

　発明の内容が文献に記載されている場合，その文献がどの程度公のものとなると29条1項に該当するのかということが問題とされている（文献記載型）。官庁等へ提出する書類に発明が記載されている場合には，当該書類を「頒布された刊行物」ということに困難があるため，3号ではなく，1号の公知の問題として扱われる。これに対して，雑誌や広告に記載されていた場合には，3号の問題とされている。最も事例が多い特許公報に記載されている場合は，原則として3号に該当するとして扱われている。以下では，最判もある原本と複写物の例につき，検討の指針を示しておきたい。

　(a)　原本が公開され，公衆の要求により遅滞なく複写物が交付される場

合には，その複写物をもって29条1項3号の「刊行物」ということができる。

　最判昭和55.7.4民集34巻4号570頁［一眼レフカメラ］は，出願書類が西ドイツ特許庁において公衆の閲覧に供されており，実用新案明細書のような出願書類の原本の複写物を望む者は，誰でも注文後約2週間でこれを入手することができるような場合であって，実際に複数の会社が複写物を注文し，その配付を受けていた点を捉えて「頒布された刊行物」と評価した。

　（b）　原本自体を頒布しなくても，複製物を配布したり，原本の複製物であるマイクロフィルムを閲覧場所に備え付けている場合は，「頒布された」といえる。

　最判昭和61.7.17民集40巻5号961頁［箱尺］は，原本そのものではなくその複製物であるマイクロフィルムがオーストラリアの特許庁本庁及び5か所の支所に備え付けられていたということに着目して，このマイクロフィルムが「頒布された刊行物」に当たると評価した。

　（c）　原本は公開されているが，未だ複製物の配布を受けた者がおらず，また複製物であるマイクロフィルムも閲覧場所に備え付けられていないなど，「頒布された」の要件充足性に疑問がある事例は，1号の特許出願前に日本国内又は外国において「公然知られた」発明とすればよい。

　1999年特許法改正より前は，29条1項1号と2号はそれぞれ国内公知，国内公用のみが新規性喪失を基礎づけるとしており，外国で知られた発明に関しては，国内のみならず外国で頒布された刊行物についても新規性喪失を肯定する3号該当性を肯定しない限り新規性喪失と判断することができないという制約があった。上に紹介した最高裁判決はいずれもこのような制約下で「頒布された刊行物」という文言を拡張して解釈した判決と理解することができる。1999年改正で外国公知，外国公用も29条1項1号，2号に該当し新規性を喪失させるとされた現在では，国内か国外かを問わず発明が不特定多数人に認識しうる状態に置かれた発明に関しては，1号の公知に該当するとして処理すれば足り，あえて頒布された刊行物の外延を広げていく必要はない。

2　新規性喪失の例外規定

　29条1項各号に該当した場合でも，30条の新規性喪失の例外規定に該当

すると新規性が回復する。もっとも，出願もなく新規性を失っている状態に変わりはないから，相当期間経過後に突然，公に知られた技術に特許を主張されることによる混乱を防止するために，新規性喪失事由があった場合から1年以内に出願することを要するとされている（30条1項・2項。2018年特許法改正により，猶予期間が6ヵ月から1年に延長された。平成30年改正の1年の猶予期間は，2018年6月9日以降の出願に適用される。ただし，2017年12月8日までに公開された発明については，同日以降に出願しても，改正特許法第30条の規定は適用されない）。

（1）　新規性喪失の例外を定めた各規定及び趣旨

（a）　特許を受ける権利を有する者の意思に反して公知となった場合（30条1項）

本人の意に反して公知となり特許を受けえない事態を招来することで発明のインセンティヴが損なわれることのないよう，出願準備段階で発明を秘密としようとしていた者のために，当初の目論見どおりに特許を取得する機会を保障した規定である。検討に際しては，以下の点に注意を要する。

（i）　特許を受ける権利を有する者（発明者又は特許を受ける権利の移転を受けた承継人）に過失があったために公知となった場合，なお意に反する公知に該当しうる。

特許を受ける権利を有する者が，当該発明内容を知りうる立場にある親族や会社関係者に対し，発明の内容を公表することのないよう促すべき注意や講じるべき措置が不十分であったために，それらの者によって発明の内容が公表されてしまった場合であっても，公表は，特許を受ける権利を有する者の意思に基づいたものではないので，意に反する公知ということができる（東京高判昭和47.4.26無体集4巻1号261頁［農用牽引車の進行停止装置］，東京高判昭和56.10.28無体集13巻2号780頁［人命安全システム］）。

意に反する公知とされると，当該事由が生じた日から1年以内に出願してさえいれば，それだけで新規性喪失の例外規定の適用を受けることができる（30条1項）。次に述べる自己の行為に起因して公知となった場合（30条2項）と異なり，出願と同時に新規性喪失の例外規定の適用を受ける旨を申請し，30日以内に証明書を提出しなければならないという制約を受けることはない（30条3項参照）。したがって，後に侵害訴訟になって無効の抗弁を提出されたり，無効審判を請求されたりしたために，そこで新規性喪失に

気がついたとしても，（たまたま），それが意に反するものであった場合には，自己の出願が当該新規性喪失時点から1年以内であれば，新規性喪失の例外規定の恩恵を受けることができる。意に反する公知の場合，新規性喪失に気がついていない場合が多いので，出願時点でその開示を要求するのは難きを強いることが多いと考えられたのである。

(ii)　発明者等の特許を受ける権利を有する者自身の行為に起因して29条1項各号のいずれかに該当するに至った場合（30条2項）

発明者等が，どのような態様であれ，新規性喪失規定に該当し特許権を取得できなくなることをおそれることにより，発明の公開が抑止される結果となるのは，特許発明の公開により技術を促進し，産業を発展させるという特許法の趣旨に適合しないために設けられた規定である。

様々な裁判例が集積していた規定であったが，2011年改正以降は，工業所有権関連の公報（特許権の公開公報が典型）に掲載された場合を除き，特許を受ける権利を有する者の行為に起因して新規性を喪失するに至った発明は，テレビ・ラジオでの発表や公衆への販売・配布を含めて，公開態様の如何を問わず，新規性喪失の例外を享受しうることになった。特許権等の公開公報に関しては，特許権の付与という公開へのインセンティヴが与えられている反面，優先権，国内優先権などで出願人の救済を図ることにしているので，30条2項の新規性喪失の例外とすべきではないと考えられている（ただし，例えば，冒認出願のような場合は，30条1項の意に反する公知には該当しうることに注意）。

なお，特許を受ける権利を有する者の意思に反して公知となった場合（30条1項）と異なり，発明者等の特許を受ける権利を有する者自身の行為に起因して29条1項各号のいずれかに該当するに至った場合（30条2項）の特有の規定として，30条2項の適用を受けるには，単に30条2項に該当する事由が生じた日から1年以内に出願さえすればよいというのではなく，出願と同時に30条2項の適用を申請し，さらに出願から30日以内に29条1項各号のいずれかに該当するに至った発明が30条2項の例外規定に該当する発明であることを証明する書面を特許庁長官に提出しなければならない（30条3項）。自己の行為に起因する公知について，30条2項の適用除外を受けるためには，原則としてそれぞれの行為ごとに，「特許出願の日から30日以内に，発明の新規性喪失の例外規定の適用の要件を満たすことを証明す

る書面を提出すること」（証明する書面）が求められている。もっとも，「手続を行った発明と同一であるか又は同一とみなすことができ，かつ，手続を行った発明の公開行為と密接に関連する公開行為によって公開された発明」等については，初回の公開行為についての「証明する書面」が提出されていれば，同書面の提出を省略できるというのが特許庁の実務である（特許庁「平成 30 年改正法対応・発明の新規性喪失の例外規定の適用を受けるための出願人の手引き」13 頁，「平成 30 年改正法対応・発明の新規性喪失の例外規定についての Q&A 集」13 頁）。

（2）　新規性喪失の例外規定の注意点

①　新規性喪失の例外規定は，あくまで 30 条各項に該当する事由に限定して新規性を喪失しないとするのみであり，当該事由発生から 1 年以内であっても，それとは無関係の事由で新規性を喪失すると，もはや例外規定による救済の余地はない。

②　新規性喪失の例外規定は，新規性喪失の各事由が生じた時点を出願時点とみなすわけではないから，他の者がこの 1 年の間に同一の発明を先に出願した場合には，結局，後願となって特許を受けることができなくなることに注意を要する。

①②を具体例を用いて説明すると，以下のようになるだろう。すなわち，例えば，A 社が難病の特効薬 α を発明したが，その噂を聞きつけた B 社が A 社の担当者をスカウトし，α の機密情報（構成や実験データ等）を入手して A 社に先んじて出願し，2020 年 3 月 1 日に出願公開されたという事例は，29 条 1 項 3 号の刊行物記載に該当する。もっとも，特許を受ける権利を有する者の意思に反して公開されたものとして，30 条 1 項が適用され（前述），2020 年 3 月 1 日から 1 年は，上記出願公開によっては新規性は喪失しない。

しかし，30 条は，各事由が生じた時点を出願時点とみなすわけではない（本事例なら 2020 年 3 月 1 日に A 社が出願したことにはならない）ので，α の構成について，A 社が同年 8 月 1 日（同年 3 月 1 日から 1 年以内）に出願しても，A 社とは独立して α を開発した C 社が 2020 年 7 月 1 日に行った出願の特許請求の範囲に記載されていた場合や，明細書・図面等に記載されていた場合，それぞれ，先後願関係（39 条。後述），拡大された先願（29 条の 2。後述）により，A の出願は後願となるから，結局 A 社は特許を受けることはできない（②の帰結）。

また，例えば，C社が2020年7月1日にαの構成をプレスリリースしたような場合（29条1項1号または3号），A社は，B社による出願公開と無関係な事由によってαにつき新規性を喪失しており，2020年3月1日から1年以内であっても，もはやA社は新規性喪失の例外規定によっては救済されない（①の帰結）。

応用 用途発明

　用途発明とは，既知の物（e.g. DDT）について，未知の用途（e.g. 殺虫効果）を見出したことに特徴のある発明（定義は，要件・効果に関する立場を反映して論者により様々である。）をいう。物自体が新規である場合（e.g. 新規化合物（医薬品を含む），それが物の発明として新規性を有することは明らかであるから，そのような場合は，あえて用途発明として特許を取得する必要はなく，用途を限定することのない物として特許を取得すればよい。問題は，物自体が新規ではないにも拘わらず，用途が新規であるに止まる場合である。そのような発明は本来，物としては新規性を欠くので，方法の発明として特許を取得しうるに止まるはずである。

　ところが，方法の発明として取得しようとした場合，治療方法そのものとして，特許庁の実務・通説の下では，特許が認められないことがある。そのため，日本では，従前から実務上，医薬品を中心に用途発明は物の発明となりうるとして扱われてきた。つまり，用途発明を物の発明であると観念することで，方法の発明ではないという理由で特許の取得を認めるというものである。しかし，物の発明であっても，その使用に対しては特許権の効力が及ぶので，治療行為に該当する場合は特許は認められないという問題はなお残る。そこで医療は「業として」（68条）に当たらないという解釈が必要になる（10「発明の定義」Ⅱ2（1）「産業上の利用可能性があること（29条1項柱書き）」参照）。

　もっとも，薬機法上の規制により事実上，添付文書により用途が截然と分かれている（場合が多い）医薬品以外の分野では，用途発明を，構成が何も変わらないにも拘わらず，新たな用途を見出したというのみで特許を認めると，既にパブリックドメインとなっている物品の用途を浸食するおそれがある。これは，表示に対して薬機法ほどの厳格な規制がなされているわけではない食品用途発明についての近時の特許庁の実務の変更に対する疑問につながる（吉田広志「食品用途発明に関する改訂審査基準の妥当性」パテント71巻3号11～12頁（2018年））。

成分分析に用いる解析技術の登場時期に注意

　公然実施品を引用例とする場合，出願時に市場に流通していた商品の現物を引用例とする事例がある。この場合，判断の焦点は，出願当時に存在した解析技術で当業者が当該商品の成分を認識できたかである（東京地判平成17.2.10判時1906号209頁［分岐鎖アミノ酸含有医薬用顆粒製剤とその製造方法］参照）。すなわち，現在の最先端の解析技術では成分を分析できたとしても，この技術が出願当時に一般に利用できたものであったかを検討する必要がある。また，例えば，分析原理が同じ高速液体クロマトグラフィーであってもこれを実用化した機器の精度が出願当時と現在では大きく異なるような場合は，バージョンアップ前の旧世代の機器（あるいはこれと同等の機器）を探し出して分析した結果を引用例とすることが好ましい。さらに，分析対象の商品についても，化学物質や食品である場合は，出願時のロットと現在のロットで（原材料や製法等の一部変更により）成分が変化していないか，また出願当時から存在する商品を解析する場合は，成分の経時変化に注意する必要がある。

12 進歩性（非容易推考性）

Ⅰ イントロダクション

　特許出願の時点において29条1項の公知，公用，刊行物記載等の公知技術に基づいて，その発明の属する分野において通常の知識を有する者（＝当業者）が容易に発明をすることができた場合には，特許を受けることができない（29条2項）。これがいわゆる進歩性の要件である。

　進歩性の要件というと技術的な進歩を要求するものであるかのように思われるかもしれないが，「容易に発明をすることができた」という文言から明らかなように，特許発明が容易に推考できるものであったかを判断する要件である。その意味では，非容易推考性ともいうべき要件であり，判決文でも「容易に想到」と表記されることが多い。もっとも本要件は，一般的には「進歩性」と呼ばれており，本書もこの表記を用いる。

　進歩性の判断は，発明要旨の認定と新規性判断で認定された相違点ごとに行う。進歩性要件に違反すると，出願は拒絶され（49条2号，但し50条（拒絶理由の通知）），過誤登録の場合は無効理由となる（123条1項2号）。

Ⅱ 要件事実

　進歩性の欠如は，無効の抗弁や無効審判・審決取消訴訟における無効理由として，例えば，以下のように主張する。

　① 本件特許出願前に頒布された刊行物（引用例）には，a＋b＋cからなる発明の記載がある。本件特許出願当時，Cという周知技術があった。

　② 本件特許発明A＋B＋Cと上記刊行物記載の発明とは，Aとa，Bとbの点において一致し，Cとcの点において相違する。

　③ ［動機付けのアプローチ］を用いる場合は，上記引用例と周知技術を組み合わせる動機がある旨の主張立証を行う。一方，［設計事項等のアプローチ］を用いる場合には，例えば，引用例のcであっても請求項発明が用いた

Cであっても，（例えば，「いずれを用いることができる」といった技術文献と共に）技術的意義に相違がないといった趣旨の主張立証を行う。

④よって，本件特許は特許無効審判により無効にされるべきものと認められる（特許法29条2項，104条の3）。

Ⅲ　趣　旨

特許制度が存在しなくとも当然に達成されるような発明に対しては，わざわざ特許を付与するというインセンティヴを与えて進歩を促進させる必要性がない（消極的理由）。かえって特許を付与することによりそのような技術に排他権を付与することは特許権の乱立につながり，産業の発展にとって弊害となる（積極的理由）。したがって，公知（広義）技術に基づいて当業者が容易に発明することができるような発明には，特許を付与すべきでない。

Ⅳ　判断枠組み

引用例（29条1項各号に該当する公知技術）と，特許発明に相違点がある場合に，その相違点を架橋することが当業者にとって容易か否かを検討する（特許庁「平成18年度進歩性検討委員会報告書」124頁参照）。

1　動機付けのアプローチ

特許要件判断の対象としている請求項発明と主引用例の相違点について，相違点に係る構成が証拠に示されている場合は，主引用例と副引用例（周知技術や技術常識を含む）等を組み合わせることないし主引用例の一部を置換すること等が容易であるかを判断する（動機付けという）。具体的には，対象発明と各引用例，あるいは各引用例間で，①技術分野が関連していたり，②解決すべき課題が共通していたり，③作用・機能が共通していたり，④引用例の内容に対象発明に対する示唆が存在していたりする場合は，動機付けが肯定され，進歩性が否定されうる方向の事情となる。ただし，出願人が主引用例と副引用例の技術を結び付けることを妨げる事情（阻害要因）を十分主張・立証したときは，進歩性が認められる。

なお，裁判所の動機付けのアプローチでは，上記4要件は例示であり，

これ以外の動機づけの論証も見受けられる。

[Check] 副引用発明適格性

知財高大判平成 30.4.13 判時 2427 号 91 頁等［ピリミジン誘導体］は，文献記載の化合物がマーカッシュ形式で記載されているために膨大な選択肢を有する場合には，かかる文献記載の技術的思想は副引用発明になりえない旨を判示した。しかし，副引用例が引用発明としての適格性を有していなくとも，主引用例に記載されている発明と出願発明または特許発明との相違点に係る構成を架橋する示唆や動機付けが与えられることはありうるのだから，副引用例に記載されていることが引用発明として適格であることは，副引用例に記載されていることを進歩性判断の基礎として参酌しえないことを意味しない。本判決をしてこの理を否定していると読む必要性はないように思われる（田村善之［判批］WLJ 判例コラム 153 号（2018 年））。

2　設計事項等のアプローチ

請求項発明と主引用例の相違点が明確に証拠に顕れてない場合は，相違点にかかる構成が単なる設計的事項（＝相違点につき技術的意義がないこと）等であるか検討する。公知材料の中からの最適材料の選択，数値範囲の最適化又は好適化，均等物による置換，技術の具体的適用に伴う設計変更などは，当業者の通常の創作能力の発揮であり，相違点がこれらの点のみにある場合は，通常は，進歩性はないものと考えられる。

3　顕著な効果

動機付けのアプローチ又は設計事項等のアプローチにより，進歩性がないと判断されても，請求項発明が，引用発明と比較した有利な効果であって引用発明が有するものとは異質な効果を有する場合，あるいは同質の効果であるが際だって優れた効果を有し，これらが技術水準から当業者が予測することができたものではない場合，この事実により進歩性の存在が推認される（特に後述の選択発明・数値限定発明の場面で重要）。

Ⅴ　論　点

1　相違点を架橋する組み合わせの示唆・動機付けの必要性 ─────

(1)　知財高裁設立直後のアンチ・パテント──同一技術分野論等

2005 年の知的財産高等裁判所（特許庁の審決に対する取消訴訟の第一審の専属管轄，技術系の知的財産侵害訴訟の控訴審の専属管轄を有する東京高等裁判所内の知的財産専門部）設立直後，知財高裁でアンチ・パテントの嵐（特許の無効率，侵害訴訟における特許権者の敗訴率が極めて高かった）が吹き荒れた（田村善之「考察・知財高裁──中央集権的かつ多元的な専門裁判所に対する制度論研究」『現代知的財産法』（2015 年・発明推進協会）33 頁参照）。無効率の高さを支えていたといわれているのが，「同一技術分野論」（引例と周知技術等が同一技術分野に属しているのであれば，それだけで組み合わせ容易と判断して，進歩性を否定する考え方）である。例えば，引用例 A と引用例 B を組み合わせて請求項発明（A＋B）が構成されるという場合，A と B が同一技術分野にさえあれば請求項発明は容易想到であるとする手法である。

(2)　方策①──飯村コートによる TSM テストの活用

このような無効率の高さに対して財界から激しい批判が相次いだ。裁判官の側からもこれに呼応し，進歩性の判断における後知恵排除の必要性が強調される意見が現れるようになった（飯村敏明「特許訴訟における進歩性の判断について」第二東京弁護士会知的財産権法研究会編『特許法の日米比較』（2009年・商事法務）192 ～ 193 頁）。そして，いわゆる飯村コート（当時，知財高裁第 3 部）において，TSM テスト類似の基準が提示されるに至った。

> Point　TSM テスト

TSM テストとは，引用例：引例に周知技術等との組み合わせを教示したり（teaching），示唆したり（suggesting），あるいは両者を組み合わせ動機付けがあること（motivation）が示される必要があるというものである。後知恵を防止するために，米国の連邦巡回控訴裁判所がかつてとっていた基準である（2007 年の連邦最高裁判決 KSR Int'l Co. v. Teleflex, Inc., 550 U.S. 398（2007）によって否定された）。

最も代表的な裁判例が以下の 2 件である。
①　知財高判平成 21.1.28 判時 2043 号 117 頁［回路用接続部材］

「当該発明が容易想到であると判断するためには，先行技術の内容の検討に当たっても，当該発明の特徴点に到達できる試みをしたであろうという推測が成り立つのみでは十分ではなく，当該発明の特徴点に到達するためにしたはずであるという示唆等が存在することが必要であるというべきであるのは当然である。」

② 知財高判平成 20.12.25 判時 2046 号 134 頁［レーダ］

・本願発明（請求項発明）：飛行機等の速度が速くなるにつれて，レーダにおける自機の表示位置を後方にシフトし，前方に表示される範囲を広くするという発明

・引用発明：一定の範囲内にある全ての航空機を表示することを前提にして，ただそのなかでより警戒を強めるべき警戒区域を自機の前方に円で表示することとし，その警戒区域の広さを自機の速度に応じて広くしていくという発明

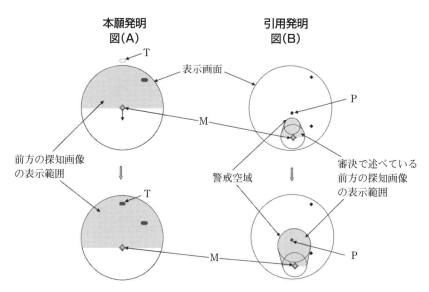

特許庁は，本願発明は引用発明に基づいて容易に発明できるとして拒絶審決を下したが，知財高裁は，以下のように述べて，これを取り消した。「引用発明では，CRT 上（表示器 DISPLAY 上）の全体の表示画面には，衝突のおそれの有無にかかわらず，他航空機が表示されていることを前提として，既に，全体の表示画面に表示されている他航空機の中で，操縦者に対して，

真に衝突を警戒すべき他航空機を操縦者に識別させて，注意をしやすくする目的で，「警戒空域」を表示させるという課題解決のための技術であるから，引用発明が，課題をそのような手段によって解決する発明である以上，「警戒空域」の表示範囲のみを，効率的に表示する目的でオフセンタ機能を採用する解決課題，優位性ないし動機等は存在しないというべき」同一技術分野論の下では当然に進歩性が否定される事案で，課題が相違しており，動機付けがないことを理由に，拒絶審決を取消したものと理解される。

（3）　近時の傾向

　もっとも，TSMテストに関しては，飯村コートといえども常に教示，示唆，動機付けを要求するわけではないことが後に判明しており，他方，他の裁判体においても，かつての同一技術分野論は見られなくなっている。さらに，現在の主流は，引用例に周知技術等を組み合わせることがなぜ容易と考えられるのかということを論理的に示すというもの（＝論理付けアプローチ）である。引用例Aと引用例Bを組み合わせると，請求項発明の技術的構成要素が全て出そろうという事例を再度用いて説明すると，AとBが同一分野にありさえすれば，進歩性なしとするのが同一技術分野論であったが，論理付けのアプローチはさらに一段階追加して，なぜ当業者にとって引用例Aと引用例Bを組み合わせるのが容易であるか動機付けの論証まで求められることになる（審査基準で示されている技術分野の関連性，課題の共通性，作用・機能の共通性，引用発明中の示唆等の4つは例示であり，裁判ではそれ以外の動機付けの論証が可能であることを示すものとして，飯村・前掲192〜193頁）。

　さらに，裁判所における進歩性判断は，2018年以降に急激な変化を見せており，進歩性を巡る判断では知財高裁にて特許権者等に有利な判断がなされる割合が非常に高くなっている（今井優仁＝奥村直樹「平成29年における特許審決取消訴訟の概況」パテント71巻9号100頁（2018年））。

（4）　方策②──課題把握の際の後知恵防止

　知財高判平成23.1.31判時2107号131頁［換気扇フィルター及びその製造方法］

・本件発明：ごみ出し時に容易に分別して廃棄しうるように，金属製枠1と不織布製材2とを容易に分離しうるように，両者を接合するものとして皮膜形成性重合体を含む水性エマルジョン系接着剤を用いる換気扇フィル

ターとその製造方法

この発明に関する無効審判請求事件で特許庁は，本件発明との相違点が，皮膜形成性重合体を含む接着剤を用いていないというところにある引用発明（「発明A」）を援用し，相違点について，水溶液によって成分が溶解または膨張し剥離する粘着剤を記載している甲2文献（特許公開公報）を持ち出して，当業者にとって両者は組み合わせ容易であると判断した。

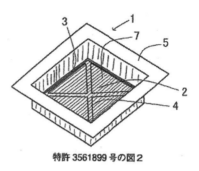

特許 3561899 号の図 2

知財高裁は以下のとおり判示し，無効審決を取消した。

「当該発明が容易に想到できたか否かは総合的な判断であるから，当該発明が容易であったとするためには，「課題解決のために特定の構成を採用することが容易であった」ことのみでは十分ではなく，「解決課題の設定が容易であった」ことも必要となる場合がある。すなわち，たとえ「課題解決のために特定の構成を採用することが容易であった」としても，「解決課題の設定・着眼がユニークであった場合」（例えば，一般には着想しない課題を設定した場合等）には，当然には，当該発明が容易想到であるということはできない。ところで，「解決課題の設定が容易であったこと」についての判断は，着想それ自体の容易性が対象とされるため，事後的・主観的な判断が入りやすいことから，そのような判断を防止するためにも，証拠に基づいた論理的な説明が不可欠となる。」

本件でかりに，「金属製フィルター枠と不織布製フィルター材とが接着剤で接着されている換気扇フィルターにおいて，通常の状態では強固に接着されているが，使用後は容易に両者を分別し得るようにして，素材毎に分別して廃棄することを可能とすること」という課題が解決すべき課題として公知であったのだとすれば，そのような課題を解決するための手段として，通常は強固な接着を達成できるが，水に浸すと接着力が低下するという水性エマルジョン系接着剤を利用することが容易か否かという判断をすることになったはずである。

しかし，裁判所は，引用例には，そもそもそうした課題が示されていないことを理由に，本件発明の容易相当性を否定した。ここでは，審決が，解決

すべき課題を想定することが困難であるか否かということを吟味することなく，解決手段の容易相当性を判断していることが非難されており，後知恵防止の姿勢が如実に示されている。

2 顕著な効果の取扱い

特許庁の実務・裁判例・通説は，発明の構成が引例と近似していても，発明の構成に顕著な効果（異質の効果か同一でも著しい効果）がある場合に進歩性を認めるというものである。問題はなぜそのように取り扱うのかという点にある（田村善之「「進歩性」（非容易推考性）要件の意義——顕著な効果の取扱い」パテント 69 巻 5 号（別冊 15 号）1 頁（2016 年））。

(1) 独立要件説

裁判例のなかには，抽象論として，引例から発明にかかる構成を想到することが容易であるにも関わらず，顕著な効果があることを理由に進歩性が肯定される場合があることを容認する説示をなすものがある（東京高判平成 14・3・28 平成 12（行ケ）312［焼成またはフライされた米菓類］）。

こうした判示は，顕著な効果が構成とは独立して進歩性を基礎づける要件として機能していることに着目する見解である（独立要件説）。請求項発明の構成が従来技術より容易推考であったとしても，なお顕著な効果を見つけたことに対する報酬として特許を与える点にその特徴がある。

しかし，構成が容易相当であるのだとすれば，公衆はそのような構成を当該効果に用いないなどといった特段の事情がある場合（そのような場合には，用途発明が成立しうる）を除き，あえて特許というインセンティヴを与えなくとも，当該構成がこの世に現出し，当該効果を公衆は享受しうるはずであるから，この理由付けには疑問がある。

(2) 二次的考慮説

他方，「通常の知識を有する者が容易に発明をすることができた場合」という 29 条 2 項の条文に忠実に考えるならば，進歩性の要件はあくまでも容易推考か否かを問題にするものである。したがって，顕著な効果は容易推考を基礎づける二次的考慮として斟酌されることがあるに過ぎないことになる（知財高判平成 23・11・30 判時 2134 号 116 頁［うっ血性心不全の治療へのカルバゾール化合物の利用］）。この理解の下では，それほど優れた効果を発揮する構成が近くに存在したにも関わらずこれまで発明されなかったということ

は，当該発明が困難であることを物語ることを理由に，進歩性判断の基礎となるに過ぎないことになる。

（3） 議論の実益

（a）発明の顕著な効果を進歩性の判断においてどのように考慮するかという問題について，以下の三例で両説からの結論が異なる可能性がある（詳細は田村・前掲「「進歩性」（非容易推考性）要件の意義──顕著な効果の取扱い」5〜10頁）。

①　顕著な効果は，特許請求の範囲や明細書に記載される必要があるかどうか

顕著な効果は，特許請求の範囲や明細書に記載される必要があるかどうかという問題については，両説からは以下のとおりに理解される。すなわち，独立要件説からは，顕著な効果は，特許明細書に記載されていることが必要である。一方で，二次的考慮説からは，顕著な効果は，発明が困難であったことを推認するための証拠として考慮されるにとどまるから，基本的に請求項への記載はおろか，引用例と比較した場合の顕著な効果も明細書に記載されていることまでは不要である。

②　当業者が出願時は顕著な効果は無いと誤解していたが，実際には客観的には当該発明が顕著な効果を有していた場合，進歩性があるかどうか

当業者が出願時は顕著な効果は無いと誤解していたが，実際には客観的には当該発明が顕著な効果を有していた場合，進歩性があるかどうかという問題については，両説からは，以下のように考えられる。例えば，先行する引用例について，請求項発明の出願時は，当業者は，毒性を有していないと誤解していたが，当該発明の発明後に上記引用例には毒性があり，ゆえに請求項発明には顕著な効果があったという事例である。この場合，二次的考慮説からは，進歩性は否定されると思われる。なぜならば，当業者が上記請求項発明時には引用例に毒性はないと誤解していたというのであるから，当業者が引用例と構成が近い当該請求項発明を実験する可能性は高いからである。一方，独立要件説によれば，この場合，進歩性は肯定されると思われる。なぜならば，客観的には顕著な効果があった（すなわち，引用例には毒性があるにも関わらず，請求項発明には毒性がない）からである。

③　obvious to try（試すのが自明）の法理

obvious to try（試すのが自明）の法理という問題については，両説からは，

以下のように考えられる。請求項発明と引用例発明において発明の目的は異なるものの，当業者は，（請求項発明の）動機とは別の動機によっていずれにしても顕著な効果のある請求項発明に到達しただろうという問題を想定したい。裁判例として好例なものに知財高判平成 24.11.13 平成 24（行ケ）10004〔シュープレス用ベルト〕がある。原審決では，甲第 2 号証に接した当業者が安全性の点から MOCA に代えて ETHACURE300 を用いることにより，本件発明の構成を想到することは容易であるとして特許無効とした。これに対して，知財高裁は原審決を取消し，「本件発明と引用発明 1（甲第 1 号証に記載された発明：硬化剤につき，物性面からすると熱硬化性ウレタン樹脂が好ましいと記載あり）との相違点を架橋するために用いた，引用発明 2（甲第 2 号証に記載された発明）には，代表的ウレタン硬化剤である MOCA には発ガン性が指摘され，より安全性の高い材料が求められており，MOCA に代わる新しい硬化剤として ETHACURE300 が開発されたことが記されている」と述べて，引用発明 2 は，発ガン性等がない安全な硬化剤を提供するためのものであったのに対し，本件発明は硬化剤を用いることによりクラックの発生が顕著に抑制されることが認められることを理由に，そのような効果について本件特許出願当時の当業者が予測し得たものとはいえないと判示した。

　顕著な効果がある以上，独立要件説からの形式的結論としては特許性を認めることとなろう。しかし，二次的考慮説からは，引用例発明と請求項発明で目的は違っても，当業者に請求項発明の構成を用いる動機があると認定される事案では，当業者が請求項発明の構成に到達するのは間近である以上，たまたま予測しがたい顕著な効果があってもあえて特許を与える必要はなく，ゆえに進歩性を否定することになる。いわゆる obvious to try（試すことが自明）の法理である。

　（b）　なお，顕著な効果については，最判令和元.8.27 裁時 1730 号 1 頁〔アレルギー性眼疾患を処置するためのドキセピン誘導体を含有する局所的眼科用処方物〕が以下のように説いたことが問題となる。

　「原審は，結局のところ，本件各発明の効果，取り分けその程度が，予測できない顕著なものであるかについて，優先日当時本件各発明の構成が奏するものとして当業者が予測することができなかったものか否か，当該構成から当業者が予測することができた範囲の効果を超える顕著なものであるか否かという観点から十分に検討することなく，本件化合物を本件各発明に係る

用途に適用することを容易に想到することができたことを前提として，本件化合物と同等の効果を有する本件他の各化合物が存在することが優先日当時知られていたということのみから直ちに，本件各発明の効果が予測できない顕著なものであることを否定して本件審決を取り消したものとみるほかなく，このような原審の判断には，法令の解釈適用を誤った違法があるといわざるを得ない。」

　この最判をして，一部に独立要件説をとったものと理解する向きがある。しかし結論を直接導く部分（ratio decidendi）の読み方としては，顕著な効果についていわば原審では審理不尽であることを理由に原審を取り消したものであり，顕著な効果について特に独立要件説と二次的考慮説のいずれかを明言するものではないと思われる。

3　選択発明・数値限定発明
（1）　選 択 発 明
　選択発明とは，①特許に係る発明が，先行の公知文献に記載された発明にその下位概念として包含されているときであって，当該発明は，先行の公知となった文献に具体的に開示されておらず，かつ，②先行の公知文献に記載された発明と比較して顕著な特有の効果，すなわち先行の公知文献に記載された発明によって奏される効果とは異質の効果，又は同質の効果であるが際立って優れた効果を奏する場合である（知財高判平成 29.6.14 平成 28（行ケ）10037［重合性化合物含有液晶組成物等］）。②が認められると，新規性及び進歩性が同時に認められ，②が認められないと，新規性及び進歩性共に否定されるという論理である（加藤志麻子［判批］『特許判例百選』（第 5 版・2019 年・有斐閣）125 頁）。

（2）　数値限定発明
　選択発明の一種である。数値限定発明とは，発明を特定するための事項を，数値範囲により数量的に表現したものである。公知技術の発明の特定要素に数値による限定を加えることにより，選択された範囲で顕著な効果（臨界性）が必要である。具体的には，公知技術と異質あるいは，同質の効果でも顕著な効果を有し，これらが技術水準から当業者が予測できない場合，進歩性を有する。

　選択発明も数値限定発明も，当該発明が，先行している特許権の特許公報

の包括的なクレームに包括され，新規性を喪失しているように見えても，先行特許権のクレームは，明細書中の実施例で直接裏付けられている箇所以外は，たまたま当該発明を包括しているだけである。幅を持ったクレーム中から最適な数値を探すイノベーションを重視する観点から，通常は，選択発明も数値限定発明も，新規性も進歩性もあると考えられる。

　選択発明も数値限定発明も，当該先行特許権とは利用関係（72条前段）となり，（基本特許の特許権者の承諾なき限り）業としてその特許発明の実施はできないと考えうる（技術的思想を全く異にする場合には作用効果不奏功の抗弁（2「均等論」Ⅳ6「作用効果不奏功の抗弁」参照）により，侵害を否定すべきであろう）。

13 先願・拡大された先願

39条は先行出願の特許請求の範囲，29条の2は明細書等，との違いはあるにせよ，両者は共に，上記各部分と同一内容の発明を出願した場合の問題である。

Ⅱ　要件事実

先願の要件事実は，出願した発明が先願と同一の発明でないことであり，拡大された先願の要件事実は，出願公開された先願の明細書に記載されていないことである。いずれも権利の障害・阻止に関する事実として権利を否定し又はその行使を阻止しようとする者（無効審判請求であれば請求人，侵害訴訟なら（いわゆる無効の抗弁において）被疑侵害者）に証明責任がある。

Ⅲ　意義・趣旨

1　出願した発明が先願と同一の発明でないこと（先願，39条） ——
(1)　意　義

同一の発明について異なった日に2以上の特許出願があったときは，最先の特許出願人のみがその発明について特許を受けることができる（先願主義，39条1項）。

(2)　趣　旨

先願にこのような後願排斥効を認めたのは，同一発明について複数人に特許権を付与することを防ぐとともに，同一発明につき同一人が複数回特許権を取得することにより20年という存続期間を設けた法の趣旨（67条1項）の潜脱を防ぐ趣旨である（同一人による後願にも後願排斥効が働くのが39条1項の特色である）。出願が競合した場合は，最先の出願に特許権を付与する

（39条1項）。同日の場合は協議を行い（39条2項），協議が整わない場合は双方とも拒絶される（39条4項）。

2 出願公開された先願の明細書に記載されていないこと（拡大された先願，29条の2）

（1） 意　義

出願公開もしくは特許掲載公報の発行された先願に添付された明細書又は図面に記載されている発明については，先願の請求範囲に記載されているか否かに拘わらず，後願を排斥する効果を与えたのが，拡大された先願である（29条の2）。拡大された先願は，出願当初の明細書・図面記載事項であれば無条件に後願排斥効を有するものではなく，それらが出願公開又は特許掲載公報により公開されることが後願排斥効の前提となる。公開されなかったのであれば，後願は未だ特許を付与するに値するからである。また，本条で排斥する発明は，先願の明細書中に記載された発明と後願が同一である場合に限られる。すなわち，先願の明細書は，本条では，進歩性判断の引用例とはならないのが原則である（もっとも，後述するように，近時の裁判例には，後願排除効を拡張するものもある）。

（2） 趣　旨

39条1項は，2つの出願の「請求の範囲」が重複している場合に限り適用されるのであって，例えば，先願の特許請求の範囲以外の部分（詳細な説明や図面）に記載された事項は，39条1項によっては後願を排斥できるものではない。しかし，特許請求の範囲以外の詳細な説明や図面などに記載した技術が後願を排斥できないと，詳細な説明の記載内容を別途特許請求の範囲に記載した防衛出願を強いられ，無駄な出願が増大するため，これを防ぐ必要がある［積極的理由］。

先願主義の原則規定である39条1項だけで先願後願を決めると先願が確定するまで後願を審査できなくなり延々と先願の処理待ちをしなければならないことになるので，特許請求の範囲における記載か明細書等での記載かを問わず，先願に記載されていることは全て先願として扱い，先願の処理確定を待たずに後願を排斥できる範囲を確定させたものである［積極的理由］。

特許請求の範囲にこそ記載しなかったが，開示を真っ先に決意した者には後願排斥効を与えても特許法の趣旨を逸脱しない［消極的理由］。

（3）特 色

　拡大された先願では，39条1項の場合と異なり，出願人同一の場合には，後願排斥効はない（29条の2但書き）。先願の拡大において，出願人同一の場合にまで後願排斥効を与えてしまうと，出願人としては，将来，特許の取得を希望するに至る場合に備えるためには，これを請求範囲とする出願をしておかざるをえなくなるので，過度の出願を抑止しようとした29条の2の所期の目的が達成できなくなるからである。

　発明者同一の場合も，拡大された先願においては後願排斥効は発生しない（29条の2括弧書き）。過度の出願防止以外にも，発明の奨励に悖ることがないよう，意に反して先願の明細書等に記載された発明者や，発明を冒用（冒認出願）された発明者を救済するためである。

（4）適 用 基 準

　審査基準は，拡大された先願を先願と実質同一発明まで広げており，「本願の請求項に係る発明と引用発明との間の相違点が課題解決のための具体化手段における微差（周知技術，慣用技術…の付加，削除，転換等であって，新たな効果を奏するものではないもの）である場合」にも，後願排除効があるとされている（特許庁「特許・実用新案審査基準」第Ⅲ部第3章「拡大先願」3.2）。裁判例は分かれており，審査基準とは異なり，先願発明と本願発明（後願）の同一性を拡張することを厭うものがある一方，先願発明と周知技術の組み合わせが容易である場合に先願発明と本願発明の実質同一性を肯定するなど，（新規性に止まらず）進歩性に近いメルクマールを用いて拡大された先願と認めるものがある，との分析がなされている（桑城伸語＝高石秀樹＝京村順二＝佐藤大輔「拡大先願に関する裁判例の分析」パテント72巻1号100頁以下（2019年））。

14　実施可能要件・サポート要件

Ⅰ　要件事実

　1　実施可能要件については，①明細書の記載または②（明細書に記載がない場合あるいは不十分な場合は）技術常識に基づいて，請求項発明を当業者が実施できることである。

　2　サポート要件については，①明細書の記載または②（明細書に記載がない場合あるいは不十分な場合は）技術常識から，請求項発明を導くことができることである。

　なお，上記二つの記載要件はいずれも，権利の発生に関する事実（権利根拠規定）として，権利の主張者（無効審判請求であれば被審判請求人，侵害訴訟なら特許権者）に証明責任がある。

Ⅱ　意義・要件

1　実施可能要件（36条4項1号）

　明細書の記載によって当業者が発明を実施しうるか否かを吟味する要件である。特許法は，出願を特許の要件とすることによって発明の開示を促すことにしているが，実施可能要件は出願を要件としたその趣旨を具体的に担保するためのものと理解できる。

2　サポート要件（36条6項1号）

　クレームの全範囲について明細書にそれに対応する発明（＝技術的思想）が当業者に分かるように記載されているか，換言すれば，明細書にクレームに対応する技術的思想の裏付けがあるかを吟味する要件である。特許法の趣旨は，発明と出願による開示に適切なインセンティヴを付与するところにあるが，サポート要件があることによって，発明もしていないし，開示もしていない範囲についてクレームされ，特許権の保護が及ぶことを防ぐことがで

きる。

　裁判例によれば，サポート要件を充足する明細書の記載の仕方には，「技術的意味型」，「具体例型」，「相補型」の 3 通りがある（劉一帆「特許法における記載要件について——飲食物に関する発明の官能試験を素材として」知的財産法政策学研究 54 号 106 ～ 107 頁（2019 年））。

　①技術的意味型（演繹型）：クレームによって特定されている範囲において所望の効果が発揮されることの技術的な意味が明細書において説明されており，それを当業者が理解しうる場合（知財高大判平成 17.11.11 判時 1911 号 48 頁［偏光フィルムの製造法］［パラメータ特許事件］）。例えば，課題の解決や目的の達成等が可能となる因果関係またはメカニズムが明細書に開示されているか，当業者にとって明らかである場合がこれに当たる（知財高判平成 20.6.12 平成 19（行ケ）10308［被覆硬質部材］）。因果関係，メカニズムによる解明が十分に開示されている場合には，必ずしも具体例が開示されていることはサポート要件の充足に必要ではない。

　②具体例型（帰納型）：具体例（＝実施例）が明細書に示されており，そこから当業者が技術常識に従って，クレームによって特定されている範囲において所望の効果が発揮されると理解しうる場合。この具体例型でサポート要件を充足するためには，とりわけクレームの技術的範囲の境界付近を中心に十分な実施例と比較例（クレームの範囲外で所望の効果を達成しえないことを示す具体例）があることが必要となる。

　③相補型：具体例型と技術的意味型は必ずしも相互排斥的なものではない。裁判例では，明細書によって因果関係やメカニズムが示されており，その記載を実施例が支えている場合に，その両者を考慮してサポート要件の充足を認めるものがある（知財高判平成 20.3.27 平成 19（行ケ）10147［ソーワイヤ用ワイヤ］など）。

　なお，サポート要件違反を解消するために実験データの後出しを行うことがあるが，当初明細書に開示されていると認められる範囲を超えて出願後に実験データを追加的に加える補正を行うことは，新規事項の追加（17 条の 2第 3 項）として認められない場合があることに注意されたい（吉田広志「事後的に提出した技術資料（実験証明書）と特許性判断の問題」パテント 67 巻 14号（別冊 13 号）124 頁（2014 年））。

Ⅲ　論　点

1　サポート要件と実施可能要件の異同

　サポート要件と実施可能要件の区別については，両者は表裏一体のものであり区別がつかないとする見解（「表裏一体説」）と，両者は区別されるものであると説く見解（「区別説」）が対立している。学説では表裏一体説が通説といってよい状況であったが，裁判例においては，次第に両者に違いがあることが明らかになってきているように見受けられる。

　第一に，実施可能要件は充足するが，サポート要件は充足しないとされることがある。例えば，明細書の記載に製法が記載されている（e.g. AとBを所定の範囲内の割合で混合する）ためにクレームで特定されている物を製造することはできるけれども，実際に発明の効果（e.g. 塩分の含有率が控えめであるにも関わらず，塩味が損なわれることはない）を達成することができるのはその範囲内の全ての事例でというわけにはいかず，一部の事例に止まっている（つまり，製造してみないと分からない）としよう。この場合，裁判例では，クレームで特定された製品を生産することが可能であることを理由に実施可能要件の充足を肯定しつつ，明細書には実施例でその効果を確認する実施例の記載がなく（＝具体例型たりえない），発明の課題を解決する因果関係やメカニズムも記されていない（＝技術的意味型たりえない）ことを理由に，サポート要件の充足を否定するものがある（知財高判平成 25.4.11 平成 24（行ケ）10299［液体調味料製造方法］）。実施可能であっても，発明者が発明もしていない範囲に特許権が成立することを防ぐためにサポート要件を機能させる例といえよう。

　第二に，サポート要件を充足するためにはクレームの全範囲にわたって実施可能である必要はないことを示唆する判決がある（裁判例の主流とはいいがたいが，知財高判平成 22.1.28 判時 2073 号 105 頁［性的障害の治療におけるフリバリセンの使用］）。もちろん，サポート要件が前述した具体例型で充足される場合には，サポート要件を充足するためにはクレームの全範囲にわたって適宜，実施例が記載されていることが必要となるから，サポート要件と実施可能要件とで要件の成否の判断に違いが生じることはない。しかし，サポート要件が技術的意味型として充足される場合には，クレームの全範囲にわたって実施例が提供されていなくとも，技術的思想を示す因果関係やメカ

ニズムが記載されていればサポート要件が充足される。

　これら二つの裁判例の傾向を合わせると，クレームのどこかで実施できれば，それが全範囲にわたって実施できていなくとも実施可能要件は充足するが，その場合でもクレームの全範囲にわたって因果関係やメカニズムによって発明にかかる技術的思想を着想していることを記載していない限りサポート要件は充足しないという理解が論理的にはありうることになる。

　　応用　実施可能要件に関する誤解
　従来，大方の漠然とした理解としては，クレームの全範囲にわたって実施可能とする必要があるとされてきた。しかし，これは明らかな誤謬である。なぜならば，利用特許にかかる発明の実施に対して基本特許権の保護が及ぶからである（72条）。定義上，利用特許にかかる発明は，基本特許の明細書に実施可能として記載されていてはいけないものである（もし記載されていたのであれば，利用発明は新規性を失っている）。そうだとすると，この利用発明の例は，特許権の保護範囲の全てにわたって実施可能要件を満たす必要はないことを如実に示している。

　そして，前述した近時の裁判例に従えば，クレームとの対応関係はサポート要件に任すことができる。そうだとすると，実施可能要件はクレームとは無関係に，明細書に記載された技術的思想を当業者が容易に実施することができるのであれば充足と考えて良い（技術的思想一個についてどこかで一例でも実施可能であればよい）。そこに記載された技術的思想がクレームに対応しているか否かはサポート要件で判断すれば足りる。サポート要件の充足の仕方が具体例型である場合には，結局，クレームの全範囲にわたって実施可能であることが多いといえようが，技術的意味型である場合には，クレームの全範囲にわたって実施可能である必要はないことになる。前掲知財高判［性的障害の治療におけるフリバリセンの使用］は，黙示的にはこのような方向性を示したものといえる。もっとも，ここまで明言する学説（田村善之「特許法の先使用権に関する一考察（3）──制度趣旨に鑑みた要件論の展開──」知的財産法政策学研究55号（2020年）掲載予定）は少なく，今後の検討課題である。

2　未完成発明

　かつては，「発明」（2条1項，29条1項柱書き）が未完成であるという理由で特許出願を拒絶することが行われており，それを確認する最高裁判決もある（最判昭和52.10.13民集31巻6号805頁［薬物製品］）。

しかし，近時は，実施可能要件やサポート要件に吸収されているとされ，実務的には全く用いられなくなっている。

　発明としては具体的・客観的なものであることがうかがわれるが，明細書の書き方が稚拙という場合は，36条4項1号の実施可能要件を欠くものということができる。

　また，その場合，クレームに対応する発明が明細書に開示されていないのであるから，サポート要件に違反するということも可能である。

15 差止請求

Ⅰ　イントロダクション

　特許権者は，現在行われている特許権侵害行為の停止と，将来行われるであろう特許権侵害行為の予防を請求することができる（100条1項）。また，差止めを請求する際には，侵害行為を組成した物，侵害行為によって作成された物，もっぱら侵害行為に供された機械もしくは器具の廃棄，その他，侵害の停止又は予防に必要な措置を請求することもできる（100条2項）。100条1項の停止請求，予防請求はまとめて差止請求（狭義）と呼ばれる。また，2項の廃棄等請求も含めて差止請求（広義）とされることも少なくない。

　なお，従来の裁判例では，差止請求は，特許法100条1項で創設された規定であることや，教唆または幇助の形態は様々であり差止請求の対象を教唆者及び幇助者まで広げると広範にすぎること等を理由に特許権侵害の教唆・幇助者に対する差止請求は否定されている（例えば知財高判平成27.10.8平成27（ネ）10097［洗浄剤］）。

　実務的には，主文の書き方につながる侵害行為の特定が重要な争点となり，現在では現物による特定（商品名や型式による特定）が行われている（参照，田村善之「特許権侵害に対する差止請求」同『特許法の理論』（2009年・有斐閣）338頁以下）。

Ⅱ　要件事実

　① 原告が特許権（又は専用実施権）を有していること

　② ①の特許発明の技術的範囲

　③ （A）被告が業として②の技術駅範囲に属する物を生産等していること（またはそのおそれがあること）（物の発明の場合），又は，（B）被告が業として②技術的範囲に属する方法を使用している（又はそのおそれがある）こと（方法の発明の場合）

④ 侵害行為組成物破棄等の必要があること（侵害行為組成破棄等請求の場合））

（岡口基一『要件事実マニュアル3』（第5版・2017年・ぎょうせい）465頁）

なお，（請求原因か抗弁かはさておき）実務上，「差止めの必要性」が要件事実として考慮されている。しかしこの用語の用法は判決では多義的であり，①現実には権利侵害が終了しているが，将来の「侵害するおそれ」（予防請求）があるか否かという問題と，②現実に権利侵害が生じている場合に，何らかの理由で差し止め請求権の行使を制限する必要があるか否かという双方の用法が混在している（岡田徹「複数の被告製品の一部のみが原告特許の技術的範囲に属する場合における差止め請求の成否」知財管理66巻2号192頁（2016年））。

Ⅲ 論 点

1 侵害行為がなされるおそれ

差止請求が認められるためには，現に侵害行為がなされているか，もしくは将来，侵害行為がなされるおそれがなければならない（100条1項）。過去に侵害行為がなされたことがあったとしても，今後，侵害行為がなされるおそれがないことが明らかであるならば，差止請求は棄却される。

もっとも，過去に侵害をなした者は様子見をしているだけということがありえるから，現に侵害行為がなされていないという一事をもって，将来も二度と侵害行為をなさないであろうなどと即断すべきではない。被告が侵害の成否を争っている以上，差止判決が下されなかった場合には，原則として，侵害が再開されてしまう可能性は否定しえないとされている（東京地判昭和48.2.28判タ302号305頁［乾式ひげそり器］他多数）。したがって，侵害の再開のおそれがないとされるためには，現に侵害がなされていないというだけではなく，プラスαの事情が必要となる。例えば，侵害者が侵害品の製造を中止するとともに，侵害しないように設計変更した場合には，侵害を再開するおそれがないとされることがある（大阪地判平成2.12.20判例工業所有権法［2期版］5311の2頁［嵩上げブロック］等）。また，所有していた侵害装置を部品を取り外して撤去しているとともに，別途，非侵害とされた装置を稼働させていた場合には，侵害装置を再び稼働させるおそれがあるとは認められ

ない（大阪地判平成 8.7.18 判例工業所有権法〔2 期版〕5469 の 103 頁［多数本同時伸線装置］）。

　以上のように，裁判例は過去に侵害行為がなされていれば原則として差止請求を認めており，侵害の再開のおそれがないとされるのは例外的な場合に止めている。それには理由があると考えられる。再開のおそれがあるか否か不明な場合に，訴えを棄却してしまうと，万一，侵害が再開された場合には，再度審理をやり直さなければならない反面，差止判決を下したとしても，執行法上は間接強制により担保されるのであるから，被告としては本当に侵害行為をなさないのであれば特に不利益を被るわけではない。また，手元に侵害組成物が残っているのであれば，いつ何時，譲渡等されるかわからないのだから，その廃棄請求を認めるためにも，差止請求を認容すべきである（条文上，100 条 2 項の廃棄請求は，100 条 1 項の停止予防請求が認められることが前提とされている）。

2　廃棄等請求の対象

　100 条 2 項は，差止請求権者に，侵害行為を組成した物，侵害行為によって作成された物，もっぱら侵害行為に供された機械もしくは器具の廃棄，その他，侵害の停止又は予防に必要な措置を請求することを認めている。侵害の予防に必要な行為としては，侵害組成物の廃棄の他，侵害供用設備としての金型の廃棄などが考えられる。

　100 条 2 項には，特許発明の実施「にのみ」使用する物を生産等する者に対しても差止請求権を付与する 101 条 1 号・4 号の間接侵害の規定のような制限は明示的に付されていないが，特許権侵害以外の用途に用いることができる物を廃棄したり，その製造の差止めを認めることは，特許権の範囲を超えた過大な保護となるから，原則として慎むべきである。そのような製品についてまで差止めの対象としたいのであれば，101 条 2 号・4 号の多機能型間接侵害として問責すべきであろう（直接侵害者に対しても 101 条の間接侵害の責任を問うことは妨げられていない）。

　裁判例のなかには，「半製品」の廃棄請求を認容するもの（東京地判昭和 38.9.14 下民集 14 巻 9 号 1778 頁［搬送装置］，岐阜地判平成 3.12.18 昭和 63(ワ)277［土砂流出防止用排水フィルター］）もあるが，侵害品以外に転用が可能な場合にはその廃棄を認めることは行き過ぎであるから，「半製品」の語は，転用

不可能な段階にまで仕上げられたものを指すと解すべきである。

3　侵害部分が被告製品の一部に止まる場合の取扱い

　被告が製造販売している物の一部が発明を実施しているに過ぎない場合に，当該有体物全体の複製，頒布の停止や廃棄を求めうるのか，ということが問題となる。

　発明の実施部分が被告製品のなかで可分な場合には，製造販売の差止は製品全体について認められるが，廃棄は実施部分に限って認められる。

　発明の実施部分が被告製品のなかで可分な場合であっても，製造販売の差止めは被告製品全体について認められる（東京地判昭和 63.12.9 判時 1295 号 121 頁［文字枠固定装置］）。被告が製品全体を製造販売しようとしている以上，その差止めを認める必要がある反面，そのように取り扱ったところで，被告はそこから問題の実施部分を除去したものを製造販売すれば済むのだから過度の不利益を被るわけではない。

　他方，廃棄請求に関しては，実施部分に限って認められるに止まる（前掲東京地判［文字枠固定装置］）。製品全体の廃棄が執行されてしまうと，実施部分でない部分までもが廃棄されてしまい，過大な不利益を被告に課すことになりかねないからである。

　発明の実施部分が被告製品のなかで不可分一体となっている場合には，被告製品全体について差止めと廃棄請求が認められる。

　発明の実施部分が被告製品のなかで不可分一体となっている場合には特許権者の保護を図るためには，原則として請求を認めないとするわけにいかないから，製品全体について製造販売の差止めとその廃棄請求が認められる（神戸地判平成 9.1.22 判例工業所有権法〔2 期版〕5385 の 75 頁［替え刃式鋸における背金の構造］）。

4　一般的な差止請求権の制限の可能性

　侵害部分が製品のごく一部に止まる場合にまで，差止や廃棄請求を認めるという原則を貫徹すべきなのかということが議論されている（田村善之「特許権侵害訴訟における差止請求権の制限に関する一考察」『競争法の理論と課題──独占禁止法・知的財産法の最前線』（根岸哲古稀・2013 年・有斐閣）699 頁）。

　その背景には，特に IT 産業では，技術が累積的・集約的に利用され，そ

の意味においてイノベーションが漸進的・累積的であり，一つの製品に多数の特許（e.g. 数千以上の事例も）が関与していることも稀ではない。そうすると，アンチ・コモンズ問題（多数の権利が錯綜しているために利用が進まなくなるという問題）が発生する。

　標準化はネットワーク効果（例えば特定の規格の通信手段については当該規格を使う者が増えれば増えるほど通信可能な相手が増えたり対応ソフトが増えたりする点でユーザーの利便性が高まる）の主要な手段であり，特に IT 産業においては標準化活動が顕著である。しかし，特許権者にとっては，関係特殊的投資（標準化活動＋標準化対象製品の開発）が投入されるため，特許権者は戦略的な権利行使を行いがちであり，例えば，標準化が進み，多額の関係特殊的投資がなされるのを待って権利行使がなされることがある。この場合，被疑侵害者は，差止めを回避するために高額のライセンス料による和解に応じざるを得ない（＝ホールド・アップ問題）。こうした特許権者の機会主義的行動による高額ライセンス料は相手方の関係特殊的投資によってもたらされたものであり，当該発明に対し過大なインセンティヴとなっている可能性が大きい。

　とりわけ IT 産業等には，特許製品を製造せず特許ライセンスビジネスを主たる業務とする事業者（＝パテント・トロール）が少なくないことが問題とされている。パテント・トロールは，自らは製造行為を行わないために，クロスライセンスのインセンティヴがなく，また，報復を恐れる必要がないからである（地位の非対称性）。

（1）（F)RAND 条項によりホールド・アップ問題は解決できるのか？

　こうした問題に対する対策として，標準化機関が用いる手段が（F)RAND 条項（＝（Fair,）Reasonable and Non-discriminatory Terms）というものである。標準化機関は，標準化活動に参加する企業が保有している特許については，当該参加企業に（F)RAND 条項でライセンスする用意があることを宣言させることで，アンチ・コモンズ問題を抑止することを試みることが多い。

　しかし，標準化機関に対して（F)RAND 条項に従うことを約している特許権者に対して，これを第三者のためにする契約と理解し，ユーザーである第三者が受益の意思表示（黙示を含む）をした場合，当該条項を援用することができるのか，そのようにして援用されることが認められたとしても，

Ⅲ　論　点

159

(F)RAND 条項が受益者に対して（F)RAND に従ったライセンス料の支払い
と引き換えに通常実施権を付与することを特許権者に義務付けるものである
のか，それとも（F)RAND 条件に従ったライセンス契約の締結に向けて受
益者と誠実に交渉する義務を特許権者に負担させるに止まるのかということ
は，（F)RAND 条項の文言等，個別の契約の趣旨解釈次第である（田村善之
「標準化と特許権── RAND 条項による対策の法的課題」知的財産法政策学研究 43
号 73 頁（2013 年））。裁判例では，「取消不能なライセンスを許諾する用意が
ある」（prepared to grant irrevocable licenses）という文言は，「ここにライセ
ンスを供与する」（hereby do license）あるいは「ライセンスを確約する」
（commit to license）等他の採り得る文言と比較して宣言者の側で更なる行為
がされることを前提とする文言となっており，文言上確定的なライセンスの
許諾ではないと判断したものがある（知財高大判平成 26.5.16 判時 2224 号 146
頁［パケットデータを送受信する方法及び装置］（本案））。

(2)　裁判例の対応①── Apple Japan 対三星電子事件知財高大判

　以上のように，FRAND 条項により契約的な解決を図ることができるのか
ということに関しては疑問も残されているが，裁判例では，FRAND 宣言が
なされていることを特許権の権利濫用の判断に組み入れることにより，問題
の解決を試みたものがある。それが Apple Japan 対三星電子事件に関する知
財高裁の大合議事件である。

　事案は，「iPhone 4」，「iPad 2Wi-Fi＋3G モデル」などを生産，譲渡，輸入
等する Apple Japan の行為が，三星電子の特許権の侵害となるのかというこ
とが問題とされたというものであった。三星電子は，本件特許に関し，標準
機関に対し FRAND 宣言をしていたため，FRAND によって契約が成立する
か（前述），差止請求権の制限の可能性が争点とされた。

　Apple Japan が提起した債務不存在確認訴訟にかかる本案について，知財
高裁は，FRAND 条件でのライセンス料相当額を超える損害賠償請求は，原
則として，権利濫用になる一方，FRAND 条件でのライセンス料相当額の範
囲内の損害賠償請求は，原則として，権利濫用にならないとした（前掲知財
高大判［パケットデータを送受信する方法及び装置］（本案））。一方，三星電子
が求めた製造・販売等の差止めの仮処分の申立て，知財高裁は，FRAND 宣
言をなした特許権に基づく差止請求権の行使は，原則として，権利濫用にな
る旨を判示した（知財高大決平成 26.5.16 判時 2224 号 89 頁［パケットデータを

送受信する方法及び装置］（仮処分））。このように，知財高裁は，差止請求は原則として権利濫用になり，FRAND 金額を超える損害賠償請求は原則として権利濫用になるとしたので，結局，FRAND 料率に基づくライセンス契約が成立しているのと同様の結果となった。

しかし，差止請求に関する本判決の射程も，FRAND 宣言が付されている特許に及ぶに止まり，写真でみる首里城那覇地判のように一般的に差止請求を制限するものではない上，標準化団体に参加していなかった，あるいは離脱したアウトサイダーたる特許権者にはこうした方策の効力は及ばないという問題が残る（田村善之［判批］NBL1028, 1029, 1031 ～ 1033 号（2014 年），鈴木將文［判批］L&T65 号 55 ～ 64 頁（2014 年））。もっとも，権利行使しようとする特許権者が自ら（F)RAND 宣言をした場合に限られず，（F)RAND 宣言が付された特許につき宣言が付されていることを知って譲り受けた者は，たとえ（F)RAND の業界団体に加入していなくても，その差止請求は，権利の濫用に該当するという見解も提唱されている（城山康文「標準必須特許の権利行使について」判タ 1413 号 29 頁（2015 年））。

（3） 裁判例の対応②──写真で見る首里城事件那覇地判

侵害を肯定しながら差止請求権を制限する例外的な判決として，那覇地判平成 20.9.24 判時 2042 号 95 頁［写真で見る首里城］がある。写真集全体がＢ５版 95 頁，掲載写真点数 177 点のうちの１点で，最終頁に掲載された 9点のうちの１点であり，縦 4cm，横 5cm 程度と頁全体の大きさに比して極小さい写真のみが著作権を侵害していたという事案のもと，裁判所は，著作権者の損害の額が軽微であることや，被告は既に多額の投資をして発行済みの写真集の販売をできなくなることを理由に差止め請求を棄却した判決である（ただし，旧版に掲載された写真の再掲載の事案であり，著作者の退職と職務著作の範囲に関する誤解が絡んでいたことも斟酌されている）。しかし，これに追随する裁判例は見られない。

応　用　製造や方法の使用行為のごく一部が偶然侵害する場合の扱い

製品の一部に不可避的に侵害品が混入する例として，一部の製造ロットのみ，あるいは，製造ロット中の一製品のさらに一部分のみが製法の関係で偶然の事情により，原告特許権の技術的範囲に入っている場合に関しては，別途の考慮が必要となる。

具体的には，①複数の被疑侵害物件の幾つかが原告特許の数値限定されたク
レームに含まれるがその割合は少なく（量的観点），かつ②含まれるとされた被疑
侵害物件についてもその数値が測定誤差あるいは導出に使用した計算手法が不適
当であること，または，そうした物件が製造に不可避的に生じる不良品であるこ
と（質的観点）を理由に差止請求を否定する裁判例がある（東京地判平成 21.10.8
平成 19(ワ)3493 ［経口投与用吸着剤等］。そもそも実施に当たらないとした判決と
して，名古屋高判平成 9.12.25 判タ 981 号 263 頁等 ［漁網の結節構造］）。さらに，
被告製品が均質ではなく，被告製品間の数値（最大値）がばらつく事例で，その
ように特定された被告製品のみを被告が製造，販売等することが困難であり，差
止めを認めると被告製品の適法用途転換の余地がないという事情を斟酌して差止
請求を棄却する判決もある（東京地判平成 27.1.22 平成 24(ワ)15621 ［強度と曲げ
加工性に優れた Cu-Ni-Si 系合金］，新藤圭介 ［判批］知的財産法政策学研究 53 号
260 〜 274 頁（2019 年）参照）。

16 損害賠償請求

Ⅰ　イントロダクション

　特許権侵害に対する損害賠償請求権の根拠条文は民法709条である（同条にいう「権利」に特許権が含まれると取り扱う）。特許法102条は，あくまでも民法709条により損害賠償請求が認められることを前提として，その損害額に関する特則を定めているに止まる。

　特許権侵害に関わる金銭的請求には3種類のものが存在する。

　　特許権付与後 →故意又は過失あり → 損害賠償請求
　　　　　　　　　↘故意又は過失なし → 不当利得返還請求（民法703条）
　　出願公開から特許権付与まで ──→ 出願公開に基づく補償金請求権
　　　　　　　　　　　　　　　　　　　　　　（65条1項）

　損害賠償請求金額は，主として，逸失利益，侵害者利益，相当実施料額である（102条参照）。

　出願公開に基づく補償金請求権は明文で相当実施料額に止まるとされている（65条1項）。

　不当利得返還請求は，条文上の縛りではないが，実施料相当額となると解されている。簡単にいえば，侵害者が得た利益は，実施料，資金や労働力その他多数の投入によって果たされたものであって，権利が移転したことのみに起因するものではないので，侵害者利益全額が返還の対象となるわけではない。理論的にいえば，民法学の不当利得に関する通説である類型論によれば，法が特許権者に排他的に割り当てている，発明の実施行為に対する市場を利用する機会が権利者から侵害者に移転しているところに利得があると考える（侵害利得説）。奪われてしまった機会はもはや回復することができないからそれを金銭に評価して返還しなければならない。その金額は，通常，そ

のような市場機会を移転するのに支払われている実施料に相当するものとなる（田村善之『知的財産権と損害賠償』（新版・2004年・弘文堂）264〜266頁）。

Check 特許権侵害に対する不当利得返還請求の実益

このうち，損害賠償請求と補償金請求権の役割分担は時期によるので明確であるが，損害賠償請求と不当利得返還請求の関係に関しては説明を要する。

両者は，要件論としては故意又は過失の有無で分かれるが，特許権侵害の場合には，過失の推定が覆ることは滅多にないから，不当利得返還請求をなす実益があるのは，損害賠償請求権が時効消滅した場合である。不法行為の請求権の消滅時効は，損害及び加害者を知った時から3年間（又は不法行為の時から20年間）（民法724条）であるのに対し，不当利得返還請求権の消滅時効は権利行使できることを知ったときから5年（又は，権利を行使できるときから10年間）（2017年改正166条1項）と長期になりうるからである。

Ⅱ　要件事実

1　民法709条の原則による場合

① 原告が特許権を有していること
② 被告が①の権利を侵害したこと
③ 損害の発生と額
④ ②と③の因果関係

2　102条の推定規定

なお，損害額については102条各項に推定規定があり，同時に抗弁によりその推定の覆滅も許される。

(1) 逸失利益額の推定（102条1項1号）
① 原告が侵害品と競合する製品を販売していること
② ①の単位数量当たりの利益額
③ 侵害品の譲渡数量
④ 原告が③の数量の①の製品を販売する能力を有していること
(2) 侵害者利益額の推定（102条2項）
① 侵害品の譲渡数量
② 侵害品の単位数量当たりの利益額

③ 原告による競合品の販売等の侵害がなければ利益を得られたであろう
　事情
(3)　相当実施料額（102条3項）
① 侵害品の売上高
② 実施料率

Ⅲ　論　点

1　過　失

　特許権侵害に対しては過失が推定される（103条）。

　裁判例を見る限り，原則として侵害者には過失ありと認定される。弁理士に相談した場合はおろか（大阪地判昭和59.10.30判タ543号263頁［手提袋の提手］），侵害訴訟の1審判決における非侵害の判断を信じたのだとしても過失が否定されることはない（東京高判平成6.1.27判例工業所有権法〔2期版〕5469の49頁［二人用動力茶摘採機］）。

　このような厳しい推定が認められている理由は2つある。

　特許権の存在は，特許公報により公示されており（66条3項），制度上，第三者の予測可能性は担保されている。

　他方，過失を否定したところで，いずれにせよ侵害者は実施料額相当の不当利得返還義務があることを考えると，これらの判決に特に異を唱える必要はない（むしろ，102条4項の軽過失により102条3項の賠償額を越える分につき減額がなされるべきか否かを争点とすべきであろう）。

　以上のように，特許権の内容が特許公報により公示されていることが過失推定の根拠であるとすると，特許権の登録後，事務手続上，特許公報が発行されるまでには若干のタイムラグがある。この間に行われた侵害行為に対する過失の判断が問題となる。出願公開がなされ公開公報が発行された後，特許が付与されたというパターンで考えると，出願公開された特許出願が全て特許付与に至るわけではない以上，特許権が存在しているということの公示はなされていないといわざるをえないから，特許の付与後，特許公報発行前には，103条の過失の推定は働かず，具体的な過失の認定が必要となるというべきではないかと思われる。65条1項の補償金請求権が，悪意ないし警告を要件としている以上，法は出願公開があるというだけで自動的に第三者

に公開公報の調査義務を課しているわけではないことは明らかである。過失を推定し，第三者にその意味での調査義務を課すことを正当化するためには，さらに特許公報により権利が公示される必要があると解される。

Check 均等・間接侵害・訂正と過失推定

　文言侵害のときばかりでなく，均等論が適用されて侵害が認められる場合にも，103条の推定が働く（大阪地判平成14.10.29平成11(ワ)12586等［筋組織状こんにゃくの製造方法］）。均等が認められるためには，クレームの要件を被疑侵害物件に置換することが当業者にとって容易でなければならないとされているから，特許公報によりクレームが公示されている以上，それで権利範囲に関する第三者の予測可能性は担保されているといえる。

　間接侵害についても103条の適用がある（東京地判平成6・3・31判例工業所有権法［2期版］2537の45頁［位置合せ載置方法］）。公示されているクレームの文言と101条の間接侵害の要件を照らし合わせれば，侵害の範囲に関する第三者の予測可能性は担保されているといえる。

　訂正との関係でも，訂正前のクレームであっても特許発明の技術的範囲に属することが明らかになっている以上，後に訂正により無効理由が解消する可能性があることは第三者は予測していなければならないとされ，103条により過失が推定されることに変わりはない（大阪地判平成16.7.29平成13(ワ)3997［地表埋設用蓋付枠］）。

　独占的通常実施権侵害と過失推定については，26「実施許諾」Ⅲ2(2)(b)「独占的通常実施権者による損害賠償請求の可否」参照。

2　損害額の算定

(1)　意　義

　特許権は，事実としては誰もがどこでもいつでも利用できる発明という公共財に対して人工的に排他権を設定しているために，侵害に対し物理的な防御策を講じることが困難である。したがって，禁止に違反して行われた利用行為に対してはそれ相応のサンクションというものを与えておかないと，侵害が横行し，人工的に設けた排他権が画餅に帰するおそれがある。

　他方で，特許権の境界には不明確なものがあるから，過度に高額の賠償額を課すこととすると，萎縮効果が過大となり，権利の範囲ではないところについてまでライセンスを得ておこうとする態度を誘発することになりかね

い。

　102条等はこのような知的財産の宿命に鑑み，適切なサンクションを与えることができるよう，損害賠償額に関して民法の特則を置いたものと解される。

（2）　逸失利益額の推定（102条1項1号）

　102条1項は，因果関係の証明の負担を軽減するために，特許権者が販売する予定のある製品が侵害者の製品に代替しうることが証明された場合には，侵害者の販売した製品の数量に特許権者の単位当たりの利益額を乗じた額を特許権者の販売能力の限度で損害額と推定している。

　特許権者は，102条1項1号の推定を受けるためには，特許権者又は専用実施権者が

① 「侵害の行為がなければ販売することができた物」の
② 「単位数量当たりの利益の額」に
③ 「侵害の行為を組成した物の譲渡の数量」を乗じた額を主張，立証しなければならない。

　さらに権利者の④「実施の能力に応じた額を超えない部分」に推定が働くという限度も設けられている。

　特許権者が以上の要件を主張，立証した場合には，（販売能力に応じた額の限度で）侵害組成製品の譲渡数量に特許権者の代替製品の単位当たり利益額を乗じた額が特許権者の損害額と推定される。

（a）　侵害の行為がなければ販売することができた物

　この要件のところで，侵害がなければ侵害者の需要が権利者の製品に向けられたか否かということを厳しく吟味するということになると，因果関係を証明することと殆ど変わらなくなり，何のために推定規定を設けたのかわからなくなりかねない。価格や品質を異にする等のために，侵害者の製品の全需要が特許権者の製品に向かうとは想定できないとしても，それは，但書きにより推定額からの控除の証明責任を負う侵害者が証明すべき事項であろう。

(Check) 特許発明の実施品である必要があるか
　特許権者の製造販売している製品が特許発明の実施品である必要があるかという論点がある。例外はあるものの不要説が裁判例の趨勢であり，多数説でもある。

特許権者が特許発明を実施していない場合であっても，侵害製品と競合する製品を製造販売しているのであれば，侵害行為がなければ，特許権者は当該競合品の売上げを伸ばすことができたと考えられる。102条1項1号の文言も侵害された特許発明の実施品であることを要求していない。したがって，特許権者が販売している製品が侵害者の製品と市場で競合する製品であれば，因果関係を満足する可能性があるので，「侵害の行為がなければ販売することができた物」に該当すると解される（東京高判平成11.6.15判時1697号96頁［蓄熱材の製造方法］）。そして，侵害がなかった場合に，特許権者の製品がどの程度，販売されたのかということは，同項但書きの推定の覆滅の問題として扱えば足りる。特許権者が販売している製品が特許の実施品ではないとなれば，ほかにも競合製品が存在することの方が多いかもしれないが，そうしたことは，全て推定の覆滅の問題として侵害者が主張，立証していくことになると解される。

（b）　単位数量当たりの利益の額

　特許権者の逸失利益を推定する102条1項1号にいう「単位数量当たりの利益の額」とは，侵害がなければ増加すると想定される代替商品の単位当たり売上額から，それを達成するために増加すると想定される費用を単位当たりに割り付け控除した額（＝限界利益額）のことである（前掲東京高判［蓄熱材の製造方法］他多数）。

　ところで，費用には，製品の製造販売個数によって変動する費用と，変動しない費用がある。地代や家賃，さらには一般管理費の多くのものは，製品をn個製造販売しようが，n＋1個製造販売しようが支出額に全く変動がない場合がある。したがって，売上高から原材料費ないし仕入費等，侵害行為により投下する必要がなくなった費用は控除しなければならないが，設備費，人件費他の一般管理費等のうちすでに投入済みの経費を控除する必要はない。なぜならば，特許権者は，特許製品の製造販売のための設備投資や一般管理費に投入した費用を，特許製品から得られる粗利益額をもって回収しようとしているのであるから，賠償額から設備投資の減価償却費分や一般管理費を控除してしまうと，結局，特許権者は損害賠償を受けたとしても，侵害により控除された減価償却費や一般管理費の分，侵害により損をすることになり，侵害なかりせば得べかりし財産状態に戻れないことになるからである。

（c）　侵害の行為を組成した物の譲渡の数量

物を生産する方法の特許の場合の「侵害の行為により生じた物」を含むが（100条2項の定義），その他の方法の特許には，本項の適用はない。

侵害製品が貸与された場合も，譲渡されたわけではないので，本項の対象外である。もっとも，侵害者も特許権者も貸与をなしていた場合には，侵害製品が貸与された分に対応して特許権者の製品の貸与の量が減じる可能性がある点で，譲渡対譲渡の例と変わらないから，102条1項1号が類推適用されると解すべきであろう。

（d）　権利者の実施の能力

特許権者が，個人の発明家などである等のために，およそ特許発明を実施していない場合には，実施の能力を欠くことを理由に，あるいはそもそもそれ以前に「侵害の行為がなければ販売することができた物」がないために，102条1項1号の適用は否定される。逸失利益が発生することがないと見込まれるからである。

裁判例のなかには，個人である特許権者と実質的に一体の同族会社が実施品を製造販売している場合には，特許権者に102条1項1号の実施の能力を肯定すべきである旨を説く判決もあるが（東京地判平成14.4.16平成12（ワ）8456等［重量物吊上げ用フック装置］），個人の収入と同族会社の収入が別であることを無視した議論であり，到底採用するをえない。むしろ，同族会社に対して黙示的に独占的通常実施権が許諾されていたと認定し，同族会社の損害賠償請求を認めることで解決すべきである。

（e）　推定の覆滅

特許権者が以上の要件を主張，立証した場合には，（販売能力に応じた額の限度で）侵害組成製品の譲渡数量に特許権者の代替製品の単位当たり利益額を乗じた額が特許権者の損害額と推定される。そこから，推定額を控除する責任は，侵害者が負担する（102条1項1号括弧書き）。

ただし，推定額全額について心証を崩せなくとも（e.g. 10％程度は控除されえないものがあるはずだ），少なくとも何割（e.g. 80％）を下らないとの心証がとれた限度で，推定が一部覆滅されると解される。この場合，真偽不明の分は侵害者に不利に算定されることになる。

推定額を減じる方向に斟酌される事情には，例えば，ほかに競合製品があるという事情が挙げられることが多い。

（3） 侵害者利益額の推定（102条2項）

　102条2項は，逸失利益の証明が困難であるところ，その代替措置となることを期待して，侵害者の利益額を特許権者の損害額と推定する。

　しかし，裁判実務では，特許権者が実施していないことが判明した場合には，推定されるべき「損害」がない以上，同項の推定規定は働かないとされている（東京地判昭和37.9.22判タ136号116頁［二連銃玩具］）。

（a）　権利者の実施

　102条2項の条文にはない要件であるが，裁判例や多数説は，特許権者が不実施の場合（特許発明の実施品ではないものの，それと代替性のある競合品を製造している場合を除く）には2項の推定は認められないと解される。同項は特許権者の売上減退による逸失利益を推定する規定であるところ，特許権者が不実施である場合には，推定すべき損害がないからである。

　Check　特許発明の実施品である必要があるか

　102条1項1号と同様に，特許権者の製品が，侵害された特許を実施しているわけではないが侵害製品と競合する製品である場合には，やはり2項の推定を認めるべきではないかという議論がある。裁判例は分かれていたが，知財高大判平成25.2.1判時2179号36頁［ごみ貯蔵機器］が大合議をもって，特許法102条2項の推定は「特許権者に，侵害者による特許権侵害行為がなかったならば利益が得られたであろうという事情が存在する場合」であれば適用されると判示し，特許権者において特許発明を実施していることを要しないことを明らかにした（田村善之［判批］知財管理63巻7号1107頁（2013年））。この事件の事案自体は競合品を扱ったものではなかったが，判旨の抽象論を受け，その後の裁判例では，特許権者が実施している製品は特許発明の実施品である必要はなく，競合品であれば足りると解されている（知財高判平成26.9.11平成26（ネ）10022［電話番号情報の自動作成装置］（サービスの競合の事例），知財高判平成27.4.28平成25（ネ）10097［蓋体及びこの蓋体を備える容器］）。102条2項が逸失利益を推定するという建前をとる以上，102条1項1号と同様に推定を認めるべきであろう。102条2項が侵害者の利益をもって損害額と推定する趣旨が，特許権者が被る逸失利益と同種同質の利益であることに求められるのだとすれば，特許権者に侵害製品と競合する製品に関して逸失利益が生じる可能性がある以上，それが特許発明の実施品でなかったとしても2項の推定を認めるべきであり，あとは推定の覆滅の問題として扱えば足りると解されるからである。

なお，前掲知財高大判［ごみ貯蔵器］の事案は，特許権者は日本国内では特許発明の実施品（おむつ処理用カセット）を販売しておらず，イギリスで販売していたところ，関係の代理店がこのイギリス販売品を日本国内に輸入していたというものであった。侵害製品が日本国内で売れることに応じてイギリスからの輸入品の売上げが減少するという関係にあるために，102条2項推定の基礎となる損害があると判断された。

　応　用　準　拠　法
　前掲知財高大判［ごみ貯蔵器］事件に関しては，争点とされていないが，準拠法が日本法となるのか，イギリス法となるのかということも問題となる。損害発生地はイギリスであるかもしれないが，損害賠償請求に適用される法の適用に関する通則法17条の結果発生地は，特許権侵害という法益侵害が発生した地であり，それは侵害行為（侵害製品の販売）が行われた地（本件では日本）であると考えるのが一般的である。

（b）　推定すべき利益の意味

　102条2項の侵害者の利益額を算定する際にも，1項1号と同様に，権利者にとっては投入済みであるためにもはや支出を必要としない費用項目であることを理由に，侵害者が新たに投入した費用の控除を拒むことができるのかということが問題となる。

　逸失利益の推定規定である102条1項が制定される前の裁判例には，侵害者利益の推定規定は逸失利益を推定するものであるところ，権利者が投入済みの費用は，逸失利益の際に控除することを許されない費用であるのだから，侵害者利益の推定規定においてもこれを控除することは許されない旨を説く判決も存在した（東京地判平成7.10.30判時1560号24頁［システムサイエンス］）。同じ限界利益であっても，「権利者側の（費用構造に鑑みた）限界利益説」に与したということができる。

　しかし，102条2項では侵害者の利益を算定しているのに権利者側の事情によって利益額が変わるのは鵺的であり，その後，1998年改正によって，直接，逸失利益を推定する102条1項が新設されたことにより，権利者側の事情はそちらで斟酌すれば足りるようになったこともあって，このような権利者側の限界利益説は次第に劣勢となり，現在では，抽象論としては，侵害者にとって侵害行為をなすのに追加的に必要な費用であれば控除を認める

「侵害者側の限界利益説」を採用する裁判例が趨勢を占めている（そして，知財高大判令和元.6.7 平成 30（ネ）10063 ［二酸化炭素含有粘性組成物］は，大合議としてこの見解に与することを明らかにした）。

（c）　推定の覆滅

かつて裁判実務においては，権利者が実施してさえいれば，侵害者利益の推定が覆されることは滅多になかった。特許の実施部分が侵害製品の一部に過ぎない場合や，権利者が複数存在する場合などの若干の例外を除けば，特許権等の侵害においては，いったん推定されれば，その完全な覆滅はもとより，一部が覆滅され賠償額が減額されることすら殆どなかったのである。

しかし，102 条 1 項 1 号括弧書きにおいて推定の覆滅を導くに至る事情がある場合には，それとの平仄を合わせるために，102 条 2 項においても推定の覆滅が認められるようになってきている。

したがって，市場に競合品などが存在する場合には，102 条 1 項 1 号だけではなく，2 項の損害額の推定もその一部の覆滅が認められることになる。前掲知財高大判［二酸化炭素含有粘性組成物］は，2 項においても 1 項と同様の推定の覆滅がなされることを明らかにした。

（4）　相当実施料額（102 条 3 項）

（a）　損害の発生

一般には，102 条 3 項の相当な実施料額を請求するために，特許権者が具体的な損害を被っていることを示す必要はないと解されている。102 条 1 項，2 項の推定規定に加えて，あえて特許権者が受けるべき損害の額の賠償を認めている 3 項は，逸失利益を前提にせずに，規範的に特許権者に適正な賠償額を還流させることを目的とする規定であると考えられる。ゆえに，102 条 1 項や 2 項の推定が覆滅された部分については，3 項の賠償が認められると考えられる。

（b）　102 条 1 項と 2 項と 3 項の相互関係

前述したように，102 条 3 項の損害賠償額は，102 条 1 項・2 項と異なり，特許権者が不実施である等のために売上減退による逸失利益が認められない場合にも，常に賠償を請求しうる制度として理解されていた。したがって，一部，逸失利益が認められない場合，換言すれば，侵害製品の売上げの一部について 102 条 1 項の推定の覆滅が認められた場合，その部分について 3 項の損害賠償を請求しうるのは当然と考えられていた（前掲東京高判［蓄熱

材の製造方法〕）。102条2項についても推定の覆滅が認められる場合には，同様の取扱いがなされることになる（東京地判平成19.9.19平成17（ワ）1599〔キー変換式ピンタンブラー錠〕）。

　もっとも，最近の裁判例では，逸失利益で損害額を算定するのが本則であり，3項の損害賠償額の算定は便法に過ぎないから，102条1項において推定の覆滅が認められた場合には，本来の損害額である逸失利益が算定されたのであるから，便法の3項が適用される余地はないと理解する裁判例も現れていた（以下，「否定説」という。知財高判平成18.9.25平成17（ネ）10047〔エアマッサージ装置〕）。現在ではこちらが裁判例の趨勢となっている。

　102条3項は逸失利益では説明できない規範的な損害概念を認めたと理解するか否かによって決せられるべき問題であるが，否定説だと，特許権者が不実施であれば（100％推定が覆滅されているのと同義）102条3項の賠償が認められるのに，実施していると，推定が覆滅された部分（例えば90％）について102条3項の賠償が認められないという不均衡を合理的に説明することが困難なように思われる（田村善之「逸失利益の推定覆滅後の相当実施料額賠償の可否」知的財産法政策学研究31号1頁（2010年））。

　こうした反対説も踏まえて，裁判実務になにがしかの変化を与えるべく，2019年改正102条1項2号は，102条1項1号の推定が認められなかった場合でも3項による敗者復活を認めるため，実施能力を超えているところ（「実施相応数量（1号に定義）を超える数量」）や102条1項1号括弧書きにより推定が覆滅しているところ（「特定数量（1号に定義）」）についても，「特許発明の実施に対し受けるべき金銭の額に相当する額」（3項の金額）が認められるべきことを明らかにした。

　もっとも，この改正は，賛否両論があるなかで妥協的な文言を採用しているので，その趣旨が定かではないところがある。

　第一に，102条1項2号は「損害の額とすることができる」と定めている。かりに「特許権者が…請求できる」と定められていたのであれば特許権者の権利なので義務的であるが，「損害の額とすることができる」であれば裁判所に裁量を認める趣旨であるようにも読める（cf. 105条の3）。しかし，推定を否定する括弧書き（後述）が存在する以上，反対解釈として，この括弧書きが満たされない場合には義務的に復活という解釈もありえよう。

　第二に，102条1項2号括弧書き「（特許権者又は専用実施権者が，当該特許

権者の特許権についての専用実施権の設定若しくは通常実施権の許諾又は当該専用実施権者の専用実施権についての通常実施権の許諾をし得たと認められない場合を除く。)」の意味は何かということが問題となる。起草者は，特許発明が売上げに寄与していない分について復活を認めない趣旨であると理解しているようである（そのような部分については，合理的な当事者は実施料を算定する対象に含めないだろうと読むのである）。しかし，このような解釈は条文の文言に合わない。また，特許発明の寄与度を測定するには，結局，侵害がなかったとすれば，侵害製品の需要者のうちどの程度の割合が特許権者の特許発明の実施品に向かうのかという問題設定をすることになるはずであり，そうだとすると，第三者の競合品との比較，侵害なかりせば侵害者が製造販売していたと想定される非侵害製品との比較など，一般の推定の覆滅の問題（こちらは「特定数量」の問題として敗者復活を認める趣旨であったはずである）と分離困難となり，敗者復活を認めるか否かの線引きをなすことができなくなる。ゆえに，採用し得ない読み方といえよう。寄与分は相当額において斟酌すれば足りる。

　結論として，この括弧書きは，特許権者と専用実施権者が併存する場合，いずれが賠償を求めうるかを明らかにするだけの趣旨と理解するほかないのではないか。

　なお，2019年改正では，102条1項1号に関し，一部推定の覆滅後も実施料賠償がありうる旨を明定するにいたったが，そもそも推定の覆滅が条文上規定されていなかった2項に関しては，裁判例に委ねる趣旨で何も規定を置いていない。102条1項1号の推定と別異に取り扱う理由はなく，同様の処理とすべきであろう。

(c)　相当額の算定

　102条3項は，特許権者は侵害者に対して，その特許発明の実施に対し受けるべき金銭の額を損害額として賠償請求できると規定する。かつては，賠償額のところは「実施に対し通常受けるべき金銭の額」と定められていたが，1998年改正により「通常」の文言が削除された。それにより，契約ベースでの一般のライセンス料の算定に過度に依存することなく，被侵害特許における特殊性を考慮した算定がなされることが期待されている。

　通常のライセンス契約では，将来の実施行為に対して契約が締結されるために予測に基づいて料率が定められること，利益率等を相手方に開示したく

ないということから売上額をもとにして業界の相場の料率を乗じた抽象的な算定が好まれることが多い。

　これに対して，特許権侵害事件では，すでになされた過去の実施（侵害行為）の対価が問題となっているのであり，実施（侵害行為）による利益率が判明しているときもある。3項の相当実施料額の場面では，一般の契約ベースの実施料の算定方式に過度に寄り掛かることなく，利益率等，具体的な事情を斟酌しながら具体の特許発明の価値に応じた算定を心掛けるべきであろう（田村・前掲知的財産権と損害賠償213〜232頁）。

　1998年改正で102条3項の条文の文言から「通常」の文字が削除された趣旨も，契約ベースに寄り掛かることなく，特許権侵害事件に即した適正な対価を算定することを促すところにある（前掲知財高大判［二酸化炭素含有粘性組成物］）。

　この観点に鑑みると，相当額の算定に際しては特許発明の価値が千差万別であることに鑑み，約定例が不相当に高額であることを示す特段の事情がない限り，業界の相場よりも，当該特許発明に関する過去の約定例の料率を重視すべきである。くわえて，侵害訴訟の裁判所において，特許権侵害が認定され，無効理由がないと判断された後に算定される適正な実施料額は，裁判所に訴えが提起される前に，特許権侵害が成立するか否か，特許が無効とされる否かということについて確定的な判断がない状況下で当事者間において互いの交渉力等も考慮して締結される実際の実施許諾契約における実施料率と比べて，より高額となるとしても不合理とはいえない。個別事案の具体的な事情に応じて修正は必要となるが，一般論として，102条3項の相当な対価の額として，実施契約における実施料率よりも高額のものを認定することが許されよう（侵害プレミアム）。

　2019年改正102条4項は，こうした趣旨をさらに明確化するために，3項の賠償額を算定するに際しては，「当該特許権又は専用実施権の侵害があつたことを前提として当該特許権又は専用実施権を侵害した者との間で合意をするとしたならば，当該特許権者又は専用実施権者が得ることとなるその対価を考慮することができる」と定めている。「侵害があったことを前提として」とは，技術的範囲に抵触しており，制限規定等により侵害が否定されることがなく，また無効の抗弁が認められないことを前提としての意味であり，侵害プレミアムが可能となる。ところで，102条3項の賠償額は「実施

料相当額」と呼ばれることが多いが，改正の経緯に鑑みれば，実施料に相当する額というよりは，相当な実施料額と呼ぶ方が法の趣旨を反映するように思われる。

Check 「当該特許権又は専用実施権を侵害した者との間で合意をするとしたならば」（102条4項）の意義

「当該特許権又は専用実施権を侵害した者との間で合意をするとしたならば」という文言には，制裁的な要素はないことを確認するという以上の意味は持たせるべきではない。したがって，侵害者が絶対に何％以下でない限りライセンス契約に応じないという方針を採用していた場合，これを理由に当該％を相当額としてしまうと，侵害者の言い値での強制実施許諾を認めることになる。くわえて，そのような主張は，侵害者は実施料賠償が必要な侵害行為に及んでいることと矛盾する（支払いたくないのであれば侵害行為に及ばなければ良かった）。ゆえに実施料に対する実際の侵害者の希望は参酌すべきではないと考える。「侵害をした者」というのはあくまでも合理的に想定しうる架空の存在であると解すべきである。

(5) 軽過失参酌による減額

102条4項は，後段において，賠償額を算定するに際して，侵害者に故意又は重過失がないことを斟酌することができると規定する。特許権侵害においては権利の存在を確知することを要求することが酷な場合があり，さらに，権利侵害の判断にも微妙なものがあるところ，他方で，特許発明毎に得べかりし利益に相違があり，損害額が予想外のものとなることがある。そこで，侵害が軽過失による場合には，損害賠償額の裁量的減額を認め，軽過失の侵害者を保護したものである。

ただし，かような裁量的減額によって権利者の救済に欠けることのないように，4項は，3項の相当な実施料額の限度を超えて減額してはならないとの制限を設けている。

(6) 特許発明実施部分が製品の一部に止まる場合

(a) 102条1項

特許発明を実施する部分が侵害者の製品や権利者の製品の一部に止まる場合の102条1項の推定に関しては，裁判例では，実施部分の製品全体に対する「寄与率」ないし「寄与度」を算定して按分するという取扱いがなされることが少なくない（前掲東京高判［蓄熱材の製造方法］）。

しかし，実施部分が製品の一部であり，侵害者の全需要者のなかで，侵害部分に着目しているために，侵害行為がなければ侵害製品ではなく，特許製品を購入する者の割合が60％いるという場合に，寄与率は60％であると考えるのであれば，これは因果関係を肯定しうる割合を算定していることにほかならない。そして，因果関係の覆滅の責任を侵害者に課している102条1項但書きを無にしないためには，この場合の非寄与率を主張，立証していく責任は侵害者にあると考えるべきであろう（東京地判平成15.3.26判時1837号101頁［エアマッサージ装置］）。

最近では，そもそも寄与率なる概念を用いることなく，端的に102条1項の推定の覆滅の問題と捉える裁判例も現れている（前掲知財高判［エアマッサージ装置］）。理論的に正当な取扱いといえる。

(b) 102条2項

102条2項に関しても，かつては，実施品が侵害製品の部分に過ぎない場合の裁判例の取扱いの趨勢は，やはり「寄与率」を勘案するというものであり（大阪高判昭和61.3.26判例工業所有権法2535の279頁［柱上安全帯尾錠］）。この「寄与率」なるものは102条1項の「侵害の行為により利益を受けている」という推定の要件の問題であるから特許権者が証明責任を負っていると理解する判決が多かった。しかし，最近では，推定の覆滅の問題と捉えられるようになっている（知財高判平成26.9.11平成26(ネ)10022［電話番号情報の自動作成装置］，前掲知財高大判［二酸化炭素含有粘性組成物］（傍論））。

102条2項をして逸失利益を推定する規定だと捉えれば，競合品が存在する場合の推定の（一部）覆滅の問題となり，発明の実施部分が特徴的であり，その部分がなければ誰も競合品を買わないという心証に揺らぎがないのであれば，利益全額について推定を維持してよく，あとは心証のとれた限度で，推定を覆滅していくという過程を辿るべきであろう。さもないと，逸失利益における因果関係の証明が困難であったために導入したはずの2項の推定の要件において，因果関係と同様の証明が要求されることになりかねず，同項の趣旨に悖る。近時の裁判例の取扱いをもって是とすべきである。

条文の読み方としては「侵害の行為により利益を受けている」とは文字通り，侵害行為＝製造，販売などにより利益を受けているときを意味しており，特に侵害でない場合に比して侵害により追加的に受けている利益とするものではないと解すれば足りる（前掲知財高大判［二酸化炭素含有粘性組成物］

もこの立場である）。

(c) 102条3項

実施料額算定の際に斟酌すべき約定実施例が当該発明に関するものである場合には，実施料率（e.g. 7%）が製品全体の価格（e.g. 12万円）を基礎としているものであるならば，製品全体の価格に当該料率を乗じればよく（e.g. 12万円×7%），逆に斟酌すべき実施例の実施料率（e.g. 20%）が製品の一部を占めている実施品の価格（e.g. 2万4000円）を基礎としているものであるならば，実施品の価格に当該料率を乗じることになる（e.g. 2万4000円×20%）。

参酌すべき実施料が業界の相場（e.g. 3%）のような抽象的なものであった場合にも，それが製品全体の価格を処理の基礎としている料率なのか，部分を基礎としている料率なのかを見極めればよい。

(7) 権利者が複数の場合

(a) 侵害製品に他の特許発明の実施部分が含まれていた場合

侵害製品に他の特許発明の実施部分が存在する場合等，複数の特許発明によって実施品が構成されている場合の扱いが問題となるが，要するに，賠償を請求している特許権が製品の一部を占めるに過ぎないということなのであるから，(6)と同様に取り扱えばよい。

一つの侵害製品に対して102条の推定が重複することを心配する向きもあるのかもしれないが，推定の覆滅や相当額の減額認定さえ誤らなければ，実体問題として，賠償額が製品価格の200%になったり300%になったりすることはないはずである。権利が多い分，侵害者の主張，立証は多少負担が増すかもしれないが，複数の権利を侵害している以上，その程度の負担の増加は覚悟しなければならない筋合いにある。

(b) 侵害された特許権に専用実施権や独占的通常実施権等が設定されていた場合

侵害された特許権に専用実施権や独占的通常実施権が設定されていた場合，侵害者が侵害した特許権が一つであることに変わりはなく，(a)の複数特許権侵害の場合と異なり，102条に関する取扱いで侵害者を特に不利に取り扱う理由に乏しい。

そして，102条1項1号の逸失利益や2項の侵害者利益の推定に関しては，専用実施権者等のみが実施している場合には，特許権者は不実施ということ

で，1項1号に関しては条文上，2項に関しては裁判実務上，いずれにせよ推定を受けうるのは専用実施権者等のみである（双方実施している場合には後述する共有と同様に処理することになる）。ただし，専用実施権者等に対して認められる推定額から特許権者に対して支払わなければならないはずであった実施料額は控除すべきである（大阪地判平成3.5.27知裁集23巻2号320頁［二軸強制混合機］）。

　残るは，102条3項の相当実施料額賠償であるが，先に述べた理由により一個の特許権を侵害しているに止まる侵害者に対して二重の負担を強いる理由はないから，専用実施権等が設定されている場合，3項の相当実施料額の賠償を請求することができるのは，専用実施権者等に限られると解すべきであろう（東京地判平成25.9.25判時2276号111頁［アイロンローラなどの洗濯処理ユニットへフラットワーク物品を供給するための装置］，知財高判平成26.12.4判時2276号90頁［同］）。このように解釈したとしても，特許権者は，専用実施権者からの約定実施料額の減収分があれば，それを民法709条の逸失利益として損害賠償請求しうる（前掲東京地判［アイロンローラなどの洗濯処理ユニットへフラットワーク物品を供給するための装置］，前掲知財高判［同］）。

Check　独占的通常実施権に対する102条の適用可能性

　ここまでの説明では専用使用権者「等」と記してきたが，これは独占的通常実施権者にも専用実施権者と同様に102条の推定が適用されるのかということに関して争いがあるからである。裁判例は分かれている。

　考え方としては，一方では，専用実施権という制度を用意している以上，それを利用しなかった独占的通常実施権者に102条の適用を認める必要はないという見解もありえよう。

　他方で，独占的通常実施権者といえども法的な保護に値することに変わりはなく，登録されていないことを除けば，侵害行為と因果関係をもった損害が生じる経路において専用実施権者と独占的通常実施権者とで異なることはないことを理由に，102条の適用を肯定する見解もありよう。

　特許権者と独占的通常実施権者の間の賠償額の割り振りも問題となるが，専用実施権者の場合と同様に処理すれば足りる。しかし，裁判例では，特許権者に102条3項に基づく賠償を，独占的通常実施権者に102条1項の推定に基づく賠償を認めつつ，両者は連帯債権になるとしたものがある（東京地判平成25.1.31平成21（ワ）23445［オープン式発酵処理装置並びに発酵処理法］（特許権者が無償で独

占的通常実施権を許諾していた例であったから，かりに民法709条に基づく約定実施料額が請求された場合には逸失利益がないと判断されるはずの事案であった））。

(c) 侵害された特許権が共有されていた場合

特許権が共有にかかる場合，各共有者は侵害者に対して自己の有する持分権に基づいて損害賠償を請求することができる。

その場合，102条1項1号や2項に関しては，侵害された特許権が共有の場合にも，侵害者が侵害した特許権は一つであることに変わりはなく，共有特許権者各人について認めるべき推定額は，最終的には1項1号や2項で推定されるべき額を何らかの形で按分した額ということになろう。

按分の割合に関しては持分によるという見解もあるが，持分権の侵害と因果関係を有する損害の額は各共有者毎に様々であるから，単純な持分権の割合で賠償額が決まるわけではない。例えば，実施している共有者と不実施の共有者がいる場合には，前者が100％，後者が0％ということもありえる（参照，知財高判平成22.4.28平成21(ネ)10028［鉄骨柱の建入れ直し装置］，東京地判平成26.3.26平成23(ワ)3292［電池式警報器］）。また，共有者間で，かたや製造，かたや販売と業務分担をしている場合には利益率に応じて賠償を按分すればよいだろう（東京地判昭和44.12.22無体集1巻396頁［座卓用折畳自在脚］）。

102条3項に関しても，全員が不実施である場合などには，持分の割合に応じた賠償を認めるほかないが，少なくとも一部に実施者がいる場合には，実施状況に鑑みた按分が必要となる。例えば，共有者の販売地域が異なるなどのために，侵害により奪われたのは共有者のうち誰の需要なのかがわかるような場合には，その者のみが実施料相当額の賠償を請求しうると取り扱うべきであろう。同様に，不実施共有者を除いた残りの3人の共有者のみで侵害された需要を満足することが可能であることが明らかにされたような場合にも，3人の共有者のみが1項1号の逸失利益，2項の侵害者利益の推定，あるいは3項の相当実施料額の賠償を受けることができ，不実施共有者は3項を含めて何ら賠償を受けることができないことになると解される。

(8) 侵害者が複数の場合の損害賠償額の算定

(a) 侵害製品を製造販売する過程で複数の侵害者が関与した場合

　侵害製品を製造し最初に市場に販売するまでの間に複数の者が関与した場合，通常はこれらの者の間に共同して製造販売という事業を行うという共同遂行の意図を認めることができよう（e.g. 製造会社と販売会社）。その場合には当該製品に関し特許権者に生じた損害の全額について各自連帯して責任を負う（民法719条）。

(b) 侵害製品が流通する過程で複数の侵害者が関与した場合

　侵害製品が転々流通したために複数の侵害者が関わることになった場合に関しては，裁判例は分かれてはいるが，概ね以下のように解しておけば，裁判例の趨勢とも齟齬はなく，十分であると思われる。

　まず，前提問題として，侵害品の場合には，特許権者は一度も対価を得ていないのだから，転々流通する度に特許権侵害行為があり，特許権者はどの侵害者に対しても，損害賠償を請求しうることに問題はない（消尽理論の適用はない）。しかし，売上減退による逸失利益を考えてみれば，侵害製品により満足されてしまった需要は一つなのであるから，同一の需要に関して重ねて売上げの減退を観念する余地はない。また，消尽理論を推し及ぼせば，適法に製品が流通する場合には重ねて実施料を請求することができないことも勘案しなければならない。

　102条1項1号の関係では，各侵害者の侵害行為毎に同項が適用されるが，特許権者が同一の侵害製品について流通過程の侵害者のうちの一人から1項に基づく賠償を受けた場合には，二重取りを防ぐために，その満足した賠償額の限度で特許権者は同一製品に関して他の侵害者から賠償を受けることはできなくなると解すべきである。各侵害者は重複する限度で連帯責任を負っていると解される（東京地判平成11.7.16判時1698号132頁［悪路脱出具］）。

　102条2項との関係では，各侵害者が得た利益についてそれぞれ2項の推定が適用される。この場合，各人の利益は重複しているわけではないから，特許権者は一人の侵害者から2項に基づく賠償を受領しても，他の侵害者から賠償を受けることを妨げられないと解される（東京地判平成13.2.8判時1773号130頁［自動弾丸供給機構付玩具銃］）。1項の逸失利益（誰に対しても当該侵害製品に対応した特許製品の売上減退の賠償を求めることになる）と異なり，

2項の侵害者利益はそれぞれの侵害者毎に評価される損害が異なるので（e.g. 卸売業者に対しては卸売の利ざやを請求し，小売業者に対しては小売業者の利ざやを請求し，両者合算して初めて特許権者の特許製品の売上げによる利益に対応する），重複して賠償を受けるわけではないと考えられたのである。

　もっとも，特許権者が卸売業しかなしていないために，小売業者の獲得した利益に対応する利益を挙げていない場合には，推定が覆滅されることもある（参照，大阪地判平成元.5.24 判例工業所有権法〔2 期版〕8352 頁〔Super Doll〕）。

　102 条 3 項との関係では，特許権者は流通過程のどの段階の実施行為者とも交渉して実施許諾を与えることができることに鑑みれば，各侵害者に対して実施料相当額の賠償を求めることができ，ただ侵害者の誰かから相当実施料額の賠償を受けた場合には，その満足を受けた限度で同一の侵害製品に関し再度相当実施料額を請求することはできないと取り扱うべきであろう。各侵害者は重複する限度で連帯責任を負う（東京地判平成 6.7.22 知裁集 26 巻 2 号 733 頁〔BBS〕）。

　ただし，以上の全ての場面を通じて，流通過程の侵害者の間に共同事業という意味での共同遂行の意図が認められる場合には（e.g. 製造業者と卸売業者と小売業者がグループ企業内の製造部門，卸売部門，小売部門であった場合），各侵害者は各自が与えた損害ばかりでなく，他の共同不法行為者が与えた損害についても賠償責任を負うことになる。102 条 1 項の逸失利益と 102 条 3 項の相当実施料に関しては，共同遂行の意図がなかったとしても，いずれにせよ特許権者が受けた損害額（102 条 1 項），もしくは相当額（102 条 3 項）の賠償をなさなければならなかったのだから殆ど実益はないが，こと 102 条 2 項の侵害者利益に関しては，各人が受けた利益だけではなく，一連の流通過程において各侵害者が得た利益の合算額について各人が連帯して責任を負うことになる点で実益が大きい（大阪地判平成 16.5.27 平成 14(ワ)6178〔重炭酸透析用人工腎臓灌流用剤の製造方法及び人工腎臓灌流用剤〕）。

17　出願公開による補償金請求

Ⅰ　イントロダクション

　出願公開後，警告を受けたにも拘わらず，又は警告がなくても出願公開がされた特許出願にかかる発明であることを知って，業としてその発明を実施した者に対し，その実施に対し受けるべき金銭の額に相当する額の補償金の支払いを請求できる（65条）。

　この制度では，差止請求はできないことに注意を要する。

Ⅱ　要件事実

　① 原告が特許出願をし，その出願公開がされたこと

　② ①の出願中の発明の技術的範囲

　③ 被告が，出願公開後，業として②の技術的範囲に属する物の製造等又は方法の使用等をしたこと

　④（A）原告が後，被告に対し，出願中の発明の内容を記載した書面を提示して警告したが，被告がその後も上記の物の製造（又は方法の使用）を継続したこと

　又は，

（B）被告が，当時，上記の物又は方法が出願中の発明の技術的範囲に属することを知っていたこと

　⑤ 特許発明の実施につき受けるべき金銭の額

　⑥ 当該特許が登録されたこと

（岡口基一『要件事実マニュアル3』（第5版・2017年・ぎょうせい）507〜508頁）。

　出願公開後は発明の内容は一般の知れるところとなるから，物理的には不特定多数の第三者がこれを実施することができるが，設定登録前なので出願人は特許権を主張することができない。そこで，特許法は，かかる不均衡の存在により発明者が出願のインセンティヴを削がれることを防ぐため，特許発明が社会に貢献した時点である出願公開を機に特許権保護の前倒しを認めるべく，出願公開による補償金請求制度を規定した（65条）。

1 要 件（65条1項）

(1) 出願公開後に，特許出願にかかる発明の内容を記載した書面を提示して警告をしたとき（又は相手方が出願公開がされた特許出願にかかる発明であることについて悪意であること）

　公開されただけで審査を経ておらず，実際，特許が付与されるに至らないものも相当程度含まれている多数の出願公開について，逐一，第三者に調査させることは過度の調査義務を課すことになりかねない（条文上も特許権登録後の過失の推定規定である103条を65条6項では準用していない）。そこで，法は，当該第三者が悪意である場合，すなわち，当該第三者が①出願された発明との同一性を認識できる程度に発明の内容を知っており，かつ，②当該発明について出願公開がなされていることを知っている場合（悪意というためには②も必要）を除き，出願人が，業としてその発明を実施する者に対して，出願公開後，特許権の設定登録の前までの間に，書面による警告をなして初めて補償金請求権を行使できるものとした（65条1項）。出願日，出願公開日，公開番号が書かれているが，特許請求の範囲など発明の内容に関する記載がない場合には，法が要求する警告をなしたとは認められないとされている（東京地判平成11.3.26判例工業所有権法〔2期版〕2359の565頁〔アイマスク〕）。

　Check　再度の警告の要否
　では，出願公開後に，出願人が補正を行う等して出願中の権利の範囲に変更が

生じたような事例において，出願人としては，補正を行う度に再度の警告を行わなければ，出願公開による補償金請求を行うことができないのであろうか。

補正が頻繁に繰り返される実態に鑑みれば，補正の度に逐一，警告を要求することは，出願人に重い負担を課し，事実上，出願公開による補償金請求による保護を受ける余地が狭まりかねない。

他方で，補正により権利範囲が拡大した場合，前回の警告には含まれない拡大部分につき第三者には実施を取りやめる契機を与える必要があり，もし再度の警告を要しないとすると当該第三者にとって不意打ちになる。

そこで，再度の警告の要否については，以下のように考えるべきである。すなわち，

補正により請求範囲が減縮されたにも拘わらず，補正の前後を通じて第三者の実施品が請求範囲に属する関係にある場合は，再度，警告をなしたり，悪意であることを要求する必要はない（最判昭和 63.7.19 民集 42 巻 6 号 489 頁［アースベルト］）。

なお，補正により請求範囲が減縮した場合で，補正により第三者の実施品が請求範囲の外に位置するようになった場合には，第三者の行為は特許発明を実施するものではなくなるので，警告の要否とは無関係に，そもそも特許権者は補償金請求権を行使し得なくなる。他方，補正により請求範囲が拡大されたことで初めて第三者の実施品が請求範囲に包含されるようになった場合は改めて警告をなすか，補正の事実と内容について悪意である必要がある（前掲最判［アースベルト］，東京地判平成 10.4.10 判時 1697 号 104 頁［蓄熱材の製造方法］）。

また，補正により請求範囲が拡大された場合にも，補正の前後を通じて第三者の実施品が請求範囲に属する関係にある場合に関しては，前掲最判〔アースベルト〕は明言していないが，この場合にも，再度の警告をなしたり，悪意であることを要しないというべきだろう。

なお，悪意については，法人についても認定可能である。権限のあるものが認識した時点で法人の「悪意」を観念してよく，あとはどこまで特許権者が証明できるかという問題である。

（2）（警告等をした相手方が）その警告後特許権の設定の登録前に業としてその発明を実施したこと

文言侵害ばかりでなく，均等侵害の場合にも，原告による補正の前後で一貫して被告の被疑侵害物件が特許請求の範囲の均等の範囲内に入っていたとの事情のもとで補償金請求を認めた判決がある（知財高判平成 22.5.27 平成 21

（ネ）10006［ゴルフクラブ］）。

2 効果

その発明が特許発明である場合にその実施に対し受けるべき金銭の額に相当する額の補償金の支払いを請求することができる（65条1項）。補償金額は，「実施に対し受けるべき金銭の額」であり，文言上も同様の規定である102条3項と同様の算定がなされている。また，2011年改正で新設された（冒認等がなされた場合の）移転請求権の効果として，移転登録を受けた者に遡及的かつ原始的に特許権が帰属していたものとみなされるところ，こうした遡及効の対象に補償金請求権も含まれている（74条2項）。もっとも上記の警告（悪意）等の主観要件は別途充足が必要であるが，発明の帰属に関する主観は問題とならないと解すべきであろう。さもないと，冒認事例で定型的に補償金請求権が否定されることになりかねず，遡及効を補償金請求権にも及ぼした法の趣旨が没却されかねないからである。

なお，補償金請求につき，行使できるのは特許が登録された後であるから，補償金請求権の消滅時効の起算点も警告等の時点ではなく，特許権登録時である（後述）。

3 補償金請求に対する対抗

当該出願が特許となった場合に，それに対抗できる地位を取得している者（職務発明の場合の使用者，先使用権者等）に対しては，補償金の請求ができないと解される。なぜなら，従業者が職務発明をなした場合には，使用者には当該発明について従業者が取得した特許権について当然に通常実施権を与えて使用者の発明への投資を誘引する35条1項の趣旨や，発明の実用化を進展させ，また特許権を取得した他者からの差止請求をおそれて無駄な出願をするという事態を回避する79条の趣旨については，特許権付与の前後で何ら変わらないからである。

なお，対抗できる地位のうち，無効の抗弁によって補償金請求を拒めることについては明文がある（65条6項，104条の3）。

4 補償金請求権の消滅時効

65条6項で不法行為による損害賠償請求権の消滅時効を定めた民法724

条を準用している。

　もっとも，法は，出願公開後，特許権登録までの間に警告をなすこと（又は相手方悪意）を求めていても（65条1項），補償金請求権を法律上行使しうるようになるのは登録後である（65条2項）。したがって，特許権の設定登録前に発明の実施行為の事実と実施者を知った場合であっても，消滅時効の起算点は，「特許権の設定の登録の日」となる（65条6項）。

5　補償金請求確定後の無効審決確定

　2011年特許法改正により，侵害訴訟等の確定（専用実施権侵害訴訟や補償金支払請求訴訟の確定も含む）後に無効審決等が確定しても，当該訴訟の当事者は，侵害訴訟における無効の抗弁主張の有無に拘わらず，当該終局判決に対する再審の訴えにおいて，当該無効審決の確定等を主張できないこととなった（104の4条1号）。

第II部

審判・審決取消訴訟

18 異議申立制度

Ⅰ　イントロダクション

　異議申立制度とは，特許掲載公報発行の日から6か月以内に限り，広く第三者に特許処分の見直しを求める機会を付与し（113条柱書き），特許異議の申立てがあったときは，特許庁自らが当該処分の適否について審理して，当該特許に瑕疵があるときは，その是正を図ることにより特許の早期安定化を図る制度である。原則として特許庁と特許権者との間で進められる査定系手続である。

　異議申立制度は，無効審判（利害関係人に限られている）と異なり，何人も請求できる（113条柱書）。他方，異議事由からは，無効理由と異なり，権利の帰属に関する事項（共同出願違反，冒認）は省かれている（113条2号）。また，不服申立てについても，（特許権の）取消決定についてのみ特許権者が知財高裁に出訴でき，維持決定及び申し立て却下の決定に対する不服申し立てはできない（114条5号）。

Ⅱ　趣　旨

　平成6年特許法で特許付与後異議申立制度が設けられたが，一度成立した特許権を無効にする点で無効審判制度と重複している等の理由により，平成15年法により，無効審判を原則として何人も請求しうるとする改正と共に異議申立制度は一度廃止された。しかし，無効審判請求件数はそれほど増加せず，質の高い特許権を確保するという点で従前異議申立制度が果たしていた役割が消失したともいえる状況であった。そのため，平成26年特許法で同制度が復活された。

実務ガイド　**情報提供制度**

　成立する他者の特許権の内容について重大な関心を有している場合，実務上よ

く使われる制度として，無効理由等に関する情報提供（施行規則 13 条の 2，同 13 条の 3）がある。情報提供は，無効審判や異議申立てのように直接特許権を無効にするものではないが，提供された情報は記録原本に搭載され誰でも閲覧可能になるため，特許権者には訂正の契機を与え，利害関係人には無効審判提起の動機づけとなる。自社製品が他社の特許権に侵害しないか検討する場合，成立した（する）当該特許権について，類似する公知技術が情報提供として数多く公開されている場合も少なくなく，新規性及び進歩性判断の前提としてまず確認すべき資料と考えられる。

19 無効審判

Ⅰ　イントロダクション

　無効審判請求とは，特許権の成立後に特許権を対世的に無効（125条）にすべく審判開始を求めることをいう。侵害訴訟の被告が原告特許の無効を侵害訴訟中で無効の抗弁により主張すると共に，併せて原告特許の無効審判を提起するという形で利用されることも多い制度である。

　審判請求の相手方を被請求人といい，特許権者が相手方となる点で審理は対審構造である（明文はなく，132条2項類推。なお，拒絶査定不服審判（121条1項）では，相手方を観念しない（対特許庁手続）。このような審理の構造を反映して，無効審判を「当事者系」，拒絶査定不服審判を「査定系」（ほかに，訂正審判（126条）・付与後異議の申立て（113条）も同様）と分類することがある）。特許無効事由は123条1項に列挙されており，ほぼ49条の拒絶事由と同じである。もっとも，例えば発明の単一性違反（37条）など，拒絶理由だが無効事由ではないものもある。

　無効理由があると判断する場合を「無効審決」といい，無効理由がないと判断する場合を「無効審判請求不成立審決」という（棄却という表現ではないことに注意）。審決に不服がある場合は，東京高裁（知財高裁）に審決取消訴訟を提起する（178条）。

Ⅱ　趣　旨

　123条1項各号所定の無効事由のある特許権を消滅せしめ，当該特許権で規制されていた技術の自由な実施という本来あるべき状態を明確化することに意義がある。

Ⅲ　論　点

1　無効審判の提起

（1）　請求人適格

2003 年改正では，付与後異議申立て（何人も請求可能）廃止に伴う改正がなされ，新規性喪失，進歩性の削除など権利の瑕疵をめぐる無効理由は客観的に特許を付与してはならないものであるから何人にも請求人適格を認めるべきである一方，権利の帰属をめぐる無効審判（e.g. 冒認，共同出願違反（38条））は，不利益を被っているのは主観的に権利を害された被冒認者のみであるから，客観的には特許を付与してかまわないのであって，被冒認者に請求人適格を認めれば足りるという二分説が採用された（中山信弘「特許無効審判における請求人適格」『無体財産法と商事法の諸問題』（豊崎光衛追悼・1981年・有斐閣）213 頁）。すなわち，原則として何人も無効審判を提起できるとする一方，冒認出願や共同出願違反については，利害関係人のみ請求できるとされた。そのため，特許権者と競業していない者や個人による請求も可能（個人につき，知財高大判平成 30.4.13 判時 2427 号 91 頁等［ピリミジン誘導体］）であり，（冒認・共同出願違反以外の誰でも請求できる無効事由については）いわゆるダミーによる請求が常態化していた。

　そこで，2014 年特許法改正は，付与後異議申立制度（誰でも申立可能）を復活させる代わりに，無効審判については原則として利害関係人のみ請求できることとし（123 条 2 項），何人も申立てできる異議申立てと棲み分けを図った（但し，冒認については，利害関係人は被冒認者であることを明文化（123条 2 項括弧書き）されている）。

（2）　被　請　求　人

　被請求人は，特許権者（明文ないが，179 条但書き，132 条 2 項，123 条 4 項参照）である。共有にかかる特許権に対して無効審判を請求するときは，特許権の共有者全員を被請求人としなければならない（132 条 2 項）。

（3）　無効審判の提起に関する諸問題

（a）　無効審判請求は特許権消滅後も可能（123 条 3 項）

　これは，存続期間満了や特許料不払いにより消滅した後も特許権者から消滅前の過去の行為に起因する損害賠償や不当利得返還を請求される可能性があるからである。ただし，確定無効審決により遡及的に特許権が消滅した場

合にはその実益はなく，理屈のうえでも無効とすべき特許は存在していないことになったのであるから無効審判請求はできない。

（b）　審判請求を取り下げる和解契約が締結された場合の取扱い

2014年改正により無効審判の請求に利害関係が必要とされる以前から，請求の取下げは当事者の意思に委ねられており（155条1項），法は審判請求を継続するか否かに関する処分の権能を私人に委ねている。したがって，上記和解契約も有効であり，当該契約により審判を請求する法的利益は失われ，審判請求は却下されるものと考えられる。

（c）　通常実施権者による無効審判請求の可否

⇒ 26「実施許諾」Ⅳ 3(1)「無効審判請求との関係」参照

（d）　損害賠償請求や不当利得返還請求が時効消滅した場合はどうか？

損害賠償請求の消滅時効は，損害と加害者を知ったときから3年又は20年（民法724条）であり，不当利得返還請求の消滅時効は，権利行使できることを知ったときから5年又は10年（民法166条）である。傍論ではあるが，知財高大判平成30.4.13判時2427号91頁等［ピリミジン誘導体］は，損害賠償請求や不当利得返還請求が消滅時効により消滅し，特許権者から権利行使されなくなった場合には無効審判請求の利益は失われるとした（田村善之［判批］WLJ判例コラム148号（2018年））。

2　審　理

口頭審理が原則である（145条1項。これに対して，査定系の審判である拒絶査定不服審判は，書面審理が原則（145条2項）である。

3　無効審判手続内における訂正

概念の整理として，無効審判手続内における訂正が訂正請求であり，無効審判とは別個独立して訂正のみを目的に行う審判請求が訂正審判請求である。

（1）　1993年改正前

1993年改正前は無効審判における訂正という制度はなく，無効審判請求と訂正審判請求，それぞれ独立した手続として別個に進行するとされていた。しかし，訂正審決の確定によりかなりの程度審理が進んだ無効審判やその審決取消訴訟の審理が無駄になったり，逆に無効審決が確定した結果，訂

正審判とその審決取消訴訟の方が無駄になるという事態が頻出していた（審判と訴訟のキャッチボール現象ということがある）。しかも，訂正が要件に違反している場合，特許無効ではなく訂正が無効となるに止まる。そうすると，訂正無効とされることにより，訂正を前提として進められていた係属中の無効審判や審決取消訴訟に影響を与えるばかりか，無効審判請求を不成立とする確定審決や確定判決に関しても再審の対象となるなど，徒に手続を重ねる結果となっていた。

(2) 1993年改正

そこで，1993年改正は，無効審判にかかる手続と訂正の手続を出来る限り統合するために，無効審判が特許庁に係属している間は訂正審判請求を許さず，その代わり，前述した無効審判手続における訂正という制度を設け，なるべく無効審判手続内で訂正がなされるように仕向けることとした（現行法134条の2）。併せて，訂正無効審判の制度を廃止し，要件違反の訂正に関しては，特許自体が無効となることにした（現行法123条1項8号）。しかし，1993年改正法の下でも，無効審判請求に対して審決が下され，審決取消訴訟に移行している間に関しては特別の手当をなさなかったので，この期間中に訂正審判が別途請求されることは妨げられていなかった。その場合には無効審判手続にかかる審決取消訴訟と訂正審判請求が別個独立に進行するという事態が生じることを防ぐことはできなかった。

(3) 2003年改正

2003年改正は，この問題を解消するため，審決取消訴訟手続が係属中の別個の訂正審判請求を審決取消訴訟提起から90日間に制限し，くわえて，訂正審判が請求された場合には，裁判所が相当と認めるときは事件を無効審判手続に差し戻し，そこで訂正をさせるという制度を導入した。しかし，このような法制度の下でも，審決取消訴訟期間中の訂正審判請求が完全に排除されなかったために，90日間の期間内に訂正審判請求がなされることは防いでいない。そのために，期間内に訂正審判が請求され，裁判所が無効審判手続に差し戻すべきであると判断した場合には，いったん審決取消訴訟が係属したにも拘わらず，逐一，事件を審判手続に差し戻すことは煩雑であるという問題点があった。また，裁判所がそのような訂正審判請求が認められる可能性はないと考え審決取消訴訟手続を続行した場合，結局，予測に反して訂正が認められ訂正審決が確定した場合には，それまでの審理が無駄になる

という事態が生じるという問題点があった。

(4) 2011年改正

2011年改正は，審決取消訴訟段階での訂正審判請求を一切許さず，訂正は原則として無効審判手続のなかで行わせることとしたが，他方で，特許権者の救済に不足が生じないよう，審判手続のなかでいったんどのような審決が下されるのかということを当事者に予告し，そこで特許権者に訂正の機会を与えることとした。具体的には，無効審判において，審決をするのに熟した場合において審判の請求に理由があると認められるとき等に審判長が当事者等に審決の予告をする制度を設け（164条の2第1項），特許権の有効性に関する当該審判合議体の判断を示し，被請求人には，一定期間内に無効審判のなかで特許請求の範囲，明細書等の訂正の機会が与えられた（164条の2第2項）。その一方，無効審判にかかる審決につき，審決取消訴訟に移行すると，一切，訂正審判請求はできないこととされた（126条2項）。

このような度重なる改正の結果，無効審決の取消訴訟係属中に特許請求の範囲を対象とした訂正審決が確定するというケースが生じうる余地はかなり狭まっているが，2011年改正法の下でも，無効審判に対して訂正審判事件が先行している場合，あるいは別途無効審判が請求された場合には，依然として，それらの別手続の下で訂正が行われる可能性は残っており，問題が完全に解消されたわけではない。

4 確定の効果

(1) 概 要

特許庁における審決の後，①審決取消訴訟の出訴期間を徒過，もしくは，②審決を維持する判決が確定すると，審決が確定する。審決取消訴訟が提起された場合は，審決の確定は，②になることに注意を要する。

(2) 特許権の消滅

無効審決の確定により特許権は出願時に遡って対世的に消滅する（125条）。

無効審決が確定したことにより，同一の特許権に関する無効審決に対する取消訴訟は，取消しの利益を欠く結果，却下される（知財高判平成17.10.12平成17(行ケ)10040［スロットマシン］）。

また，無効審判請求（及び審判取消訴訟）と並行して，無効とされた特許

権に基づく侵害訴訟を提起されている場合，無効審決が確定すると，侵害訴訟における請求は棄却される（知財高判平成 17.10.12 平成 17（ネ）10001［スロットマシン］）。

（3）　一事不再理効

審決が確定すると，当事者及び参加人は，同一の事実及び同一の証拠に基づいて無効審判を請求することはできない（167 条）。

167 条は，主として審理の重複を避け，審判経済を図るという趣旨である。従来は，「何人も，同一の事実及び同一の証拠に基づいて無効審判を請求することはできない」と対世効を定めていた。しかし，無効審判の当事者ではない第三者に対してまで，審判請求の利益を奪うことになる本条の規律は違憲の疑いすらあるものであった。そこで，2011 年改正により第三者効は廃止され，当事者と参加人に限って拘束力を有するに止まることとなった（2011 年特許法改正後 167 条）。

（4）　一事不再理効に関する諸問題

（a）　遮断効の範囲を画する「同一の事実及び同一の証拠」の範囲

問題は，遮断効の範囲を画する「同一の事実及び同一の証拠」の意味である。2011 年特許法改正以前は，167 条の拘束力は，当該確定審決に対して手続保障が果たされていなかった第三者にも広く及ぶとされていたから，「同一の事実及び同一の証拠」を限定解釈し，第三者に対する遮断効が不当に拡がらないよう解釈する必要があった。しかし，上記のように，第三者効の廃止以降は，そのような特別な配慮を要しないこととなった。特許無効審判では，特定の無効原因を巡って当事者が現実に争い，かつ，審判官による審理判断もこの争点に限定してなされる。したがって，審判手続において現実に争われ，審理判断された無効原因の範囲で一事不再理効を発生させることが，審理の重複を避け，審判経済を図るという 167 条の趣旨に沿う。また，審決取消訴訟においても同様に，上記範囲で審理できると解されている（最大判昭和 51.3.10 民集 30 巻 2 号 79 頁［メリヤス編機］）。そして，審決取消訴訟では，審理した範囲において当事者及び参加人の手続保障も充足されていたのであるからその範囲でこれらの者に一事不再理効を生じさせ，紛争の蒸し返しを防ぐべきものであるところ，上記範囲で一事不再理効が生じるとの上記解釈をとれば，審決取消訴訟の審理範囲と当事者及び参加人に生じる一事不再理効の範囲が一致する結果となり，この点でも適切である。

したがって，「同一の事実及び同一の証拠」とは，審判手続において現実に争われ，審理判断された無効原因をいうものと解する（前掲最判昭和51.3.10［メリヤス編機］（具体的には，先の無効審判で審理判断された公知技術を引用例とすることに変わりなく，ただ進歩性を基礎付けるために当業者の一般技術常識を立証するための証拠を新たに提出したというだけでは，「同一の事実及び同一の証拠」に該当し，167条の適用を免れるものではない（東京高判平成16.3.23平成15（行ケ）43［金属触媒担体を膠着しろう付けする方法］）。もっとも，引用例記載の技術が「周知技術」として主張されているとしても，前の審決で主張，立証を欠いており，実質的には，主たる引用例記載の技術との組み合わせによる新たな引例が無効理由として主張されていると評価される場合には，一事不再理の対象となることはなく，その審理判断をなすことが許される（東京高判平成15.3.17判時1820号121頁［配線用フロアパネル］）。

　確定審決にかかる前の事件で提出された刊行物と内容的に同一の証拠を提出したとしても，引用部分を異にし，立証されるべき技術内容を異にする場合には，167条にいう同一証拠ということはできない，とされている（東京高判昭和44.6.28行集20巻5＝6号813頁［グルクロノラクトンの製造に供しうる酸化澱粉液の製造法］）。

（b）　確定審決の一事不再理効と特許無効の抗弁

　無効不成立審決確定後，その審判で当事者であった者が侵害訴訟における無効の抗弁により侵害訴訟において同一の事実及び同一の証拠による同一の無効事由を主張できるだろうか。

　まず，104条の3の文言上は，「当該特許が特許無効審判により…無効にされるべきものと認められるときは」とされ，無効の抗弁を提出できる前提として無効審判を請求できる場合であることが求められている。また，実質的にも，無効審判の当事者は，無効事由について審判において十分に争う機会を与えられていたにも拘わらず，無効不成立審決確定後の侵害訴訟で，再び同一の無効事由を争うことは紛争の蒸し返しといえる。

　したがって確定審決にかかる当事者は，侵害訴訟において同一の事実及び同一の証拠による同一の無効事由を主張することはできないと解される。

20 審決取消訴訟

Ⅰ　イントロダクション

　審決取消訴訟は，特許庁の審決等に対する裁判所への不服申立訴訟の総称である（東京高裁の専属管轄である（178 条 1 項）。そして，東京高裁の内部の事務分掌の問題として，知財高裁が事件を扱うことになる（知財高裁設置法 2 条 2 号）。審決謄本送達後 30 日以内の提訴が原則である（178 条 3 項））。なお，特許侵害訴訟の被告が原告特許について無効審判を提起した場合，その審決取消訴訟については，特許侵害訴訟が係属している知財高裁の部とできる限り同一の部に配点されるよう事実上の運用がなされている（篠原勝美「知財高裁から見た特許審査・審判」特技懇 239 号 9 頁（2005 年），但し，例えば審決取消訴訟の進行が早く，特許侵害訴訟が控訴されたときに審決取消訴訟が上告審に移管している場合は必ずしも審決取消訴訟が係属していた部に控訴事件が配点されるわけではない）。

Ⅱ　要件事実

① 当該審決がなされたこと
② 原告が当該審判の当事者，参加人又は参加申請を拒否された者であること
③ 原告が①の審決の謄本の送達を受けた日から 30 日（附加期間があればそれを加える）以内に本訴訟を提起したこと
④ 当該審決が違法であること
（岡口基一『要件事実マニュアル 3』（第 5 版・2017 年・ぎょうせい）565 頁）。

　訴状では，取消事由 1: 本件発明認定に誤り，取消事由 2: 本件発明と引用発明の一致点認定の誤り，取消事由 3: 容易想到性認定に誤り等，取消事由ごとに主張を記載することが多い。

　審決取消訴訟は，行政訴訟であるが，行政法における証明責任論一般につ

いては，当事者の公平，事案の性質，事物に関する立証の難易等によって個別具体的に判断すべきであるとする立場をはじめ，法律要件分類説の類推説以外にも様々な学説が提唱され，通説が形成されているとはいえない状況にある（塩野宏『行政法Ⅱ』（第6版・2019年・有斐閣）171頁）。

　しかしこと審決取消訴訟の証明責任に限ってみれば，様々な考え方が示されていたものの，現況では（修正）法律要件分類説をそのまま適用する考え方が多数を占めている（代表的なものとして，竹田和彦『特許の知識』（第8版・2006年・ダイヤモンド社）308頁，村林隆一『知的財産高等裁判所と審決取消訴訟の実務』（2005年・経済産業調査会）158頁）。その理由は必ずしも明らかではないが，修正法律要件分類説は，各特許要件の背後にある制度趣旨・特許政策などをきめ細かく証明責任の所在に反映できる点で機能的であり，審決取消訴訟の各特許要件の証明責任を検討する上でも有益であるように思われる。そして，そのような考え方の元では，以下のような結論が導かれることについて概ね一致している。すなわち，特許発明（29条1項柱書），実施可能要件（36条4項1号），サポート要件（36条6号1号）等の記載要件については，権利の発生に関する事実（権利根拠規定）として，権利の主張者が証明責任を負う。一方，新規性（29条1項），進歩性（29条2項），特許を受けることができない発明（32条），先願の存在（39条），拡大された先願（29条の2本文）については，権利の障害・阻止に関する事実として権利を否定し又はその行使を阻止しようとする者に証明責任があるとされる（ほぼ同趣旨として，竹田・前掲308頁，村林・前掲158頁以下）。もっともいずれの概念も評価概念であるから，証明責任は，これらを基礎づける評価根拠事実のレベルで機能する。

　また近年の裁判例として，共同出願人であることの立証責任は，審判請求人（請求不成立審決の場合は原告，無効審決の場合は被告）が「特許を受ける権利が共有に係ること」，すなわち自らが共同出願人であることについての主張立証責任を負担するとした知財高判平成25.3.13判時2201号116頁［二重瞼形成用テープ］がある。この解釈の背景には，（発明者主義を前提とする）123条1項の規定及び「他に共有者が存在しない」という消極的証明を強いることが不合理であるという考慮があると考えられる（岡本岳［判批］『特許判例百選』183頁（第5版・2019年・有斐閣））。

1　審決取消訴訟の提起（審決取消訴訟の提訴段階）

(1)　無効審判における審決に対する審決取消訴訟（当事者に関する諸論点）

(a)　審判請求人が複数の場合

複数の審判請求人が共同して無効審判を請求していた場合，審決取消訴訟についても請求人全員が共同して提起することが求められるだろうか。

無効審判については各自単独で請求しうるのであって，審決取消訴訟の段階で別途，共同による提訴を強制する理由も見当たらないことに鑑みると，審決取消訴訟を全員で共同して提起することを要しないと考えるべきである（逆に複数の審判請求人によって提訴された無効審判に対して特許権者側が審決取消訴訟を提起するときも，複数の審判請求人全員を被告にする必要がないとするものとして，知財高判平成 30.12.18 判時 2412 号 43 頁［二次元コード等］がある）。

(b)　審判被請求人が複数の場合

無効審判において（審判請求人ではなく）被請求人の特許権者の方が共同である場合，審決取消訴訟については被請求人全員が共同して提起することが求められるだろうか。すなわち，特許権が共有の場合，無効審判請求は共有者全員を被請求人としなければならないが（132 条 2 項），無効審決が下された場合，これに対する審決取消訴訟も，被請求人であった共有者全員が共同しなければならないだろうか。

まず，①取消訴訟の提起は，権利の消滅を防ぐ保存行為に当たるから，共有者の一人が単独でできるものと解される（実体法上の観点）。また，②共有者の一人が単独で無効審決の取消訴訟を提起することができると解しても，その取消しの効力は，他の共有者にも及び（行政事件訴訟法 32 条 1 項），再度，特許庁で共有者全員との関係で審判手続が行われることになる。他方，その訴訟で請求棄却の判決が確定した場合には，他の共有者についてもその出訴期間が満了しているから，取消訴訟を提起しうる全ての者に関して無効審決が確定したことにより，権利は初めからなかったものとみなされることになる。したがって，いずれにしても合一確定の要請には反しない（訴訟上の観点。最判平成 14.2.22 民集 56 巻 2 号 348 頁［ETNIES（商標）］の理由であ

る）。

　単独提起を認めることは，審決が「確定」したことと矛盾すると説く見解
がある。しかし，この見解は，審決に対する出訴期間が徒過した者に対して
審決が「確定」するという意味を，審決の内容に基づく確定的な法律関係が
生じることと解し，ゆえに，一部の者について特許は無効となり，一部の者
について特許は無効ではないという矛盾が生じるという理解を前提としてい
る。しかし，審決の確定はその者が取消訴訟を提起しえないということしか
意味しないのだから，確定時がばらばらになったところで実体法的な関係に
ついて矛盾が生じるわけではない。

　したがって，審決取消訴訟は全員で共同して提起することを要しないもの
と考えられる。

（2）　拒絶査定不服審判請求不成立審決に対する審決取消訴訟

　拒絶査定不服審判請求不成立審決に対する審決取消訴訟についても共同出
願人全員が共同して提起することが求められるだろうか。

　この点については，特許を受ける権利が共有にかかる場合，特許法は拒絶
査定不服審判請求（132条3項）のほか，出願（38条）や出願の取下げ（14
条）は，共有者全員でなさなければならない旨，定めている。これらの規定
からは，すでに成立した権利に対する無効審判の場面と異なり，拒絶査定不
服審判等出願にかかる手続に関しては，手続が分岐点を迎える度に共有者が
共同することを要求し，足並みが揃わない限り次の段階へと手続を進ませな
いとする特許法の態度を看取することができる。

　したがって，審決取消訴訟も，審判請求の場面と同様，全員で共同して
提起することを要するものと考えられる（最判平成7.3.7民集49巻3号944
頁［磁気治療器］（才原慶道［判批］）知的財産法政策学研究7号134頁（2005
年））。

2　審決取消訴訟における審理の範囲（審決取消訴訟の審理段階）—

　無効審判請求に対する審決等において，審判で判断されなかった事由を審
決取消訴訟で主張することができるかという問題がある。

（1）　判断基準

　無効審判前置主義（178条6項）の趣旨は，技術的事項について専門庁で
ある特許庁の判断を一度は示させることにより，対世効を有する無効審決を

下すか否かについてより正確な判断を可能とするとともに，裁判所の負担軽減を図るというところにあると認められる。そうすると，審決取消訴訟段階での新たな主張を無制限に許容し，特許庁の審判手続において審理判断されていない技術的事項に関して取消訴訟で審理判断しなければならないとすれば，審判前置主義の趣旨に反することになる。そこで，審判手続において現実に争われ，審理判断された無効原因に関するもののみが審理の対象とされるべきであるとともに，審判で審理判断されていない公知事実を理由とする無効原因を審決取消訴訟において主張して審決取消しの理由とすることはできない（最大判昭和51.3.10民集30巻2号79頁［メリヤス編機］）。

　もっとも，審判で審理判断されていなかった資料であっても，審判段階で判断された公知技術の意義を確定するために，あるいは当該公知技術から発明を想到するのが容易であるか否かを確定するために当業者の技術常識（周知技術）を主張・立証することは許されると解される（最判昭和55.1.24民集34巻1号80頁［食品包装容器］参照）。なぜなら，審判手続においては審判官も，そして多くの場合当事者も実質的には当業者か，それに匹敵する知識を有していることが多く，ゆえにあえて技術常識（周知技術）を明示しなくとも，黙示的にそれを前提にして判断を下しているはずであるから，これを審決取消訴訟段階で主張することを許したとしても無効審判前置主義に反することはない。かえって，審決取消訴訟においては必ずしも技術の専門家ではない裁判官に対して技術常識を示す必要があるからである

　くわえて，前掲最大判［メリヤス編機］のもとでも，無効審判請求事件にかかる審決で審理判断されたものと同じ公知事実を無効原因として主張するものであるならば，審判が29条2項（進歩性欠如）を理由とする拒絶査定維持審決に対して，審決取消訴訟段階で29条1項（新規性喪失）に該当すると主張することは（前掲最大判［メリヤス編機］の判旨の文言上は反対に読みうるところがあるが），許されると解されている（知財高判平成19.7.25平成18（行ケ）10247［シリカ系被膜形成用組成物］）。審判前置主義が前置を要求している審理判断は，裁判所が長けた法条項の適用の問題ではなく，技術的判断であると解されるところ，適用法条の違いはただちに技術的判断の違いを意味しないからである。

　なお，前掲最大判［メリヤス編機］は，抽象論として，同様の理が拒絶査定不服審判請求にかかる審決取消訴訟にも適用される旨を説いている。くわ

えて，拒絶査定不服審判請求にかかる審決取消訴訟においては，審判前置主義の問題ばかりではなく，被告特許庁長官に審決理由を差し替えることを認めると，原告出願者は審判段階であればなしえたはずの補正の機会を奪われるという問題もあることが指摘されている（東京高判平成 2.7.31 無体集 22 巻 2 号 457 頁［ベーンポンプ］）。

（2） 検討の指針

両最高裁判決以降の裁判例なども参酌しながら，さらに具体的な判断の指針を示したい。

（a） 審判手続において公知技術 A に基づく新規性喪失の有無が現実に争われ，審理判断された場合，審決取消訴訟において，公知技術 B に基づく新規性喪失を主張することはできない。

この場合の分岐点は，審判手続において主張されていたか否かではなく，実際に審理判断されたか否かというところにある。主張されていても審決において審理判断されていない場合には，審決取消訴訟でこれを主張することはできない。審判手続において審理判断されていない以上，審判前置主義の趣旨が潜脱されることに変わりはないからである。

例えば，無効審判手続において公知技術 A と公知技術 B を主張していたが，審決は公知技術 A を理由に無効審決を下した。その後の審決取消訴訟で，公知技術 A では無効とならないと判断される可能性が生じたため審判請求人（被告）が公知技術 B に基づく新規性喪失を新たに主張したいと考えたとしても，審決取消訴訟段階ではこれは許されない。しかし，審決取消訴訟において原無効審決が取り消され，事件が特許庁の審判手続に差し戻された場合には，その審判手続で公知技術 B に基づく新規性喪失について審理判断をしてもらうことは可能である（従前から主張していたので 131 条の 2 第 1 項の新たな無効理由の追加には当たらない）。

さらに別の例としては，審判手続において公知技術 A 及び公知技術 C の組み合わせによる進歩性の有無が現実に争われ，審理判断された場合，審決取消訴訟において，公知技術 A 及び公知技術 D の組み合わせにより当該特許権は進歩性を欠如していると主張することもできない。もっとも，公知技術 D が周知技術であった場合には別論となる。

（b） 審判手続において公知技術 A に基づく新規性喪失の有無が現実に争われ，審理判断された場合，審決取消訴訟において，公知技術 A の当業者

にとっての意味を確定するために技術常識αを参酌したり，公知技術Aと特許発明との相違点を架橋する周知技術βを主張することは可能である。

　技術常識（周知技術）は，審決において示されていなかったとしても，黙示的に審決の判断を受けたものといえるからである。

　例えば，審判手続において公知技術A及び公知技術Bの単なる組み合わせによる進歩性の有無が現実に争われ，これを理由に特許権が無効にされた場合，審決取消訴訟において，同じくAとBの組み合わせであっても，A及びBを組み合わせることは従来，技術的に困難であり，互いの効果を相殺せずに組み合わせることが解決すべき課題であるとされてきた旨記載された技術資料C（上記特許権の出願前の公開公報等が典型）を提出することはできる（前掲最判［食品包装容器］の帰結）。

　(c)　もっとも，明示又は黙示にも審決の判断を受けていない技術的事項が，当業者の技術常識として主張されることにより，新しい引用例に相当する技術的事項となるような場合には，審決取消訴訟段階で新たにその提示を許されるわけではない。

　審決取消訴訟における新たな主張・立証を許す前掲最判［食品包装容器］にも限度がある（東京高判昭和56.9.30無体集13巻2号640頁［外科用接着テープ］の事案等）。

　例えば，審決で判断の対象とされた引用例では本願発明が公知であったという事実を基礎付けることができないところ，上記引用例に周知事実を示す証拠を組み合わせる形式をとりつつ詳細に引用した結果，審決取消訴訟において，引用例に取って代わる新たな引用例として主張していることにほかならなくなるような場合はかかる主張は許されない（東京高判平成2.12.27無体集22巻3号879頁［メソ相ピッチの製造法］）。

　以上に対して，審判では公知技術Aを主引用例，公知技術Bを副引用例とした進歩性判断がなされた場合，審決取消訴訟でこれを入れ替え，公知技術Bを主引用例，公知技術Aを副引用例とした場合であって，さらに訴訟両当事者が入れ替え後のABの組み合わせについて特許庁の判断を経由せず審決取消訴訟での判断を望んでいる等の事情の下で，入れ替え後のABの組み合わせを審決取消訴訟で判断できるとした知財高判29.1.17判タ1440号137頁［物品の表面装飾構造及びその加工方法］がある（興津征雄［判批］『特許判例百選』（第5版・2019年・有斐閣）176頁。効率的・実効的な制度運営

の問題であることに鑑みれば，元来，当事者の意向は関係がないようにも思われる）。

3　審決取消訴訟における判決の効力（審決取消訴訟の判決後）──

審決取消訴訟では，審決を維持するか取り消すかのいずれかであり，それぞれ判決の効力が異なるので，以下では分けて論じる。

（1）　審決を維持する判決が確定した場合

事件終了となる。具体的には，無効審判請求不成立審決が確定した場合は，167条の一事不再理効が生じ，無効審決が確定した場合は，125条で特許権は対世的に遡及的に消滅する。

（2）　審決を取り消す判決が確定した場合

審決を取り消す判決が確定すると，特許庁の審決手続に差し戻しとなる（181条2項。裁判所が特許査定や無効審決を下せるわけではないことに注意）。

もっとも，審決取消しの確定判決は，その事件について再度審理を担当する審判官を拘束する（行政事件訴訟法33条）。そして，このような取消判決の拘束力は，主文を導くのに不可欠な理由中の部分にも生じる。具体的には，再度の審決において，判決により取り消された先の審決の引用例とは異なる引用例を挙示することにより新規性や進歩性の有無を判断し，再び，先の審決と同一の結論の審決をしても，それは先の審決とは別の理由による判断であるから，取消判決の拘束力には反しない。

（a）　判断基準（取消判決の拘束力）

それでは，再度の審決において，先の審決の引用例と同一の引用例を挙示して判断する場合はどうだろうか。この点に触れた最判平成4.4.28民集46巻4号245頁［高速旋回式バレル研磨法上告審］もあるが，その後の下級審は必ずしもこの最判に従っておらず，判断は分かれている。

（i）「遮断効」（審理対象基準説）説 VS「判断効」説

第一の考え方は，同一の引例内での判決の拘束力は，同一引例を範囲とするいわば「遮断効」（審理対象基準説）として一切，その後の審判における独自の判断を許さないというものである（遮断効説）。

第二の考え方は，いわば「判断効」（判決理由基準説）として，判決が判断した具体的な範囲に及ぶに止まり，同一引例内であっても裁判所が具体的に判断していないところに関しては，再度の審判手続やその審決取消訴訟にお

いて審理判断することは許される余地を認めるものである（判断効説。なお，「遮断効」「判断効」等の呼び名は必ずしも定着したものではない）。判断効説の理論的根拠としては，審決取消訴訟では，当該引用例（又は引用例の組み合わせ）から出発して無効にすべき特許発明に到達する具体的な思考過程（ルート）について裁判所の判断がなされるのであり，したがって取消判決の拘束力もその点にのみ生じているはずであるという点が挙げられる。また，実質的理由としては，同一の引用例（又は複数引用例の同一の組み合わせ）であっても，上記ルートと異なるルートに基づく新規性・非容易推考性喪失の有無については，技術的事項の専門庁である特許庁の審判手続きに柔軟に差し戻すことを可能にすべきであるという配慮がある。

　遮断効説は，紛争の一回的解決に資する一方，判断効説は，柔軟な処理を可能とするところにメリットがある。遮断効説の下だと，特許庁の判断が実質的に一度も示されることなく当該争点に対する審理が終了することを許容することになるので，審判前置主義の下の解釈論としては判断効説に与すべきであるものの，実務上は，第一の考え方（遮断効説）にも根強い支持がある。

　（b）　具体的帰結

　両説からの具体的帰結について俯瞰してみよう。

　（i）　公知技術Ａに基づいて特許を無効とした無効審決の取消訴訟において，判決が公知技術Ａに基づいて特許が無効となることはないと判示して原審決を取り消した場合

　遮断効説・判断効説共に：取消判決の拘束力は当該公知技術Ａに関するものに及ぶに止まるから，差戻後の無効審判手続において特許庁が別の引用例Ｂに基づき，新たな無効理由Ｃに基づいて特許を無効と判断することは拘束力に反しない。判断効説のみならず，遮断効説のおいても，公知技術Ｂは，審決取消訴訟において裁判所が判断していない以上，判決効は及ばない。

　（ii）　さらに例外的に，同じ公知技術Ａに関するものであっても，例えばＡ＋技術常識αに基づいて特許を無効とする審決に対して，判決がその組み合わせでは無効になることはないと判断して，審決を取り消した場合

遮断効説：公知技術 A に関して無効とならないとする判決が下された以上，差戻後の審判手続において同じ公知技術 A について無効と判断することは拘束力によって一切許されない（最判平成 4.4.28 民集 46 巻 4 号 245 頁［高速旋回式バレル研磨法］，近時の知財高裁にはこうした考え方に基づくと思われる事案が多い。

判断効説：拘束力は当該公知技術 A ＋技術常識 α の組み合わせに及ぶに止まるから，差戻後の無効審判手続において特許庁が公知技術 A ＋技術常識 β に基づいて特許を無効と判断することは拘束力に反しない（東京高判平成 16.6.24 平成 15(行ケ)163［動力舵取装置］）。

(ⅲ)　公知技術 A と特許発明との間に相違点 α があることを理由に両者は同一発明ではなく，進歩性は欠如していないと帰結した無効不成立審決に対して，審決取消訴訟では，判決がかかる相違点は周知技術（技術常識）で補えば無視しうる差違に過ぎないということを理由に原審決を取り消した場合

遮断効説：判決が公知技術 A に関し，進歩性は欠如していないと帰結した判断が取り消された以上，差戻後の審判手続で特許庁が，もはや別の相違 β を持ち出すことは許されない。

判断効説：この判決の拘束力は，あくまでも相違点 α に及ぶに止まるから，差戻後の審決において特許庁が，別の相違点 β を見出して再度，両発明の同一性を否定し無効不成立審決を下すことは許される（東京高判平成 13.5.24 判時 1777 号 130 頁［複合シートによるフラッシュパネル用芯材］（傍論））。

4　審決取消訴訟の確定と再審事由

(1)　侵害訴訟の判決確定後の無効審決等の確定と再審の可否
(a)　特許侵害訴訟で無効の抗弁が排斥される等の事由により特許権者の請求が認容された後に，無効審決が確定した場合

民事訴訟法は，再審事由の一つとして，「判決の基礎となった民事若しくは刑事の判決その他の裁判又は行政処分が後の裁判又は行政処分により変更されたこと」（民事訴訟法 338 条 1 項 8 号）を規定する。

しかし，侵害訴訟で，当事者は，無効の抗弁という形で無効事由について十分に争う機会があった以上，当事者間ではその点に関する紛争は解決済みであると考えられ，判決確定後に無効審決が確定したことを奇貨として再度，再審により無効に関する争いを蒸し返すことができるという帰結には現場の裁判官から異論が多かった。そこで，2011年特許法改正により，侵害訴訟等の確定（専用実施権侵害訴訟や補償金支払請求訴訟の確定も含む）後に無効審決等が確定しても，当該訴訟の当事者は，侵害訴訟における無効の抗弁主張の有無に拘わらず，当該終局判決に対する再審の訴えにおいて，当該無効審決の確定等を主張できないこととなった（104条の4第1号）。

　ただし，以上の理は，前訴にかかる侵害訴訟が特許権侵害を理由とする損害賠償請求や不当利得返還請求にはそのまま妥当し，再審により取り消されることはないが，前訴が特許権侵害を理由とする差止請求を認容する判決であった場合には別異の取扱いとなると考えられており，差止請求認容判決は，無効審決の確定により特許権が存在しなくなった以上，そもそも再審の問題とするまでもなく，当然に効力を失うとされている。

① 先の行政処分：特許の登録
② 侵害訴訟：特許の登録に基づいて請求認容
③ 後の行政処分：無効審決（＝特許の登録が無効となる）＝再審事由

　法的構成その1：差止請求認容判決の判断基準時は裁判時点（事実審の口頭弁論終結時となろう）であるところ，無効審決の確定による特許権の消滅は実体権の変動事由として基準時後の新事由となり請求異議事由となる。

　法的構成その2：そもそも特許権侵害を理由とする差止請求認容判決は黙示的に特許権が存在することが条件となっているから，請求異議を待つことなく，当然に執行力を失う。

（b）　特許権侵害訴訟で無効の抗弁が認容された等の事情により特許権者の損害賠償請求や不当利得返還請求が棄却された後に，無効不成立審決が確定した場合

① 行政処分：特許登録
② 侵害訴訟：請求棄却（行政処分に基づいていない）

③ 無効審判不成立審決

　この事例では，無効審判不成立審決の確定は，侵害訴訟の再審事由にならないとする考え方が優勢である。この考え方の下では104条の4第1号の問題とするまでもなく，再審にならない。その形式的な理由としては，侵害訴訟における請求棄却判決は，特許登録処分という行政処分を判決の基礎にしていないことに基づく。また実質的な理由としては，もし再審を認めると，侵害訴訟において無効の抗弁が認容されて請求棄却となった場合は再審が許容され，一方，構成要件充足性が否定されて請求棄却となった場合は再審は認められないこととなるが，このような帰結では，裁判所は，無効の抗弁が認容されると判断した場合も後の再審の可能性を慮って構成要件充足性を否定することで同じ請求棄却という帰結を導けないか，構成要件充足性の判断にも立ち入らざるをえなくなり，審理の機能的な運営が妨げられかねないことに基づく。

（2）　侵害訴訟の判決確定後（請求認容・請求棄却いずれでも）の訂正認容審決の確定と再審の可否

（a）　従前の解釈

　特許権侵害訴訟の判決確定後，無効審決／無効不成立審決ではなく，訂正認容審決が確定したケースである。訂正認容審決が確定した場合も従来，再審事由になりうるとする立場もあった。例えば，①侵害訴訟で無効の抗弁が認容され，請求棄却判決がなされて確定した後に，特許請求の範囲の減縮を目的とした訂正認容審決が確定したという事例において，前訴の確定判決は請求棄却判決であるから特許を前提とするものではなく，ゆえに訂正審決が確定したところで判決の基礎となった行政処分を変更するものではない，ゆえに再審に該当しないとする立場も十分に理由がある。ところが，最判平成20.4.24民集62巻5号1262頁［ナイフの加工装置］（ただし，再審ではなく，上告の事案）の法廷意見は，訂正の効果は出願時まで遡及する（128条。訂正請求134条の2第9項）から訂正審決確定により無効事由が解消された可能性があること等を理由に，形式的には再審事由（民訴法338条1項8号）の存在を認める立場を示していると読む余地もあった。

　他方，②侵害訴訟で無効の抗弁が退けられ，あるいは，無効の抗弁が提出されないために，特許権が有効として扱われて原告勝訴判決が確定した後

に，特許請求の範囲の減縮を目的とした訂正認容審決が確定したという事例においては，請求認容判決は，特許が有効であることを基礎とした判決であることに疑いはないから，当該判決の確定後，訂正認容審決が確定すると，訂正の効果は出願時まで遡及する（128条）ため，上記判決が基礎とした特許の設定登録に変更があり，したがって再審事由（民訴法338条1項8号）があると考えることができる（前掲最判［ナイフの加工装置］の個別意見でも，傍論として指摘されている）。

　しかし，上記①，②いずれの場合であっても，特許権者は，侵害訴訟において，無効の抗弁に対する対抗主張として訂正の再抗弁等を提出することにより，判決の基礎となる特許の有効性及びその範囲につき，主張立証する機会と権能を与えられていたはずである。それにも拘わらず，判決後，訂正審決の確定を奇貨として再度訂正審決の確定を理由に再審をなしうるとすることは紛争の蒸し返しであると指摘されていた（2011年特許法改正における立法者の立場である）。

(b) 2011年特許法改正

　2011年特許法改正では，①や②の類型を問わず，特許権侵害訴訟の判決確定後に，明細書等の訂正をすべき旨の審決が確定した場合であっても基本的に再審は認められないこととなり，ただ一部再審を制限することが妥当でないケース等が「政令」に委ねられ（104条の4第3号），具体的に，特許法施行令の附則13条の4が規定された。以下，条文ごとに類型をみていこう。1号及び2号に共通する前提として，原告特許権者が侵害訴訟を提起し，これに対して被告から，特定の無効事由を掲げて無効の抗弁が提出された状況が想定されている。これは，侵害訴訟においても，訂正の主張は，特許権者が自主的に行うことは少なく，殆どが被疑侵害者からの無効主張に対する対抗主張としてなされるものであるから，少なくとも無効の主張がなされない限り，原告に訂正の機会があったとはいえないという事情を条文に反映したのであろう。

　なお，本改正後の事件として，最判平成29.7.10民集71巻6号861頁［シートカッター］があり，原告は，訂正審決確定が再審事由に該当することを理由として原判決の破棄を求めた。しかし，最判は，再審事由に該当しないとするのではなく，訂正の再抗弁をなしえないことにやむを得ないと認められる特段の事情がない限りは，そのような主張はなしえないと応えて原

告の請求を棄却しており，ゆえに，当該判決は再審事由に関し何らかの判断を示したものではないと理解される（参照，田村善之［判批］WLJ 判例コラム（2018 年））。

　（i）　附則 13 条の 4 第 1 号

　侵害訴訟等の確定した終局判決が特許権者，専用実施権者又は補償金支払請求者（以下「特許権者等」）の勝訴の判決である場合においては，当該訴訟において立証された事実（＝当該訴訟の中で無効の抗弁の形態で提出され立証された無効理由）以外の事実を根拠として当該特許が特許無効審判により無効にされないようにするために行われる訂正審決が確定しても，再審の訴えにおいてかかる審決の確定を主張することはできない。

　1 号をさらに敷衍して説明すると，以下のような類型を想定しうる。

（ア）　被疑侵害者敗訴の前訴確定判決に対する再審の主張が制限される類型

　原告特許権者からの侵害の主張に対し，被告被疑侵害者が無効の抗弁を提出したが，それにも拘わらず侵害が肯定され被疑侵害者が敗訴した後で，前訴の侵害訴訟で立証された無効事由と異なる無効事由を回避するための訂正審決が確定しても，被疑侵害者は，その後に提起した再審の訴えにおいて，当該審決の確定を主張することは許されない（施行令附則 13 条の 4 第 1 号）。

　その趣旨は，被告被疑侵害者は，前訴で，無効の抗弁の形態でいかなる無効事由も持ち出せる機会が与えられていたのであり，したがってその先の訂正の再抗弁についても訂正事由について争う機会があったものと捉えられるから，前訴で争点とされていなかったような訂正事由を認容する訂正審決が確定しても，これを理由として再審等で当該訂正審決の確定を主張できないものとしたところにある。

（イ）　被疑侵害者敗訴の前訴確定判決に対する再審の主張が制限されない
　　　類型

　①　原告特許権者の侵害の主張に対し，被告被疑侵害者が無効の抗弁を提出したがそれにも拘わらず侵害が肯定され被疑侵害者が敗訴した後で，前訴の侵害訴訟で立証された無効事由と同一の無効事由を回避するための訂正認容審決が確定した場合，被疑侵害者は，その後に提起した再審の訴えにおいて，当該訂正認容審決の確定を主張することが許される（施行令附則 13 条の 4 第 1 号の反対解釈）。

　施行令の規定を読むとこのような再審の主張も許されることになるが，実

益が生じる例は殆どないように思われる。すなわち，先行する侵害訴訟において無効の抗弁が提出されたのだが，被告被疑侵害者が敗訴した。それにも拘わらず，当該無効理由に関する訂正審決が請求され確定したということは，前訴で特許権者から訂正の再抗弁が出されており，前訴の後確定した訂正審決もこの前訴の再抗弁で主張された訂正と同趣旨の訂正が請求されていたという場合が多いのではないかと思われる。この場合，附則13条の4第1号は，敗訴被告は自ら提起した再審の訴えの中で，その訂正認容審決の確定を主張することを防いでいない。その趣旨は，先行する侵害訴訟の判決は，後の訂正認容審決と同じ内容である訂正の再抗弁を先取りして認めた判決なので，被告が後の訂正認容審決の確定を主張しても当該終局判決の内容を確認するに止まる。ゆえに，そのような主張をしても再審により先の判決が取り消されることはない（民事訴訟法348条2項）。そのような主張は意味がないから放置しておいてよく，あえて特則を設けて主張制限するまでの必要はないということなのであろう（清水節「再審の訴えに関する特許法改正」ジュリスト1436号65頁（2012年））。

　もっとも，先行する侵害訴訟において提出された訂正の再抗弁における訂正の主張よりも，原告特許権者のほうが安全策をとるなどしてさらに減縮した訂正を求める審判請求をなし，その結果，訂正審決が認容された場合であって，しかも，その減縮内容によれば被疑侵害者の実施態様はクレームの範囲外となるような場合，被告は再審においてこの確定訂正審決を主張することにより，侵害の責任を免れることができることになる。①と比して平仄が合わないようにも思われるが，②と同様，不必要な訂正をなした特許権者の自己責任ということで説明するのかもしれない。

　② 原告特許権者の侵害の主張に対し，被告被疑侵害者が無効の抗弁を提出したがそれにも拘わらず侵害が肯定され被疑侵害者が敗訴した後で，特許権者が無効理由を回避することを目的としない訂正審判を請求し，それを認容する訂正審決が確定した場合にも，被疑侵害者は，その後に提起した再審の訴えにおいて，当該訂正認容審決の確定を主張することが許される（施行令附則13条の4第1号の反対解釈，特許庁工業所有権制度改正審議室編『平成23年特許法等の一部改正　産業財産権法の解説』（2011年・発明協会）88頁）。無効理由とは無関係に特許権者が訂正する場合には，被告被疑侵害者には無効理由を主張することで侵害の責任を免れる機会は与えられていなかったのだか

ら，確定訂正審決によりクレームの保護範囲からその実施態様が外れた場合には，再審により侵害の責任を免れる方策を与えておくべきであると判断されたのであろう。

とはいうものの，実際問題として，無効理由回避のための訂正ではないと見極めることは困難であるように思われる。無効理由とは関係のない誤記，誤訳の訂正により被疑侵害者の実施態様が当該特許権の保護範囲外であることが明らかになったような場合がありえようか。

(ii) 附則13条の4第2号

侵害訴訟等の確定した終局判決が特許権者等の敗訴の判決である場合においては，当該訴訟において立証された事実を根拠として当該特許が特許無効審判により無効にされないようにするために行われる訂正審決が確定しても，再審の訴えにおいてかかる審決の確定を主張することはできない。

2号をさらに敷衍して説明すると，以下のような類型を想定しうる。

(ア) 特許権者敗訴の前訴確定判決に対する再審の主張が制限される類型

原告特許権者の侵害の主張に対し，被告被疑侵害者が無効を主張し，原告特許権者が敗訴した後，前訴の侵害訴訟で立証された無効事由と同一の無効事由を回避するための訂正認容審決が確定しても，特許権者は，その後に提起した再審の訴えにおいて，当該訂正認容審決の確定を主張することは許されない（附則13条の4第2号）。

その趣旨は，侵害訴訟確定後に，ある無効事由（以下，「特定の無効事由」という）を回避するための訂正認容審決が確定しても，前訴たる侵害訴訟において，被告被疑侵害者が無効の抗弁の形態で持ち出した無効事由が上記特定の無効事由と同一であった場合は，特許権者にはすでに前訴で当該無効事由を回避するための訂正事由の有無につき，十分争う機会が与えられていた以上，改めて再審で同一の訂正事由の有無を主張させる機会を与えることは適切ではないと考えられるところにある。

なお，そもそも前訴確定判決が特許権者敗訴の場合には，前訴確定判決は特許の存在に基づくものではないため訂正審決が確定しても基礎となる行政処分が変更されたものに当たらないから民事訴訟法338条1項8号の再審事由に当たらないと解する立場の下では，本号は確認的な規定ということになる。

(イ) 特許権者敗訴の前訴確定判決に対する再審の主張が制限されない類型

①　原告特許権者の侵害の主張に対し，被疑侵害者が無効の抗弁を提出し，原告特許権者が敗訴した後，前訴の侵害訴訟で立証された無効事由と異なる無効事由を回避するための訂正審決が確定した場合，特許権者は，その後に提起した再審の訴えにおいて，当該審決の確定を主張することは許される（附則13条の4第2号の反対解釈）。

侵害訴訟確定後に，ある無効事由（以下，「特定の無効事由」という）を回避するための訂正認容審決が確定した場合，前訴たる侵害訴訟において，被告被疑侵害者が無効の抗弁の形態で持ち出した無効事由が上記特定の無効事由と異なる場合は，特許権者が前訴たる侵害訴訟において無効の抗弁に対する対抗主張として争った訂正事由と，別の無効事由を回避するために訂正審決で持ち出した訂正事由が，明確に異なる以上，再審において，当該訂正認容審決の確定を新たに主張させる機会を与える必要がある。被告被疑侵害者がいかなる無効事由も無効の抗弁で持ち出せるのと異なり，原告特許権者は，被告被疑侵害者から無効の抗弁で無効事由を主張されて初めて，当該無効事由に対する特定の訂正の再抗弁を主張する機会が与えられる点で，特許権者と被疑侵害者は利益状況を異にしており，無効事由を異にしても後の訂正認容審決の確定を被疑侵害者は主張できないとする1号の類型とは別異の扱いをすることも許されるのであろう。

とはいうものの，前訴確定判決の敗訴の原因が当該特許の無効を理由とするものである場合には，そのような無効理由とは無関係の訂正審決が確定したところで，無効理由は解消していないから，再審においても結局，再審請求は棄却される（民事訴訟法348条2項）。また，敗訴の原因が被疑侵害者の実施態様が当該特許権の保護範囲外であったという場合にも，通常は，訂正審決が確定したところでその状況に変化がなく，結局，再審請求は棄却されることになろう（清水・前掲65頁）。例外的に，訂正等により，被疑侵害者の実施態様が保護範囲内にあることが明確化した場合などに再審の実益が生じることがあるかもしれない。

②　原告特許権者の侵害の主張に対し，被疑侵害者が無効の抗弁を提出し，原告特許権者が敗訴した後で，特許権者が無効理由を回避することを目的としない訂正審判を請求し，それを認容する訂正審決が確定した場合にも，特許権者は，その後に提起した再審の訴えにおいて，当該訂正認容審決の確定を主張することが許される（施行令附則13条の4第2号の反対解釈）。

自らの特許発明にかかるものとはいえ，あらゆる訂正を事前に予測することが困難であるからであるが，①と同様に，実益のない場合が多いように思われる（参照，清水・前掲65頁）。例外的に，誤記，誤訳の訂正を認容する審決の確定により被疑侵害者の実施態様が保護範囲内にあることが明確化した場合などに再審の実益が生じることがあるかもしれない。

　以上の①，②を通じて，前訴確定判決が特許権者敗訴の場合には，訂正審決が確定しても民事訴訟法338条1項8号の再審事由に当たらないと解する立場の下では，結局，そのような民事訴訟法の解釈として再審が否定されることになる。

第Ⅱ部　審判・審決取消訴訟

21 訂　正

Ⅰ　イントロダクション

　クレームや明細書等の内容を出願後に変更するのが補正であり（17条等。なお，補正ができる時期には制限があり（17条の2〜17条の4），クレーム・明細書・図面について補正をなす場合には，新規事項を追加することはできない（17条の2第3項）），特許付与後になす場合を「訂正」と呼ぶ（126条，134条の2など）。

　明細書又は図面は特許発明の技術的範囲を確定するものであるから，みだりにその変更を許容するわけにはいかないが，他方で，明細書に些細な瑕疵があることが明らかである場合には，その修正を認めても第三者に不意打ちとはいいがたく，かえって，その方が技術的範囲を明確にするであろう。また，請求項の一部に無効事由がある場合には，当該請求項全体を無効とするというのが原則であるが（一部無効の否定），この場合，請求項から当該部分を切り落とすことを認めても，第三者の実施の自由を狭めるものではない。

　逆に，これらの修正を認めずに，特許権者が無効となることを甘受しなければならないとすれば，出願のインセンティヴに支障を来すことになるかもしれない。そこで，特許法は，訂正審判，無効審判における訂正の制度を導入し，所定の条件の下で特許後にも明細書又は図面の訂正を認めることにした。訂正審決の効果は出願日に遡及し，当初から本件訂正後の特許請求の範囲により特許査定がされたものとみなされる（128条）。

Ⅱ　意義・要件

Point　概念の整理
　訂正審判請求：特許権の成立後に特許権者自ら，願書に添付した明細書，特許請求の範囲又は図面の訂正を求めて審判開始を求める手続である。

訂正請求：無効審判等の手続内でなされる訂正の手続である。訂正請求は，無効審判請求をされていない請求項についても，無効審判の手続内で併せて，これを行うことができる（134条の2第9項後段）。

補正：訂正とは異なるが，特許付与前に特許出願が特許庁に係属している段階で，出願の瑕疵を是正する手続である。

訂正審判請求（訂正請求）は，特許権者が自主的に行う場合に加えて，自身の特許につき，特許無効を免れるために行うことが多い。具体的には

① 侵害訴訟において提出された無効の抗弁に対抗する場合

② 無効審判において審決の予告がなされた場合（164条の2第1項）

等が考えられる。

1 要 件

(1) 特許請求の範囲の減縮，誤記の訂正又は誤訳の訂正，明瞭でない記載の釈明を目的とした訂正に限られる（目的制限。訂正審判請求126条1項。訂正請求134条の2第1項）

本規定は，第三者に不測の不利益を与えることを防ぐために，第三者の実施の自由を現状以上に制約するものでないか，明細書又は図面自体から瑕疵があることが明らかな場合に限り，訂正を認めることにしたものである。a＋b＋c＋dをa＋b＋dに変更する等，クレームの要件を取り除くことは，一般的には減縮ではなく拡張であるので許されない。一方，要件を付加することは，特許請求の範囲の減縮である。構成要件の構成要素を下位概念に変更することも特許請求範囲の縮減になる。例えば，「分枝を有するアルキレン基」を「分枝を有することあるアルキレン基」に変更することは，請求範囲の拡張に該当する（最判昭和47.12.14民集26巻10号1888頁［フェノチアジン誘導体の製法］）。

誤記の訂正としては例えば，「3ないし5°F」を「3ないし5℃」に変更することは，明細書の全文に一貫して「3ないし5°F」と記載されているために，当業者であれば容易に「3ないし5℃」の誤記であることに気付くとはいいがたい場合には，請求範囲を実質上，変更するものであるから，誤記の訂正として容認することは許されない（最判昭和47.12.14民集26巻10号1909頁［あられ菓子］）。

(2) 訂正は，明細書又は図面に記載した事項の範囲内においてしなければならない（新規事項の追加禁止。訂正請求 126 条 5 項，訂正請求 134 条の 2 第 9 項）

　本規定は，訂正の遡及効により先願主義や新規性喪失の判断基準時が潜脱されることを防ぐことを目的としたものである。具体的には，以下の通りである。

　①先願主義の潜脱の防止：出願時に発明していなかった技術的思想が訂正により混入し，実際には訂正時に初めて発明を特許庁に提出したにも拘わらず，出願時点で先願の地位を享受することを防ぐ。

　②新規性喪失の判断基準時の潜脱の防止：実際には訂正時に特許庁に提出された発明であるにも拘わらず出願時に遡及することを防ぐ。

　以上の趣旨に鑑みる場合には，明細書等に開示された技術的思想を同じくする範囲の補正や訂正であれば，先願主義や新規性喪失の判断基準時を潜脱することはないから，補正・訂正を認めて良いことになる。そして，新規事項に該当するかどうかの基準は，明細書から当業者が看取しうる技術的思想と同一の範囲内に収まっていること，換言すれば，新たな技術的事項が付加されていないことである（参照，知財高大判平成 20.5.30 判時 2009 号 47 頁［ソルダーレジストパターン形成方法］）と解される。

(3) 訂正は，実質上，特許請求の範囲を拡張し，又は変更するものであってはならない（訂正審判請求 126 条 6 項，訂正請求 134 条の 2 第 9 項）

　本規定は，訂正前は技術的範囲が及んでいなかった技術に対して保護が拡張されること防ぎ，もって第三者の予測可能性，法的安定性を保障しようとするものである。もっとも，①目的限定と②新規事項追加禁止によってほぼその目的は達成されているはずであるから，本要件は確認的な一般条項的意味合いがあると理解しておけば十分である。現に，特許請求の範囲における誤記の訂正に関する裁判例においてもこうした傾向があり，誤記の訂正の可否は，実施例を中心とした明細書等の記載を参酌した場合，訂正前の記載が一義的に訂正後の記載を意味しているかといった基準で判断され，裁判例では，それ以上に 126 条 1 項 2 号の「誤記」とするか 126 条 6 項の特許請求の範囲の実質的変更に該当するか，すなわち両条項の理論的関係等は特に意識されていない（時井真「特許請求の範囲における誤記の訂正の限界」知的財産

法政策学研究 24 号 162 〜 165 頁（2009 年））。

(4) 特許請求の範囲の減縮，誤記の訂正又は誤訳の訂正については，訂正後に請求の範囲に記載されている事項により構成される発明が，特許出願の際，独立して特許を受けることができるものでなければならない（独立特許要件。訂正審判請求 126 条 7 項，訂正請求 134 条の 2 第 9 項）

　本規定は，訂正が特許要件を満たすか否かということは特許庁では審査せず，特許権者の自己責任の問題として後に特許無効とすれば足りるという方策もありえるが，126 条 7 項は，特許権者の救済のためにかかる有害無益な訂正を特許権者が行うのを未然に防ぐことを目的として，訂正後のクレームで特許要件を欠くに至ると見込まれる場合には訂正を認めないこととしたものである（無効審判手続内で申立てや審判の対象となっている請求項について訂正が行われる場合には，無効審判の実体問題である無効事由の有無の問題と重なるので，訂正の要件から除外されている。134 条の 2 第 9 項後段）。

2　要件違反の効果

　以上の要件に違反した訂正は，特許の無効理由となる（123 条 1 項 8 号）。訂正が無効となるのではなく，特許が無効となる。

　その結果，特許権者は負けないギャンブル（最悪でも訂正が認められなくなるだけというギャンブル）ができないことになるが，無闇と訂正が行われ，諸手続が遅延することを防ぐための規律である。その分，特許権者にとっては酷な結果となることもあるが（訂正がなくとも特許が維持されたと思料される場合），このような帰結も，訂正に及んだ特許権者の自己責任ということで正当化することができよう。

Ⅲ　論　点

1　訂正審判と無効審決取消訴訟の関係

（1）　当然取消の法理

　無効審決の取消訴訟係属中に特許請求の範囲の減縮を目的とした訂正審決が確定した場合，審決取消訴訟手続において裁判所が訂正後の請求項に基づき無効理由の有無を審理判断することができるかという論点がある。

学説には異論はあるが，判例は，この場合，裁判所は訂正後の請求項に基づいて自判することはできず，無効審決を取り消し，事件を特許庁に差し戻さなければならない，と解している（最判平成 11.3.9 民集 53 巻 3 号 303 頁 [大径角型鋼管の製造方法]，最判平成 11.4.22 判時 1675 号 115 頁 [6 本ロールカレンダーの構造]）。

なぜなら，訂正には遡及効がある（128 条）ところ，訂正後の発明については一度も無効審判を経ていないことから，技術的事項について専門庁である特許庁の判断を一度は示させることにより正確な判断を可能とする無効審判前置の趣旨を忖度すると，無効審決を取り消し，再度の無効審判手続で無効か否かということを審理判断すべきだからである。

もっとも，無効審決が確定してしまえば，訂正審判は審判の対象を失い却下となる，とされている（最判昭和 59.4.24 民集 38 巻 6 号 653 頁 [耕耘機に連結するトレーラーの駆動装置]）。

特許権者の救済を万全なものとするために，無効審決確定後までも訂正を許容し，その遡及効によりすでに確定した無効審決を再審（171 条）により取り消すべきであると主張する学説もあるが，そのように解する場合には無効審決確定後も第三者は安心して無効となった発明を実施することができないことになり，無効審決の意義を過度に減殺しかねず，穏当とは思われない。

ゆえに，訂正審決が無効審決が確定する前に確定すれば無効審決が取り消されるが（前掲最判 [大径角型鋼管の製造方法]，前掲最判 [6 本ロールカレンダーの構造]），逆に訂正審決の確定が遅れ，それに先立って無効審決が確定した場合には，訂正審判請求が却下されることになる（前掲最判 [耕耘機に連結するトレーラーの駆動装置]）（訂正審決が取消訴訟に係属している場合には，無効審決の確定を理由に訂正審決が取り消され，事件が訂正審判手続に差し戻され，そこで訂正審判請求が却下されることになる）。つまり，訂正審決と無効審決の確定の先後という偶発的な出来事により，当事者にとっては全く正反対の帰結がもたらされることになる。

かかる事態は，法的安定性を欠くという問題を抱えているが，下記にみるように，法改正により，そもそも訂正と無効の手続が並行することを極力防ぐことにより解決しようとする試みが繰り返されている。

複雑な現行法制の意味を理解するためにはその歴史的な経緯を辿ることが

有益と思われる。そこで，以下では，これまでの改正の経緯を俯瞰する。

　なお，（無効審決ではなく）無効審判請求不成立審決の取消訴訟係属中に特許請求の範囲を減縮する訂正審決が確定した場合，ただちに不成立審決を取り消す必要はない（東京高判平成 14.11.14 判時 1811 号 120 頁［建築物の骨組構築方法］）。無効事由がないと判断された特許権をさらに訂正する場合，無効とされる可能性はさらに低くなること等が理由として考えうる（山根崇邦［判批］知的財産法政策学研究 12 号 321 頁（2006 年）参照）。

（2）　立法による解決の試み

　当然取消しの法理に従うと，無効審決に対する審決取消訴訟係属中に訂正審判が別個進行する場合，訂正審決の確定により従前の審決取消訴訟の手続が無駄になるという弊害が生じることになる。そのため，1993 年，2003 年，2011 年と度重なる法改正により一歩一歩，問題を解消しようとする努力がなされているが，未だに完全な解決には至っていない（19「無効審判」Ⅲ 3「無効審判手続内における訂正」参照）。

2　訂正を巡る諸問題

（1）　請求項毎の訂正の可否

　例えば特許権者が請求項 1 及び 2 の双方につき，訂正審判請求ないし訂正請求をなし，訂正後の請求項 1 については訂正要件を満たすが，請求項 2 については訂正要件を満たさない場合，請求項 1 についてのみ訂正を認めることは可能かという問題がある。いくつかの論点が錯綜し，それに応じて裁判例も対立した結果，2011 年改正により立法的な解決が図られたところであるので，以下，段階を踏んで各種の論点を紹介しておく。

（a）　特許出願の取扱い

　この点につき，出願段階では，大量に行われる特許出願に迅速に対応するため，請求項の一つに拒絶理由があれば，出願全体が拒絶されるものとして扱われている（明文はないが，49 条，51 条は「出願」単位で拒絶することを予定しているように読める）。

　これは，拒絶理由が一つでもあるような出願は全体として瑕疵が多い可能性があるので，いったん出願全体を拒絶し，効率的な審査を優先することにしたのである。このように取り扱ったところで，拒絶理由にかかる瑕疵を治癒できるとか，他の請求項に関しては特許要件を満たしている出願であるの

であれば，出願人は補正をなしてくると考えられるから，特に過度の不利益を出願人に課すものではない。反面，いまだ特許権が発生していない出願の段階であるので，権利を前提にして形成された第三者の利益を保護する必要性も大きくはない。

（b）　無効審判の取扱い

他方で，無効審判は，請求項毎に提起できると規定されており（123条1項柱書き後段），それに応じて，無効理由の存否も請求項毎に判断すると取り扱われている。複数の請求項に対して無効審判が請求された場合にも，請求項の一つに無効理由があるのであれば，当該請求項のみが無効となる（185条，125条）。

この点では，出願段階における拒絶査定と180度異なる取扱いがなされていることになる。その理由は，特許権が存在するということは，特許庁が審査段階で全ての請求項について特許要件違反を見つけられなかったことを意味しており，何の審査も経ていない出願と異なり，1の請求項について無効理由があるからといって他の請求項についてまで無効理由が存する可能性は相対的には低い。出願に比して無効審判の事件も桁違いに少なく，審判の効率性を確保する要請に乏しい。反面，特許権の存在を前提として利害関係に入った第三者の予測可能性を確保する必要性も相対的に高いからであろう。

（c）　一体的取扱い vs. 個別的取扱い

訂正審判請求や訂正請求を全体として一体的に取り扱うのか，請求項毎の取扱いを重視するのかという問題は，裁判例において，上記2つの手続のうち，出願に寄せて考えるのか，それとも無効審判に寄せて個別的に取り扱うのか，ということによって分かれることになる。

一体的取扱い：訂正は，補正と同様，出願手続の瑕疵を治癒するものであるから，法的性質としては出願に寄せて考えるべきであるという立場からは，出願に対する拒絶の取扱いに合わせて一体的に取り扱われることになる。

個別的取扱い：訂正は，無効審判内における訂正請求はもとより，訂正審判請求を含めて，無効審判請求に対抗する措置として機能する場合が殆どであるから，この機能面を重視する立場は，無効審判に引き寄せて請求項毎に個別的に取り扱うべきであるとする。

知財高裁の取扱いは分かれ，一体的な取扱いを志向するものと，請求項毎の個別的な取扱いを志向するものが対立していた。

そのようななか，最判平成20.7.10民集62巻7号1905頁［発行ダイオードモジュール］は，特許異議申立手続内での特許請求の範囲の減縮を求める訂正請求に関し，請求項毎の個別的な取扱いを認めた。他方，傍論で，訂正審判請求については新規の出願と評価されることを理由に一体的な取扱いをすべきである旨を説いた。つまり個別的取扱い重視派と一体的取扱い重視派の折衷のような判決が出てしまったのである。それにも拘わらず，その後の知財高裁では，この最高裁判決の傍論に従うことなく，訂正審判請求に関しても個別的な取扱いをなすものがある（山﨑由紀子［判批］知的財産法政策学研究32号249頁（2010年））。

(d)　2011年改正

そこで，2011年改正では，裁判例の統一を図るため，訂正審判請求（126条3項），無効審判事件内での訂正請求（134条の2第2項）の双方について，請求項毎に請求が可能であり，そのように請求された場合には請求項毎に訂正の可否を判断すべきものとした（無効審判が請求項毎になされている場合には，そもそも無効審判請求項毎に訂正請求しなければならないとされた）。このように訂正が請求項毎に請求されている場合，請求項毎に審決が確定するとされたので（167条の2），一部の請求項については審決取消訴訟が提起されて取消訴訟手続に移行するが，一部の請求項については出訴期間内に取消訴訟が提起されなかった結果，その請求項に限って審決が確定することがありうる。これらの点で訂正の機能面を重視する個別的取扱い説が勝利したのである。

もっとも，改正法は以上に紹介したのとは全く別個の観点，つまり明細書の一覧性の確保という事務処理を重視し，完全な個別的取扱いを認めなかった。その意味で，折衷説が採用されたとみることができる。

請求項のなかには「請求項1にかかる…において」というような書き出しで他の請求項を引用するものがある（従属クレーム）。また明細書の各部分は請求項毎に分かれているわけではなく，通常，同一の部分が複数の請求項に関係していることのほうが多い。すると，主たるクレームで訂正があるが，従属クレームには訂正がない場合であるとか，明細書内の同一の部分について請求項1に関係する請求では訂正がされたが，請求項2に関係する

請求では訂正がなされないなどという事態が生じうる（＝明細書の束による一覧性の欠如の問題）。

　2011年改正は，特許権者の行動に起因してかかる明細書の束問題が起きることを防ぐために，他の請求項（独立項）を引用する請求項（従属項）がある場合，これらの請求項を「一群の請求項」と呼び，これら独立項と従属項は一体として訂正を請求しなければならないとされた（126条3項，134条の2第3項，それを嫌う特許権者のために引用形式を解消して新たに構成要件を書き下ろす訂正が126条1項4号，134条の2第1項4号で認められるようになった）。くわえて，明細書と図面の訂正に関しては関係する請求項はやはり一体として訂正を請求しなければならないとされた（126条4項，134条の2第9項）。その結果，少なくとも関係する請求項間で参酌すべき明細書が異なるという事態は避けることができるようになった。

(2) 「除くクレーム」について

　請求項にかかる発明に包含される一部の事項のみを当該請求項に記載した事項から除外することを明示した請求項を，除くクレームという（審査基準）。除くクレームの典型例としては，クレームの一部に公知部分があり，そのままでは新規性等（29条1項3号，29条の2又は39条）の欠如により無効事由を内包する場合，当該公知部分のみをクレームから除外するような場合である。また，クレームの一部に先願と抵触する部分がある場合，当該部分のみをクレームから除外する場合にも用いられる。

　除くクレームとする訂正の例：特許請求の範囲の「…感光性熱硬化性樹脂組成物。」から先願の明細書に記載された「TEPIC」という商品名にかかる樹脂を用いた実施例を除くために，「…感光性熱硬化性樹脂組成物。ただし，(A)『クレゾールノボラック系エポキシ樹脂及びアクリル酸を反応させて得られたエポキシアクリレートに無水フタル酸を反応させて得た反応生成物』と，(B) 光重合開始剤に対応する『2―メチルアントラキノン』及び『ジメチルベンジルケタール』と，(C)『ペンタエリスリトールテトラアクリレート』及び『セロソルブアセテート』と，(D)『1分子中に少なくとも2個のエポキシ基を有するエポキシ化合物』である多官能エポキシ樹脂（TEPIC：日産化学製，登録商標）とを含有してなる感光性熱硬化性樹脂組成物を除く。」と訂正する（前掲知財高大判［ソルダーレジストパターン形成方法］で許された除くクレームの例）。

このような除くクレームが，特許請求の範囲の減縮に該当し，126条1項の目的制限には抵触しないことは明らかであるが，問題は，126条5項の新規事項の追加禁止（⇒Ⅱ1「要件」参照）（無効審判における訂正請求の場合も含む．134条の2第9項）の要件との関係である．新規事項の追加禁止は，訂正の場合のみならず，補正（17条の2第3項）や分割出願（解釈上）の場合も等しく求められる要件であり，他の要件に比べると，概括的・抽象的な要件であるがゆえに，補正，訂正，分割出願の適法性が争われる事案では攻防の中心になることも多く，進歩性と並んで実務上最も問題になる要件である．

　そこで，以下，これまでのおさらいの意味も込めて，少し詳しく除くクレームについて解説する．合わせて補正の要件についても一瞥することにしよう．

(a)　新規事項追加禁止要件

　1993年改正により，補正と訂正の実体的な要件が従前の要旨変更禁止から，「明細書又は図面に記載した事項の範囲内において」なさなければならないとする新規事項追加の禁止（126条5項，134条の2第9項，補正の場合には17条の2第3項）に変更されてから，特許庁の実務は，当初の①直接的かつ一義的に導き出せる事項の補正・訂正に限って許容するという厳格な基準から，2003年の審査基準の改定により，②当初明細書等の記載から自明な事項であれば許容するというやや緩和された基準に改められている．

　このうち特に①の立場に与する場合には，本件特許のように出願当初明細書には「TEPIC」という商品名にかかる樹脂について何も記載がないところ，これを突如として訂正の内容として技術的範囲から除外することは許されないことになる．②の立場でも，「TEPIC」という商品名にかかる樹脂を示唆する何らかの記載が出願当初明細書にない限り，除くクレームによる補正が許されないことは明らかである（出願時点で「TEPIC」を意識することなく出願されているのだから，一般的には当初明細書にそのような示唆を見出すことは困難であることが多い）．

　ところが，近時，除くクレームによる訂正に関しては前掲知財高大判［ソルダーレジストパターン形成方法］という大合議判決が下され，これが許容されることが明らかにされた．同判決は，除くクレームに限らず，新規事項追加禁止要件の一般論についても述べており，少なくとも説示のうえでは

「新たな技術的事項」を導入しないものであるか否かということがメルクマールとなるとされるに至った。本判決を受けて，特許庁も2010年に審査基準を改め，③当業者によって当初明細書等のすべての記載を総合することにより導かれる技術事項との関係において新たな技術的事項を導入するものであるか否かによって補正の許否が定まるものとされるに至っている。

除くクレームという特殊事例に関する本判決の射程をどのように理解するのかということに関しては議論があるが（田村善之「新規事項追加禁止の制度趣旨とその判断基準」パテント64巻4号13～14頁（2011年）），以下に解説するように，新規事項追加禁止の要件は，先願主義や新規性喪失要件の判断基準時の潜脱防止に求めておけば理解しやすいだろう。

第一に，新規事項追加禁止の要件が設けられている趣旨について，いったん特許権の権利範囲の外とされた領域に特許権の保護範囲が拡張することを防ぐための規律は，別途，訂正の目的を特許請求の範囲の減縮等の場合に限定する目的制限によって図られているから（126条1項，134条の2第1項），新規事項追加禁止の制度趣旨を特許権の保護範囲の拡張を防ぐというところに求めることはできない。

第二に，ゆえに，新規事項追加禁止の要件の最大の眼目は，出願時に発明していなかった技術的思想が補正や訂正により混入し，その結果，先願主義が潜脱されたり（本来は後願とすべきものであるにも拘わらず先願とされる），新規性喪失の判断基準時が潜脱される（本来は補正訂正時で判断すべきであるにも拘わらず出願時に遡及判断される）ことを防ぐところにある。そして，新規事項追加禁止要件の趣旨をここに求める場合には，技術的思想を同じくする範囲の補正や訂正であれば，先願主義や新規性喪失の判断基準時を潜脱することはないから，補正・訂正を認めて良いという要件論が導かれることになり，前掲知財高大判［ソルダーレジストパターン形成方法］の説く抽象論が妥当することになる。

結論として，出願時に発明していなかった新たな技術的思想を補正・訂正により混入することを防ぐという新規事項追加禁止の趣旨によれば，除くクレームを用いることによって，実質的に選択発明や数値限定発明など臨界的効果を有する新たな発明を忍び込ませるような場合は，新たな技術的事項の導入と評価されようが，公知部分や先願にかかる部分を除く場合は，除き方がよほど恣意的でもない限り，新たな技術的事項の導入には該当せず，新規

事項の追加禁止には違反しないものと思われる。

　例えば，前述したような公知技術ないし先願である「TEPIC」という商品名にかかる樹脂を除くに止まる訂正は，それにより特許発明の技術的事項が変化するものではないから，先願主義や新規性喪失要件の判断基準時を潜脱するおそれはなく，許容されるべきであると考えられる。ただし，補正・訂正が新規事項追加禁止に該当しないとしても，別途，特許要件である新規性・進歩性の充足が否定されれば，特許が認められることにはならないことに注意したい（特に公知技術を除いた場合。他方，先願に対しては区別されればよいから，新規性・進歩性まで充たす必要はない）。例えば，当初のクレームの数値限定が「5℃〜40℃」であったところ，7℃に公知技術があり，拒絶理由を通知されたので，クレームを「10℃〜40℃」に減縮する補正も10℃に減縮することにより臨界的効果が生じ新たな技術的思想の導入となる場合を除き，新規事項の追加禁止との関係では許容される。しかし，7℃という公知技術がある以上，この数値と近い数値について特許請求すると，単なる数値範囲の最適化として進歩性がないとされる可能性もある。

　（3）　訂正の再抗弁 ⇒ 9「無効の抗弁」参照

第 Ⅲ 部

権利の帰属を巡る訴訟

22　発明者の認定

Ⅰ　イントロダクション

　発明者の認定は，「発明者は誰か」という直接的な問いに加えて，先に述べたように，冒認出願であるかどうかを判断するうえで，その前提として必須の認定である。そこで，冒認出願を理由とする無効審判請求，あるいは，それに引き続く無効審決（又は無効不成立審決）に対する審決取消訴訟で問題となりうる。それ以外でも，特許を受ける権利の確認請求訴訟，あるいは，元従業員が前勤務先を相手に発明の対価請求を行う場面で，当該従業員の発明者性が争われるなど，様々な論点の起点となる点で重要な論点である。

Ⅱ　論　点

1　判断基準

　2条1項では，「発明」とは「技術的思想の創作」のことをいうとされているから，特許を受ける権利を享受する「発明者」とは，技術的思想を創作した者であると考えられる。具体的には，当該発明の技術的思想（例えば，解決すべき課題とその解決手段によって特定される）を創作した者が発明者であると考えられる。「課題を解決するための着想及びその具体化の過程において，発明の特徴的部分の完成に創作的に寄与したことを要する」と説く判決もある（知財高判平成20.9.30平成19(行ケ)10278［ウエーハ用検査装置］）。

　当該発明の技術的思想（解決すべき課題とその解決手段）の把握については，均等論の第一要件における発明の本質的部分の確定作業と同様であると考えてよい（田村善之「発明者の認定──『特徴的部分』の判別手法と発明完成概念活用の功罪」知的財産紛争の最前線［L&T別冊］2号53頁（2016年））。

2 具体的帰結

知財高判平成 20.5.29 判時 2018 号 146 頁［ガラス多孔体及びその製造方法］では，一般論として，「当該発明について，例えば，管理者として，部下の研究者に対して一般的管理をした者や，一般的な助言・指導を与えた者や，補助者として，研究者の指示に従い，単にデータをとりまとめた者又は実験を行った者や，発明者に資金を提供したり，設備利用の便宜を与えることにより，発明の完成を援助した者又は委託した者等は，発明者には当たらない」と判示している。

たしかに，資金提供者や設備利用の便宜を与える者はおよそ技術的思想の創作とは無関係であると思われるから，発明者たりえないだろうが，しかし，これら発明に関連した活動をしている周囲の者が発明者に該当しうるのか否かということを一般論として決定することは危険であり，問題となっている発明の技術的思想が何か，換言すれば発明の解決すべき課題と解決手段がどこにあり，それらの点についてこれらの者が具体的な着想をなしているのかということが判断の決め手となる。例えば，発明の技術的思想の特徴が解決すべき課題の提示にあり，部下への助言がその課題の提示に当たる場合には，当該上司が発明者となることもありえる。例えば，考案の特徴が個々の構成要素のデザインにあるのではなく，洗濯籠の上に脱衣籠を配置し，洗濯籠に入れた衣服を外から見えにくいように配置した点にある場合には，脱衣籠と洗濯籠の配置の構成を発案した上司が単独の考案者となるのであって，個々の脱衣籠や洗濯籠あるいは収容具自身のデザインを制作した部下は単なる補助者でしかなく共同考案者にすらなることはない（東京高判昭和 60.10.24 判例工業所有権法 2509 の 67 の 713 頁［家庭用の脱衣収容具］）。

具体的に，類型的に問題となる事案は，以下のとおりである。

（1） 水平的分業への関与（チームで開発など）

複数の者が水平的に分業して発明に関与している場合，共同して最後まで完成に関与しているのであれば，具体化の程度よりは，クレームされた発明に関し，解決すべき課題とその解決手段（本質的部分）に，当該担当者が関与していたか否かということが争点となる。

例えば職務発明などで複数人で構成されるチームが役割分担をしながら共同で研究開発に従事している場合，各自が担当した作業が発明の技術的思想に関わっていたか否かということが発明者の認定の分岐点となる。この類型

において特に問題となるのが，チームで研究する場合に，上司が発明者となりうるかである。上司が共同発明者として認められるためには，実験担当者の指名や一般的協議，公知技術の教示など，発明にかかる技術的思想とは無関係な関与では不十分である（そのような関与しかないことを理由に上司の発明者性を否定した裁判例として東京地判平成 17.9.13 判時 1916 号 133 頁［分割錠剤］）。上司は，発明の特徴的部分の着想につき助言する，重要な実験に立ち会ったり具体的な指示を出す，上司自ら実験を行う，実験結果の考察を行うといった程度まで関与して初めて発明者と認められる。そのような例として，東京地判平成 18.9.12 判時 1985 号 106 頁［保護膜形成用材料］がある。この事案では，当該特許発明に関するプロジェクトのリーダーが，部下の実験担当者とは別に，当該特許発明を生み出すうえで核となるような実験を自ら行い，検討会議における研究の方向性の決定に重要な役割を果たし，各段階の仮説の立論や方向性の決定においても一定の影響力を有していた場合に，当該上司は，技術思想の創作行為に加担しており，発明者であるとされた。

（2）　垂直的分業への関与（委託者―受託者型）

　発明の完成に途中まで依頼者が関与し，そこから受託者が引き継ぐという委託者―受託者間の紛争（冒認出願（後述）を理由とする無効審決（又は無効不成立審決）に対する審決取消訴訟や特許を受ける権利の確認請求訴訟に多い）では，発明の技術的思想を実現した者はどちらかということが判断の決め手となる。

（a）　解決すべき課題が具体的な構成ではなく，より抽象的なコンセプトに存する場合

　当該コンセプトを呈示した者が（単独 or 共同）発明者になる。この場合，当該コンセプトが開示されれば，当業者が容易に実施をすることができるというのであれば，当該コンセプトの着想をもって発明は完成しており，コンセプトの着想者が単独発明者になり，以降の関与者は共同発明者にすらなることはない（cf. 前掲東京高判［家庭用の脱衣収容具］）。

（b）　解決すべき課題が具体的な構成に（も）存する場合

　具体的な構成を実現した者が（単独 or 共同）発明者となる。コンセプトを開示されただけでは当業者が容易には実施できない場合がこれに該当する。例えば，串を使用せずにチェンで押圧することによってエビの屈曲を防止し

たうえで蒸気噴射をすることでエビのうまみを逃がさず操業能率を高めるというアイデアだけでは，いまだに当業者がそれを実現する装置を製造することができないという場合には，そのような依頼を受けて装置の具体的な構成を完成した者も発明者となる（傍論で受託者の単独発明としているが，東京高判平成 3.12.24 判時 1417 号 108 頁［自動ボイルエビの成型装置］）。この場合，依頼者の呈示したコンセプト自体が発明の技術的思想に関わるものである場合には依頼者も共同発明者となる（東京高判平成 15.3.25 平成 11（行ケ）330 等［建築用内部足場］）。

（3） 出願のためのドラフティングへの関与

公知例との抵触を避け，かつ，特許発明の範囲を最大とすることを目的として特許請求の範囲に数値限定を加えても発明者にならない。

例えば，「少なくとも 26 重量 %」というクレームの数値限定が，出願に至る過程で発見した公知技術（25% の結晶セルロースを用いた撹拌造粒方法が記載されていた）との抵触を避けながら特許発明の範囲を最大化することのみを目的として挿入されたものであり，当該数値限定の理由として明細書の裏付けをも欠く場合は，かかる数値限定に関与しても発明者とはいえない（東京地判平成 14.8.27 判時 1810 号 102 頁［細粒核］）。全体につき，裁判例の詳細は，山根崇邦＝時井真［判批］知的財産法政策学研究 20 号 265 頁以下（2008 年）参照。

実務ガイド **冒認出願をめぐる訴訟の審理**

特許要件のうち，新規性や進歩性，記載要件等の判断は，提出された引用例や技術常識を元に書面で行うことが多い。一方，冒認出願やその前提となる発明者の認定にあっては，明細書の記載のみならず，明細書外の出願経過における事実関係を解明するため（特に，知財高判平成 20.2.7 判時 2024 号 115 頁［距離測定機等］の事案），複数の関係者を審判廷や法廷に呼んで，その証言の信用性を判断したり反対尋問で弾劾したりする点では，一般の民事事件や刑事事件の取扱いと重なる面もある。さらに，証人尋問等を行ってもなお真偽不明の疑いが残るケースもあり，こうした背景により，共同出願違反や冒認出願の事例では，証明責任の所在に言及されることがある（例えば，冒認出願を理由とする無効主張の事例では，「特許出願がその特許に係る発明の発明者自身又は発明者から特許を受ける権利を承継した者によりされたこと」の主張立証責任は特許権者にあるとする知財高判平成 21.6.29 判時 2104 号 101 頁［基盤処理装置］や，共同出願違反を理由

とする無効主張の事例では，審判請求人が「特許を受ける権利が共有に係ること」
について主張立証責任を負うとする知財高判平成 25.3.13 判時 2201 号 116 頁［二
重瞼形成用テープ等］がある）。

23　冒　認

Ⅰ　イントロダクション

　特許を受ける権利を有しない者の出願を講学上，冒認出願と呼んでいる。冒認出願がなされた場合，真の発明者（又は特許を受ける権利の移転を受けた承継人）がとりうる対応は，出願手続の進捗状況に応じて細かく異なることに留意する必要がある。

Ⅱ　要件事実

　（冒認出願に関する紛争においては）「特許出願がその特許に係る発明の発明者自身又は発明者から特許を受ける権利を承継した者によりされたこと」についての主張立証責任は，特許権者が負担する（無効審判に関する判示であるが，知財高判平成 21.6.29 平成 28(行ケ)10427 号 [基盤処理装置]）。

Ⅲ　概念の整理

1　発明者主義

　特許権を取得しうる権利主体は，真の発明者又は当該発明者より特許を受ける権利を承継した者（以下，あわせて「真の権利者」という。）に限られる（発明者主義。29 条 1 項柱書き）。特許を受ける権利は，真の発明者から，これを他人に移転することが可能であるから（33 条 1 項），真の発明者から特許を受ける権利の移転を受けた承継人も，出願人となることができることに注意を要する。

　29 条 1 項柱書きにより，先願者であっても，発明者でない場合は特許を受けることができないため，29 条 1 項柱書きが発明者主義の根拠条文であると考えられている。

2　特許を受ける権利

　特許を受ける権利とは，特許登録以前の段階で発明者が発明という行為をすることにより取得する権利性のあるものの総体を指す。出願前の特許を受ける権利は，移転可能である（33条1項）が，対抗要件を得るには特許出願を要する（34条1項）。したがって，二重に権利譲渡が行われた場合には先に出願した者が権利を取得できる。また，出願後の特許を受ける権利の承継は，相続等一般承継を除き，特許庁長官への届出が効力要件である（34条4項）。

3　冒認（特許を受ける権利の譲渡後の発明者による出願）

　従前は，「その特許出願人が発明者でない場合において，その発明について特許を受ける権利を承継していないとき」49条7号（123条6号も同旨）とされ，特許を受ける権利譲渡後の発明者自身の出願は（条文上は）冒認に該当しなかった。しかし，2011年改正により，「その特許出願人がその発明について特許を受ける権利を有していないとき（123条1項6号も同旨）と規定されたことにより，発明者自身も特許を受ける権利を譲渡した後は，冒認者に該当しうることが明らかにされた。

Ⅳ　論　点

1　2011年改正法下における真の権利者の救済手段
（1）　冒認出願の後，冒認出願が出願公開されるまでに真の権利者が出願しようとする場合

　2011年改正により，冒認出願であっても，特許請求の範囲については先願の地位が認められた（旧39条6項削除）。これは新設された74条（特許権の移転の特例）による移転請求権が実効的なものとなるように，第三者の後

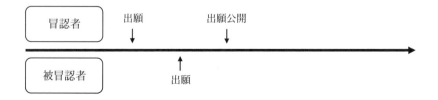

願を排除するために先願の地位を認めたものである。移転登録が認められる以上，被冒認者にとっては，冒認出願といえども第三者の出願を後願として排除する効果を保持してもらうことがその利益となる。結果的に，冒認出願であってもクレーム部分には先願の地位があるため，真の権利者自身が冒認出願と同じクレームで出願すると後願として拒絶される（49条2号，39条1項）。この場合は，真の権利者は，特許を受ける権利の確認判決（冒認出願の審査がまだ係属中の場合）＋出願人名義変更で救済を受ければよい（後述）。

一方，冒認出願のうち，明細書等の部分には先願の地位はないため（29条の2括弧書き），真の権利者のクレームが，冒認出願の明細書等に記載された内容ではあるが，冒認出願のクレームとは異なるという場合は，拒絶されることなく出願できる。後願の関係にある真の権利者のクレームが，先願の関係にある被冒認者のクレームと同一なのか，（そうではなく）被冒認者の明細書中の記載に含まれるにすぎないのか，上記のように扱いが異なることに注意を要する。

(a) 特許を受ける権利の確認判決（冒認出願の審査が係属中の場合）＋出願人名義変更

救済を受けようとする段階で冒認出願の審査が未だに係属中である場合，真の権利者の最も実効的な対応は，冒認出願者を被告として裁判所に対して，特許を受ける権利を有することの確認を請求し，当該請求についての確認請求認容判決を得て，特許庁長官に対し単独で，冒認者から自己名義へ名義変更を届け出る（34条4項）ことである。2011年改正では条文に盛り込まれなかったが，従来からの特許庁の実務であり，裁判例もそれを是認してきた（東京地判平成22.11.29平成21(ワ)9793［ねじ］）。

なお，冒認出願は拒絶されうるものではあるが，特許庁は，実務上，特許権の帰属は当事者間での交渉ないし裁判に委ねるべく，あえて拒絶することなく，登録を認めている。その結果，特許を受ける権利の確認請求にかかる訴訟が進行中であっても，冒認者に特許権が付与されることがあるが，その場合，被冒認者は特許権の移転登録請求に訴えを変更することによって対応することになる。

(2) 冒認出願の出願公開以降に真の権利者が出願しようとする場合

冒認出願であってもクレーム部分には先願の地位があるため，真の権利者自身が同じクレームで出願すると後願として拒絶される（49条2号，39条1

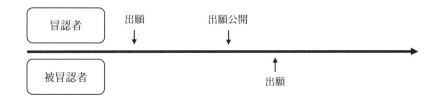

項）（（1）と変わらない）。

　さらに，冒認出願であっても，出願公開されると刊行物記載（29条1項3号。公開公報）により新規性を喪失するため，先願の関係にある冒認出願の明細書等の部分に記載されている発明についても，新規性喪失の例外規定が適用されない限り，真の権利者は特許を取得することができなくなる（（1）と異なる）。もっとも，出願公開から1年以内であれば，真の権利者は，意に反する公知（30条1項）として新規性喪失の例外規定を活用して出願できる（しかも30条1項については，2項の自己の行為に起因する新規性喪失と異なり，出願と同時に30条3項所定の手続を行うことは求められていない。30条3項参照）。

　出願公開から1年経過すると，30条1項による救済はないが，冒認出願に特許権が付与されるまでの間であれば，真の権利者は，条文にはないが，特許を受ける権利を有することの確認判決を得て，その確定判決をもって特許庁に出願名義人の変更申請をすることにより，出願名義の回復を図ることができる（前掲東京地判［ねじ］）（（1）と変わらない）。

（3）　冒認出願に特許権が付与された後

　この段階では，真の権利者には，二通りの救済方法がある。

　（a）　真の権利者は無効審判を請求することができる（請求人適格は被冒認者に限られている（123条2項），ただし無効の抗弁は何人も可能（104条の3第3項））⇒無効審決が確定すると，万人が自由に実施できるようになる。

冒認出願は，特許権として登録されても無効事由とされている（123条6号）。そこで，真の権利者は，登録された冒認出願につき特許無効審判を求める対応をすることが考えられる。一般の無効審判は何人も請求できるが（123条2項），冒認に関する無効事由を理由とする無効審判の請求人は当該特許にかかる発明について特許を受ける権利を有する者のみが請求できる（123条2項但書き）。

なお，真の権利者が冒認者から特許権侵害訴訟を提起された場合には，真の権利者は，無効の抗弁を用いて，冒認者による権利行使を阻止すればよい（104条の3）。さらに，真の権利者以外の者は，2014年改正法における「特許を受ける権利を有する者」（123条2項）ではないため，冒認出願違反（123条1項6号）を理由としては無効審判を請求できないものの，冒認特許に基づく特許権侵害訴訟訴訟において冒認を理由とする無効の抗弁を主張することは許されている（104条の3第3項）。冒認者に保護に値する利益がないことに変わりはない。逆に無効の抗弁を否定してしまうと，いったん侵害を認める裁判が下され，後に冒認を理由とする移転登録請求が認められ特許権が遡及的に最初から被冒認者に帰属していたとみなされた場合，再審等による処理を図ることになるが，それが迂遠であると判断されたのである。

　（b）　真の権利者は，冒認者に対して特許権の移転請求をなすことができる（74条1項）⇒移転登録後は冒認は無効理由から外される（123条1項2号括弧書き・同6号括弧書き）。

　（i）　従来の裁判例 —— 最判平成13.6.12民集55巻4号793頁［生ゴミ処理装置］

特許を受ける権利の持ち分に関し譲渡証書を偽造して出願人名義を変更した者に対して，真の権利者が持ち分権の確認訴訟を提起したところ，訴訟係属中に冒認者（ともう一人の共同出願人）に対して特許権の設定の登録がなされたという事案で，最高裁は，真の権利者からの持ち分の移転登録請求（一審係属中に訴えを変更）を認容した。本件は，特許を受ける権利を有する者がなした出願について冒認がなされたという事件であり，被冒認者が出願という特許法の趣旨に沿う行動をなしていた以上，特許権の回復を認めても特許法の趣旨に悖ることはない。その意味で，被冒認者が出願もなしていないという事案には本件の射程は及ばない（東京地判平成14.7.17判時1799号155

頁［ブラジャー］）と解されていた。

(ii) 2011年特許法改正

ところが，2011年特許法改正では，真の権利者（特許を受ける権利を有する者）は，冒認出願により特許権を取得した者（冒認者）又は冒認者からの当該特許譲受人に対して，特許権の移転が認められることになった（74条）。すなわち，特許を受ける権利を有する者は特許権の移転を請求することができる（74条1項）。そして，この請求に基づく移転登録がなされた場合には，当該特許権は初めから当該移転登録を受けた者に遡及的かつ原始的に帰属していたとみなされる（74条2項）（もっとも，74条の移転請求権は，立法論的には疑問である。なぜなら，発明＋出願の2つの行動が伴って初めて特許権を付与するというのが特許制度の枠組みであるにも拘わらず，被冒認者（真の権利者）は，本条によれば何ら出願行為を経ることなく特許権を取得できるからである。本条のような取扱いは，特許制度の要請ではなく，当事者間の利益の衡量の問題として肯定しようとしたとしても，民法が準事務管理を否定していると解される以上，この場面だけ別扱いとする理由はないと考えられる）。

他方，移転登録前に特許権の登録の名義を信頼して実施をしていた者を保護するために，移転登録前の当該特許権にかかる特許権者（例えば，冒認者からの譲受人），専用実施権者，通常実施権者は，移転登録の際に，善意で実施の事業もしくは事業の準備をなしていた場合にはその範囲内で通常実施権を有する（79条の2第1項）。ただし，その場合，特許権者に対して相当の対価を支払わなければならない（79条の2第2項，中用権）。

さらに，74条の移転請求権は，特許が冒認出願による場合のみならず，共同出願違反（38条。2名による共同発明にも拘わらず発明者の一名が単独で出願した等）の無効事由に該当する場合（123条1項2号）にも適用される。したがって単独出願をされてしまった一方の発明者は，共同出願違反をした特許権者に対して，特許権の持分の移転を請求することが可能になった（74条1項）。真の権利者が移転請求権を行使し特許権の移転の登録があると，真の権利者は当該特許権につき，当初より権利を有していたものとみなされる（74条2項）。

(iii) 移転登録の効果

移転登録を受けた者に遡及的かつ原始的に特許権が帰属していたものとみなされる（74条2項）。これによって，特許権侵害者に対して過去に遡って

損害賠償請求が可能となる。ただし，侵害者が既に冒認特許権者に対して賠償を支払っている場合は，準占有者に対する弁済（民法 478 条）として善意の侵害者は免責される可能性がある。その場合でも，被冒認者は冒認者に対して不当利得返還請求により求償が可能と解すべきである。

　なお，移転請求以外の当事者間の関係については，2011 年改正法は，特に何も定めていない。そうすると，例えば，冒認者が負担した出願料，特許料その他の費用は，民法に委ねられていると考えられる。例外的に事務管理，委任が成立すると評価しうる例があればそれによるが，一般的には，不当利得（求償利得の類型）による処理が図られるのだろう（前掲最判［生ゴミ処理装置］の示唆）。

　(Check)　冒認又は共同出願違反を理由とした無効事由の扱い
　冒認又は共同出願違反については，同じく冒認出願に特許権が付与された後であっても，その後，真の権利者による移転請求権（74 条）行使の前後で，無効事由該当性の扱いも変化するので，注意を要する。
　①真の権利者による請求権行使に基づく移転登録前
　真の権利者による移転請求権行使前の段階では，冒認又は共同出願違反は，無効事由とされている（123 条 1 項 2 号本文，6 号本文）。しかし，冒認又は共同出願違反が無効事由とされるとしても，真の権利者以外の第三者によって冒認又は共同出願違反を理由に無効審判請求がなされ，これが認められると，取り戻す対象の肝心の特許権が消滅し，74 条により移転請求権を認めて真の権利者の保護を図った趣旨を損なう。したがって，真の権利者のみが，冒認又は共同出願違反を理由に無効審判を請求できるものとされた（123 条 2 項）。
　②真の権利者による請求権行使に基づく移転登録後
　真の権利者により移転請求権が行使され，特許権が真の権利者のもとに移転・登録された後の段階でもなお，冒認又は共同出願違反が無効事由に該当するとすれば，真の権利者が当該特許権を行使する場合に，第三者が当該特許権に冒認又は共同出願違反があったことを理由に無効の抗弁を持ち出すなどして真の権利者による権利行使を阻害するなど，74 条で真の権利者に移転請求権を認めて権利保護を図った趣旨を損なう結果になりかねない。そこで，真の権利者による請求権行使に基づく移転登録後は，冒認又は共同出願違反は，無効事由に該当しないものとした（123 条 1 項 2 号及び 6 号括弧書き）。

2 共同発明・改良発明と冒認出願

　共同発明の場合には，特許を受ける権利も共有となる。また，相続や持分の譲渡等により，特許を受ける権利が後発的に共有となる場合がある。いずれの場合にも，共有者が特許権の共有者となる。くわえて，特許後も相続や持分の譲渡等により，特許権が共有となる場合がある。

(1) 共有であることの効果

　特許を受ける権利が共有である場合，共有者全員で出願する必要があり（38条），また，特許を受ける権利の譲渡には，他の共有者の同意を要する（33条3項）。特許権が共有である場合も同様に，その持分譲渡には他の特許権者の同意を要する（73条1項）。

(2) 共同出願違反の場合の移転登録請求権の取扱い

　共同出願の原則に違反した出願の場合，たとえば甲乙2人が共同で発明して，そのうちの乙が甲に無断で単独出願をした場合には，他の共有者甲は持分の移転請求が可能である（74条3項はこれを前提とした規定を置く）。この場合，持分の割合は，当事者間で定めがなければ貢献度に応じて決定される。

(3) 冒認者が改良発明をなした場合の移転登録請求権の取扱い

　冒認者が改良を加えるなど真の発明者のなした発明と食い違う発明について出願をなしている場合の処理が問題となる。改良の仕方としては，発明の内容自体が改良発明に変えられることもあれば，関連はするが独自の発明について請求項が追加される場合もある。

　著作権法上の共同著作物は，分離不可能性と共同創作の意思を要件とするが（著作権法2条1項12号），特許法には共同発明に関する定義はない。しかし，何ら共同行為がない単なる改良発明一般に共同行為として特許法73条の譲渡制限等の制約を課すことは正当化しえないから，共同発明に該当するためには，元来は，共同発明の意思が必要となると解される。

　しかし，冒認の場面に限っては，少なくとも冒認者の不利益は勘案する必要はない。被冒認者も，何も救済がないよりは持分の移転を受けて共有となった方がまだましといえる。もし被冒認者が共有関係に入りたくないのであれば，あくまでも無効を追求すればよい。その意味で，この場面では，共同発明に準じて取り扱い，被冒認者は，貢献度に応じた持分に基づく移転登録を請求することができると解する（74条3項の規律の適用ないし類推適用）。

他方，冒認出願人が請求項を追加している場合，商標権と異なり，特許権の場合には，出願の分割という制度はあるが，登録後の，特許権の分割という制度は設けられていない。したがって，甲が発明したのが請求項1にかかる発明であるところ，乙が甲に無断で請求項2を追加して単独出願をした場合，甲は請求項1に関して特許権を分割したうえでその移転の登録を求めることはできない。あくまでも，特許発明全体に対する請求項1の貢献度によって定められる自己の持分の移転登録を求めることができるに止まる（田村善之・飯村敏明［発言］『座談会 特許法改正の意義と課題』ジュリスト1436号23頁（2012年））。

3　冒認特許権を巡る法律関係の保護

（1）　中用権

　一方，2011年特許法改正では，真の権利者に移転請求権を認めたこととの均衡で，①真の権利者から移転請求権の行使を受けた冒認者からの当該特許権譲受人や，②冒認者から当該特許権につき専用実施権や通常実施権の設定を受けていたライセンシーの保護を図るべく，新たな中用権を規定した（79条の2第1項）。

　すなわち，①や②のような者は，特許が冒認又は共同出願違反の無効理由に該当することを知らないで，特許権の移転の登録前に日本国内で当該発明の実施である事業（準備を含む）をしている場合，その実施又は準備をしている発明及び事業の目的の範囲内で，先使用による法定の通常実施権を有することとされた。この場合，真の権利者は，上記通常実施権を有する者に相当の対価を請求できる（79条の2第2項）。

　条文上は，善意であれば足りるから，冒認者自身も善意である限りは中用権を主張しうることになる。たとえば，特許を受ける権利の帰属を見誤り冒認出願をなしてしまった場合が考えられる。また，かりに次に述べるような民法上の意思表示に関する無効や取消し，契約の解除により，いったんは権原をもっていた者の出願が遡及的に冒認となることが認められるのであれば，善意の冒認の類型はさらに増えることになる。

（2）　冒認の範囲

　移転登録請求に対する中用権が設けられたことで，何をもって冒認と考えるのかということが問題となる。

例えば，（出願者が真の発明者から発明の内容を盗取して出願したという典型的な冒認出願の事例ではなく，真の発明者から出願者に対する）特許を受ける権利の譲渡契約が詐欺により取り消された事例の扱いである。

(a) 冒認に該当するという考え方

上記事例の場合，民法上，遡及的に契約が無効とされるのであるから，譲受人による出願が遡って特許を受ける権利を有しない者のなした冒認出願であると評価しうることになる。同じく譲渡契約が譲渡代金不払い等の債務不履行により解除された場合にも，解除の効果に関する理解の仕方次第では，遡及的に契約が無効ということになり，同様に冒認出願と評価しうることになる。こうした例は，強迫や錯誤無効など，民法上の無効や取消しに関する諸規定全般に当てはまる。

そして，仮にこれらの場合に冒認出願と評価されるということになると，冒認者から特許権を譲り受けた者や，冒認者からライセンスを受けたライセンシーは，特許法79条の2の中用権ばかりでなく，例えば民法96条3項や民法545条1項の第三者としても保護されることになるから，どちらの規定が優先的に適用されるのかということが問題となる。

これらの規定は要件（民法96条3項であれば善意無過失，民法545条1項であれば主観的要件はない），効果（民法96条3項や545条1項の下では相当の対価の支払いは不要であることにくわえて，特許権の譲受人は単なる実施権ではなく特許権自体を保持したままとすることができる）の点で相違があるために，議論の実益がある。

仮に冒認に該当するという考え方に立つ場合は，この点については，特許権の付与後であれば，特許権の移転に関して虚偽表示等が行われた場合，当該特許権にかかる従前の法律関係を信頼した第三者は民法94条2項等の規定の適用により保護されることがあることに配慮されるべきであろう。すなわち，たまたま，虚偽表示等が特許権の付与前に行われていたからといって民法の保護の規定の適用がないとするのは合理的な説明をつけづらい。したがって，民法の第三者保護の規定の適用はあると解すべきである。もちろん，冒認に該当すると解する以上，中用権の保護も及ぶと考えられる。受益者はいずれか有利な法を主張すれば良い（中用権だと相当な対価を支払う必要があるので，たとえば94条2項であれば民法の善意者保護のほうが有利）。

（b） 冒認に該当しないとする考え方

取消・解除の遡及効は形成権行使後の原状回復効果を説明するための法技術に過ぎないことを重視する考え方である。ゆえに，この点に鑑みれば，取消・解除の遡及効は，その趣旨を超えて，特許無効までもたらす必要はない。そうであるとするならば，上記事例は，そもそも冒認に該当しないと解すべきであろう（三村量一［発言］「座談会 改正特許法の課題」L&T 53 号 16 頁（2011 年））。虚偽表示については，民法の条文自体，第三者保護の規定を置いているのだから，瑕疵ある意思表示をなした者を保護する必要はないのではないか。そうすると，虚偽表示による無効に関しても，同様に冒認に該当しないと解すべきである。以上のように解する場合には，これらの処理は，特許法上の冒認の問題ではなく，もっぱら民法上の契約の解除，意思表示の取消や無効に関する一般的な規律に従って処理されることになる。

なお，詐欺による取消し後，解除による終了後，それにも拘わらず元譲受人が出願をなした場合には，単純な冒認と同様に取り扱ってよい。取消し前，解除前に出願がなされている場合に限り，上記の問題が生じる。

（3） 移転登録前の実施について冒認出願人の通常実施権が認められる場合

真の権利者への移転登録後に，冒認者自身に通常実施権が認められる可能性がある。上記の中用権はその一例であるが，それ以外にも①職務発明の事例で特許を受ける権利につき使用者への承継規定がない場合に使用者が従業員の発明を出願して後に従業員の移転請求が認められたという場合に，使用者には従業員による設定登録の時から無償の通常実施権が認められる（35条1項，74条2項）。また，②ノウハウ提供契約等において，真の権利者が相手方に当該技術の実施を認めていたが当該技術に係る特許を受ける権利の移転までは契約の内容となっていなかったところ，契約の相手方が冒認出願をし，その後74条の移転登録をした場合，特許権の設定登録の時点から冒認出願者に真の権利者からの許諾に基づく通常実施権が有効に存在していたと解釈する余地がある（金子敏哉「移転登録前の冒認出願者による特許権侵害と真の権利者の損害賠償請求権」特許研究58号40頁以下（2014年））。

24 職務発明

　従業者がなした職務発明について特許登録された場合，使用者は法定の通常実施権を取得する。これについての対価は不要である。これ以上の権利を希望する場合，使用者は勤務規則等で定めることにより，職務発明について特許を受ける権利を自らに原始的に帰属させ，又は従業者から承継することができる。この場合，使用者は従業者に対して相当の利益を与える必要があるところ，与えた相当の利益が不合理であると認められる場合，従業員は追加の補償を請求することができるとされている。

　訴訟において職務発明が問題となる事例は主に次の3つである。

1　特許権侵害訴訟における35条1項に基づく法定通常実施権の抗弁

　特許権侵害訴訟において被疑侵害者とされた（元）使用者が，当該特許発明は（元）従業者による職務発明に該当し，35条1項に基づき，法定の通常実施権を取得しているとの抗弁を提出する場面である。この場面では，職務発明に該当することが（元）使用者に有利に働くことになる。

　被疑侵害者である（元）使用者が特許権侵害を免れるためには，次の主張をしていく必要がある。

　①　自己の（元）従業者が発明者であると主張する。

　②　（元）従業者のなした当該発明が35条1項の職務発明に該当すると主張する。

　③　（元）従業者が共同発明者の一人に止まる場合には，35条1項の法定通常実施権の成立には，他の共有者の同意が不要であると主張する（73条1項の解釈）。

　35条1項の法定通常実施権が成立するためには，特許権侵害が主張されている特許発明について職務発明が成立することが必要である。職務発明が

成立しても，それが特許権侵害の主張にかかる特許発明とは異なるものであれば，当該特許権にかかる特許発明に対しては法定通常実施権は成立しないので，（元)使用者にとっては役に立たない（侵害が肯定される）。

この理は，全く無関係の特許ばかりでなく，（元)使用者に成立する職務発明を基本発明とする改良発明について特許権が主張されている場合，又はその逆に，（元)使用者に成立する職務発明が特許権が主張されている基本発明の改良発明である場合にも変わらない。特許権者ですら自己の特許発明の実施であることを他の特許権に対する抗弁として主張できないことを想起すれば，この理は明らかであろう。

2　74条1項に基づく特許権の移転登録請求訴訟 ────

(元)従業者が，特許権者である（元)使用者に対して，当該特許発明は職務発明に該当しないことを理由として，74条1項に基づき，特許権の移転登録を請求する訴訟を提起する場合である。なお，（元)従業者が共同発明者の一人に過ぎない場合には，共有持分権の移転登録を請求することになる（74条3項参照）。

① （元)従業者が自らが発明者であると主張する。

② （元)使用者が，当該発明は35条1項の職務発明に該当し，35条2項（の反対解釈）により発明規程に基づいて特許を受ける権利ないし特許権を取得していると主張する。

③ 発明が共同発明にかかる場合には，（元)使用者はさらに35条2項（の反対解釈）に基づく発明規程による共有持分の事前承継に他の共有者の同意が不要であるか（73条1項の解釈），必要であるとしても同意を得ているか，あるいは，35条3項に基づく定めを置いているので特許を受ける権利の持ち分を原始的に帰属しており，ゆえに共有持分が移転しているわけでないので他の共有者の同意は不要である，と主張する。

3　35条4項に基づく相当の利益請求訴訟 ────

(元)従業者が，特許権者である（元)使用者に対して，当該特許発明が職務発明に該当することを理由として，35条4項に基づき，特許を受ける権利の承継に対する相当の利益を請求する訴訟を提起する場合である。

① （元)従業者が自らが発明者であると主張する。

② (元)従業者が，当該発明は35条1項の職務発明に該当し，35条4項により特許を受ける権利ないし特許権の承継に対して相当の利益を請求できると主張する。

③ 相当の利益を算定する。

Ⅱ 要件事実

1 原告従業者の発明が職務発明であることは，原告従業者からの特許権侵害に基づく請求に対する被告使用者の抗弁（職務発明に基づく法定通常実施権）となる。

① 被告の従業者等である原告が発明をしたこと

② 当該発明が被告の業務範囲に属すること

③ 当該発明が被告における原告の現在又は過去の職務に属すること

2 原告従業者から被告使用者に対する職務発明に基づく相当の利益を請求する場合の（2015年改正法下の）請求原因は以下のとおりとなる。

① 被告の従業者等である原告が発明をしたこと

② 当該発明が被告の業務範囲に属すること

③ 当該発明に至る行為が被告における原告の現在又は過去の職務に属すること

④ 被告使用者が原告従業者の当該発明の特許を受ける権利を承継したこと

⑤ 相当の利益についての定めがないこと又は定められた相当の利益を与えることが不合理であること

⑥ 原告従業者が受けるべき相当の利益の額

なお，職務発明規程において，「相当の利益」（35条4項）として金銭以外の経済上の利益が定められている場合に，実体法上，債権の確定可能性が認められる程度に具体的であれば訴訟において請求可能とする見解がある（深津拓寛ほか『実務解説職務発明』（2016年・商事法務）135頁）。

Ⅲ　意義・趣旨

1　意　義

　特許法は，従業者のなした職務発明につき，使用者に法定の通常実施権を主張することを許すとともに（35条1項），予め勤務規則等を定めることにより特許権や専用実施権を原始的ないし承継取得することを認めている（35条2項の反対解釈，3項）。他方，従業者は権利の承継があった場合には，相当の利益を請求することができる（35条4項）。

2　趣　旨

　35条の職務発明制度の趣旨を，単純に従業者の保護のためであると断ずることはできない。たしかに相当の利益請求権は従業者を保護することになるが，法定通常実施権や事前承継など，使用者を利する制度も設けられているからである。

　したがって，現在の職務発明制度を説明するには，発明の大半が組織でなされていることに鑑み，組織による発明を活性化させるという政策判断により，組織内の使用者と従業者の保護のバランスを図ったのだと理解することになる。

　より具体的にいえば，技術革新が進んだ現代の経済社会においては，発明をなすためには相当の投下資本と熟達したノウハウが必要であり，発明は，質，量共に組織内でなされることが多い。このような現況下において発明を奨励するためには，特許法をして，単に発明者に対してその発明意欲をかき立てるような制度とするばかりではなく，その発明者が帰属している組織に対しても発明に対する投資へのインセンティヴを与える必要がある。他方で，特許権の帰属に関する問題を，使用者と，その従業者である発明者との私的自治に委ねておく場合には，両者の力関係から，一方的に使用者に有利に取決めがなされるおそれがあり，かえって発明者の発明意欲を削ぐことにもなりかねない。これら双方の要請のバランスを図るべく，特許法は，従業者のなした職務発明につき，使用者に法定で通常実施権を帰属させることにするとともに，勤務規則等を定めることにより対価と引換えに特許権や専用実施権を取得することを認めることにした，と理解される。

1　発明者の認定

⇒ 22「発明者の認定」参照。

2　職務発明該当性

職務発明に該当するためには従業者等がなした発明が「その性質上当該使用者等の業務範囲に属し，発明をするに至った行為がその使用者等における従業者等の現在又は過去の職務に属する発明」である必要がある（35条1項）。

裁判実務では使用者の業務範囲が問題とされることは殆どなく，職務該当性が問題とされることが多い。

裁判例で問題とされた事例から，職務発明該当性の判断に関する典型例を抽出しておく。

① 使用者の指示がある場合には職務発明該当性が肯定される。

使用者の指示に基づいて発明がなされた場合には，職務発明該当性が肯定される（大阪地判昭和 54.5.18 判例工業所有権法 2113 の 54 頁［連続混練機］）。

② 使用者の指示がなくとも，研究開発部門の統括者であるというように，職務の性質上，発明をなすことが前提とされている場合には，職務発明該当性が肯定される。

製造会社のように生産性向上が会社の経営方針となっているような場合で，技術担当取締役のように会社の技術部門の最高責任者にあるような者は，特に発明をすべき命令や指示を仰がなくとも，その地位に基づき当然に，生産性向上の不可欠の前提条件となる技術の改良に努める任務を有している（最判昭和 43.12.13 民集 22 巻 13 号 2972 頁［石灰窒素の製造炉］）。

③ 使用者の指示もなく，職務も発明をなすことが前提とされていない場合であって，会社の設備組織とは無関係に発明をなした場合には，職務発明該当性が否定される。

販売を専門に扱う会社で製造部門がなく，発明者の職務も技術面とは無関係であるような場合には，その発明が職務に属するとはいえない（東京高判昭和 44.5.6 判タ 237 号 305 頁［浴槽］）。

④ 例外的に使用者の指示もなく，かえって当該発明に関する研究を止め

られていたにも拘わらず，会社の設備組織を利用して発明をなした場合には，職務発明該当性が肯定される場合がある。

　特殊な事件として，被告会社において半導体発光素子等の研究開発に従事していた原告従業者がなした発明が，被告会社社長の成功の見込みが少ないから他の研究をするようにという業務命令に背いて青色発光ダイオードの研究を継続した結果完成したものであったとしても，勤務時間中に被告会社の施設内においてその設備と他の従業員の労力等を用いて発明をなしたものである以上，職務発明というに妨げないとする判決がある（東京地判平成14.9.19 判時 1802 号 30 頁［青色発光ダイオード中間判決］）。

　この事件の従業者は，半導体発光素子等の研究開発に従事する職務を有しており，具体的な業務命令に反していたとしても，抽象的には職務の範囲内といいうる事案であった。しかし，従業者は，使用者からの指示に反して発明をなしたのであるから，職務発明に該当せず，ゆえに特許を受ける権利ひいては特許権は自己に帰属していると主張したのである。裁判所は，会社の設備や従業員が利用されているところ，従業者が具体的命令に反したがゆえにかえって得をする結論を採用することは衡平に反すると考えたのだと思われる。

　この場合，職務発明該当性を肯定し，従業者からの移転登録請求を棄却したとしても，別途，相当の利益請求権の算定において，命令に背いてまでも発明を完成させた発明者の貢献度に比して，発明をなさないように指示していた使用者の貢献度が低いという事情は，相当の利益の算定において発明者に有利に斟酌されることに注意されたい。

(Check)　退職前の職務
　35 条 1 項の条文上，従業者の過去の職務に属する発明も職務発明となるとされているが，退職後の発明は職務発明とはならないと理解されている。退職後の発明が職務発明とされてしまうと，使用者等が勤務規則等により職務発明について特許を受ける権利等の移転請求権を有する場合には，転職後の企業が従業者を発明に従事させる投資が無駄となる結果，従業者が転職後，発明に関する職務に就くことが困難となり，発明に対するインセンティヴが削がれることになるからである。

　しかし，この立場に与するとしても，発明が退職前に完成していれば足り，出願が退職後であっても職務発明というに妨げないことに注意しなければならない

（前掲大阪地判［連続混練機］）。その場合には，発明完成の時点で35条1項の要件を満足している反面，転職後の企業は従業者をして新たな発明に従事させれば済むからである。

　なお，関連して，使用者が従業者との間で，従業者の退職時以降になされる発明について特許を受ける権利を使用者等に移転すべき旨，定めることができるか否かという問題があるが，使用者の搾取を防ぐために職務発明外について予め権利の承継を定めることを無効とする35条2項の趣旨に鑑みれば，契約時に従業者である者との間の定めについては同項が適用され，そのような契約は無効となると解すべきであろう。

3　法定通常実施権の取得

　35条1項は，発明に対する使用者の投資を誘引するために，従業者が取得した特許権にかかる発明が職務発明である場合，使用者が当然に通常実施権を取得する旨を定めている。

　この場合，実施をできるのは通常実施権を取得した(元)使用者自身に止まるが，下請と消尽という2つの例外がある。

（1）下　請

　第三者が製造販売する場合でも，法定通常実施権を有する(元)使用者の指揮監督の下に製造し，実施品を(元)使用者に全て納入している場合には，(元)使用者の自己実施の範囲内であるというべきであろう。

　分業が進んでいる実情に鑑みると，(元)使用者の指示に従った下請を肯定しないと法定の通常実施権が画餅に帰すことになりかねない反面，実施品の全てを(元)使用者に納入している場合には，結局，(元)使用者の販売能力を超えて実施品を製造することにはならないから，特許権者に過度の不利益を与えることにならないからである。

（2）消　尽

　職務発明に基づく法定通常実施権を取得した使用者自身が特許発明を実施できることはもちろん，当該使用者が製造販売した実施品に関しては，その取得者も自由に使用，譲渡をなすことができると解される（名古屋地判平成5.11.29判例工業所有権法［2期版］2271頁［傾床型自走式立体駐車場におけるフロア構造］）。さもないと，これらの法定通常実施権者等が製品の売却先に困ることになるからである（⇒5「消尽」参照）。

4 勤務規則等による特許権等の取得

　特許法35条2項は一般に反対解釈されており，職務発明につき使用者が「契約，勤務規則その他の定め」により，特許を受ける権利及び特許権等の取得を認めていると理解されている（最判平成15.4.22民集57巻4号477頁［オリンパス光学工業］）。実務では，「職務発明規程」という名称の社内規則が定められることが多い。理屈のうえでは就業規則で定めてもかまわないが，この場合には，役員について別途規程を定める等の方法で対応しておく必要がある。

　この使用者による事前取得について，従前の規定で使用者は従業者等から特許を受ける権利を承継取得（＝移転）しうるのみであると取り扱われていたが，2015年改正により，新たに，従業者等の発明と同時に使用者に特許を受ける権利が原始的に帰属すると定めることもできるようになった（35条2項・3項）。それには以下に説明するようなメリットがあるからである。

(1)　原始的取得のメリットその1

　複数の使用者による共同発明の場合，特許を受ける権利の承継の処理を簡易化できる。

(a)　改正前の問題点

　特許権が共有にかかる場合であって，各使用者が契約や規則で特許を受ける権利を自己に承継させる旨定めていた場合の処理に関して問題があった。

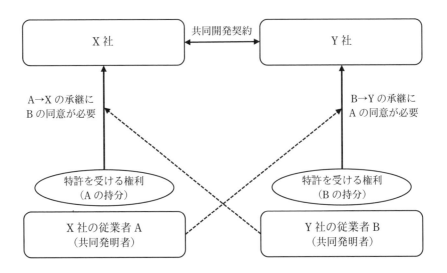

契約等の合理的な解釈として，従業者が有する特許を受ける権利の共有持ち分が使用者に承継されることになりそうであるが，①他の共有者（この場合は共同発明者である他の従業者）の同意を得なければ，持ち分を譲渡することができないはずであり（33条3項），②さらに，同意を得る等してこの問題をクリアしたとしても，承継の定めにより自己に移転するのは持ち分だけであり，いずれにせよ，共有者全員の共同でない限り，特許を受けることはできない（38条）。結局，共有者となっている他の共同発明者もしくはその使用者と思惑が一致しなければ特許を受けることができなくなる。

（b）　原始的取得の効果

発明規程等により権利の原始的取得を定めた場合，権利の譲渡（33条3項）ではないので，共有者の同意が不要となる。

（2）　原始的取得のメリットその2

特許を受ける権利が二重譲渡された場合，対抗問題とせず，使用者に権利を帰属させることができる。

（a）　改正前の法の問題点

特許を受ける権利が発明者から他者に譲渡された場合には，対抗問題となるから（34条1項），他者が先に出願した場合には，原則として，他者に特許を受ける権利が帰属していた。

（b）　原始的取得の効果

発明規程等により権利の原始的取得を定めた場合，一度も発明者＝従業者に特許を受ける権利が帰属しないので，二重譲渡ではなくなり，対抗問題と

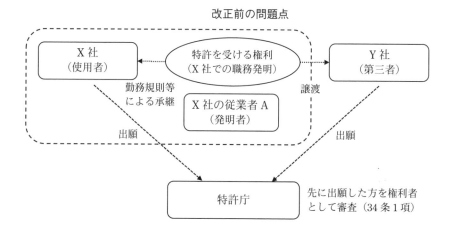

改正前の問題点

Ⅳ　論　点

なることもない。

　譲渡を受けたと称する他者が現れても，単なる無権利者であり，ゆえに他者の出願が先んじても，特許を受ける権利は使用者に存することに変わりは無く，冒認の問題として処理されることになる。

　Check　原始的取得と事前承継は選択可能

　使用者が発明と同時の原始的帰属を定めてしまうと，かえって常に従業者に対して相当の利益を補償することが必要となってしまう。したがって，それを嫌って事前承継を定めるに止めておきたいという使用者のために，2015 年改正後も，使用者が自己に移転させたい発明に関する特許を受ける権利のみを移転させる（使用者が予約完結権を有する承継を定めておく）という方策も残されている。ただし，承継を選択した場合には前述の問題がある。

5　職務発明の承継に対する相当の利益請求権

（1）　相当の利益請求権発生の要件

（a）　特許出願・特許査定の要否

　従業者に使用者に対する相当な利益の請求権が発生するためには，使用者が職務発明に関し特許を受ける権利を取得すれば足り，それ以上に特許出願がなされて登録に至ることは要件ではないと理解されている。例えば，使用者が自己の営業上の利益を守るため，従業者のなした発明をノウハウとして秘匿し，使用者においてのみ独占的に実施する旨を従業者と合意した場合にも，使用者に対する対価の請求権が発生する（傍論ながら，東京地判昭和 58.12.23 無体集 15 巻 3 号 844 頁［連続クラッド装置］）。

　ノウハウとして秘匿されたとしても，従業者は当該発明について特許出願をなしえなくなったことに変わりはなく，法的には使用者に特許を受ける権利が取得された（しかも出願をなさないことに決定された）と評価すべきだからである。

（b）　特許要件充足の要否

　このように相当の利益請求権の発生に特許出願がなされることは不要であるとしても，他方で，特許要件は満たしている必要があるのではないかということが問題となる。

　特許法上，保護に値する発明でないのであれば，あえて相当な対価の請求

権を認めて，その発明に対するインセンティヴを与える必要はないと考える見解にも十分な理由があるように思われる。

　しかし，かつての裁判例にはこの見解に与するものも存在したが，現在では，発明であることは必要であるが（2条1項），特許要件（e.g. 新規性，進歩性）までをも充足している必要はない，ただし，特許要件を欠く（e.g. 無効理由がある）ということは相当の利益の算定に影響しうるという不要説が多数を占めている。一方で特許権の利益を自ら享受しておきながら，他方でそれに伴う負担である相当の利益の支払いを拒むのは矛盾した行動・主張であり，禁反言に該当するとでも理由づければよかろうか。

(c)　無効主張の可否

　この特許要件の充足が必要か否かという論点は，裁判実務では，従業者から提起された職務発明を理由とする相当の利益請求訴訟において使用者が問題の職務発明にかかる特許は無効であると主張することができるかという形で争われることが多い。以下，無効理由斟酌の可否についての裁判例の流れを紹介する（参照，田村善之「職務発明にかかる補償金請求訴訟における無効理由斟酌の可否について」知財管理60巻2号169頁（2010年））。

　(i)　無効主張肯定説

　このような考え方を採用していると思われる裁判例がかつて存在したことがあるが，数は少ない。

　(ii)　当然減額説

　無効理由のある発明については，ただちに相当の利益が否定されることはないが，ただし無効理由があることはその算定に影響し，利益の額は低廉なものとなるという立場である。裁判例で一時期，主流を占めた。

　(iii)　限定参酌説

　その後，このような当然参酌説とでもいうべき裁判例の傾向を転換し，無効理由がある特許といえども，特許権として存在していた以上，使用者はその承継を受けたことにより事実上の排他的な利益を得ていたと考えられるから，無効理由が競業他者に知られており，事実上の排他的な利益がないと判断される場合でなければ，特許権の承継による利益は否定されないという考え方をとる裁判例が登場し（東京地判平成19.4.18平成17（ワ）11007［ブラザー工業］），支持を増やしつつある。

　同判決は，形式上有効な特許として，第三者に対する禁止権を行使しうる

状態で存続してきた場合は，かりに無効理由があったとしても，たとえば第三者に実施を許諾し，これにより実施料収入を得ている場合には，被告企業は現に独占の利益を得ているとし，特許発明の承継を受けたことによる（超過）利益を否定しない。他方で，判決が公表された結果，無効理由があることが知られることになる将来分については，逆に超過利益を否定する。具体的な算定としても，裁判所は問題となった国内外の特許について無効理由を検討し，一部発明について無効理由があることを自己実施の超過売上高を低める要素として参酌する一方で，第三者からの実施料収入については，現に収入を得ていることを理由に無効理由の存在を考慮に入れなかった。

(Check) 技術的優位性を有する特徴的部分を考慮する裁判例

知財高判平成 30.10.23 平成 29（ネ）10097［キヤノン］は，原審が職務発明にかかる特許権が無効にされるべきものと判断したのに対して，職務発明により使用者が受けるべき利益は，当該職務発明が従来技術と比較して技術的優位性を有する特徴的部分から生じるものであるとしたうえで，職務発明のクレームに従来技術に見られない特有の技術的思想を構成する部分は存しないと認定し，使用者が受けるべき利益は存在しないと判断した。

(2) 勤務規則等における利益の定めとの関係

前掲最判［オリンパス光学工業］は，承継を定めた契約や勤務規則等に相当の対価に関する条項も置かれている場合には，そこで定められた金額が相当であるか否かが吟味され，それが相当額に満たなければ，従業者は不足額を使用者に請求することができる旨，判示した。

この判決をきっかけとして，35 条に対しては，勤務規則等によって定めた相当の対価の額に少しでも不足があるときは，常に従業者に相当な対価の支払請求権が認められるのか，もしそうだとすれば，発明者を雇用する企業は予測不可能なリスクを背負いこむことになる旨の批判がかまびすしく加えられることになった。そうした批判に応える形で立法された 2004 年改正によって新たに基準策定時の手続的要素を考慮する 35 条 4 項が設けられ（以下は，2015 年改正法により「対価」が「相当の利益」とされた後の 36 条 5 項），契約，勤務規則その他の定めにおいて相当の利益について定める場合には，

(a)「相当の利益を決定するための基準の策定に際して使用者等と従業者

等との間で行われる協議の状況」
- (b)「策定された当該基準の開示の状況」
- (c)「相当の利益の額の算定について行われる従業者等からの意見の聴取の状況」

等を考慮して，その定めたところにより利益を支払うことが不合理と認められるものであってはならない，とされたのである。

そして，これらの手続の意味を明確にするために，2015年改正で，経済産業大臣が指針（ガイドライン）を定めることとされた（35条6項）。

Check 職務発明制度の改正とガイドラインの制定

前述のとおり，相当対価支払請求訴訟による企業側のリスクの指摘に応え，2004年改正法（2005年4月1日施行）は，相当の対価の不合理性を判断するにあたり，基準策定時の手続的要素を考慮することを規定した。

しかし，2004年改正法下においても，学説では，勤務規則等で定められている相当の利益の額は一切考慮することなくこれらの手続の状況だけで判断するのか，あるいはそれなりの利益の額が定められていればそれを尊重するが，利益の額が著しく低廉であった場合には不合理と判断するのか，ということが議論されていた。

かかる経緯を経て2015年改正（2016年4月1日施行）においては，ガイドラインにより（35条6項），不合理性の判断について35条5項に「例示する手続の状況が適正か否かがまず検討され，それらの手続が適正であると認められる限りは，使用者等…と従業者等…があらかじめ定めた契約，勤務規則その他の定めが尊重される」とされ（ガイドライン第一・一1頁），前者の立場，つまり，これらの手続が不合理といえないのであれば，そこで定められた利益は相当と認められるとの立場が採用された。

なお，2004年改正法は2005年4月1日以降に権利が承継された場合に適用され，2015年改正法は2016年4月1日以降に権利が承継された場合，使用者に原始的に帰属する場合は同日以降に完成した職務発明について適用される。

ガイドラインの立場は前述のとおりであるが，2015年改正法下の不合理性についての裁判所の判断については，2015年改正法適用事件が顕在化してくるまでいましばらく待つ必要がある。

以下，不合理性の判断についての各考慮要素についてみてみよう。

(a)「相当の利益を決定するための基準の策定に際して使用者等と従業者等との間で行われる協議の状況」

「協議」とは、「基準を策定する場合において、その策定に関して、基準の適用対象となる職務発明をする従業者等又はその代表者と使用者等との間で行われる話合い（書面や電子メール等によるものを含む。…）全般を意味する」（ガイドライン第二・一・1（三）4〜5頁）。

35条5項が、予め勤務規則等で取得に関する定めを置くことを許容する2項を受けた規定である以上、事前に勤務規則等で相当の利益額を定めることが予定されている。問題の発明が行われる前、すなわち発明者が未確定の段階（さらには、発明者が入社していない段階）で、一般的な相当の利益に関する基準を制定することが予定されている。

また、協議は、基準が適用される従業者を対象とするものであるが、使用者と職務発明をなした当該従業者との間で個別に行われるものである必要はなく、労働組合の代表者や多数決等の方法で選出された代表者などとの話し合いなどでも足りることが予定されている（「協議」については、ガイドライン第二・二 10 頁〜参照）。

(b)「策定された当該基準の開示の状況」

「開示」とは、「策定された基準を当該基準が適用される従業者等に対して提示すること、すなわち、基準の適用対象となる職務発明をする従業者等がその基準を見ようと思えば見られる状態にすることを意味する」（ガイドライン第二・一・1（四）5頁）。

策定された基準は、書面や電子メールでの配布、イントラネットへの掲載、要求に応じて開示する体制とする等、基準の適用対象となる職務発明をする従業者がその基準を見ようと思えば見られる状態に置く必要がある（「開示」については、ガイドライン第二・三 18 頁〜参照）。

(c)「相当の利益の額の算定について行われる従業者等からの意見の聴取の状況」

「意見の聴取」とは、「職務発明に係る相当の利益について定めた契約、勤務規則その他の定めに基づいて、具体的に特定の職務発明に係る相当の利益の内容を決定する場合に、その決定に関して、当該職務発明をした従業者等から、意見（質問や不服等を含む。…）を聴くことを意味する」（ガイドライン第二・一・1（五）5頁）。

考慮事情として(a)と別個に置かれている以上，ここにおける相当の利益の額は，承継の対象となった特定の発明の相当の利益の額のことを指しており，当該発明をなした従業者からの意見の聴取を意味している。

　なお，意見の聴取は特定の方法をとらなければならないわけではない。個別に従業者から意見を求める方法のほか，基準により決定された相当の利益の内容について一定期間意見を受け付ける制度であっても，制度が従業者に周知されており，実質的に意見を求めたと評価できるものであれば，意見の聴取がなされたと評価される（「意見の聴取の状況」については，ガイドライン第二・四20頁以下参照）。

（3）　相当の利益の算定

　勤務規則等において相当の利益について定めがないか，定めがあっても前述した35条5項の基準に照らし，その策定過程が不合理と認められる場合には，相当の利益は，

①「その発明により使用者等が受けるべき利益の額」

②「その発明に関連して使用者等が行う負担，貢献及び従業者等の処遇その他の事情」を考慮して定められる（35条7項）。

　この点に関しては，従前は相当の「対価」と規定されていたが，2015年改正により，金銭でなくともよいことを明示するために，「相当の金銭その他の経済上の利益」＝「相当の利益」を受ける権利を有するという規定に改められた（35条4項）。ガイドラインでは，金銭以外の相当の利益として，留学の機会の付与，ストックオプションの付与，金銭的処遇の向上を伴う昇進又は昇格などが例示されている（ガイドライン第三・一3　27～28頁）。

（a）「使用者等が受けるべき利益の額」

（i）　事後的な事情の参酌

　理論的には，相当の利益額は，承継時点における権利取得の価値に基づいて算定されるのが筋なのであろうが，実際には特許を受ける権利の承継時には発明が将来どのような利益を獲得するのか予想すらつかないことが多く，このような理論的な帰結を貫徹する場合には，多くの場合，個別の発明の具体的な価値を反映した相当の利益額の算定に失敗することになろう。ゆえに，相当な対価の額を算定する際には，使用者が当該特許発明を自ら実施して得た利益や第三者に実施許諾をして得た利益など，発明後に生じた当該発明の価値を表す事情を斟酌することが望まれると解すべきである。

(ii)　使用者が他者に実施許諾していた場合

　第一に，使用者 Y が従業者 X から譲り受けた特許権に基づいて他者 A に
実施許諾をしていた場合には，そこから得ることができる実施料収入（＝当
該職務発明に対して A が本来支払わなければならない実施料額＝ a′ とする）が，
これに該当する。多くの場合，実施許諾を受けた第三者の実施品の売上高に
実施料率を乗じて算定することになる。

　　他者に実施許諾していた場合の使用者が受けるべき利益（a′）

　　＝被許諾者（ライセンシー）の実施品の売上高×実施料率

　　応用　包括クロスライセンス契約から使用者等が受けるべき利益の額
　さらに，職務発明が包括クロスライセンス契約（個別の発明を特定すること
なく製品分野毎等に相互に特許発明の実施を許諾する契約）に供された場合におけ
る使用者が受けるべき利益の額をどのように算定するのかという問題がある。互
いに実際には金銭のやりとりをすることなく，多数の特許につきライセンス料を
相殺するため，個別の特許に配分すべき金額の確定に苦しむことになる。
　裁判例では，使用者が包括クロスライセンス契約の相手方の複数の特許を実施
することにより本来支払うべき実施料の額に使用者が相手方に実施許諾した複数
の特許発明等全体における当該発明の寄与率を乗じた金額を算定してもよいが，
当該発明の実施につき相手方が本来支払うべき実施料の金額をもって代替しても
よい旨を説く判決がある（東京高判平成 16.1.29 判時 1848 号 25 頁［日立製作
所］）。
　この判決の理論をかみ砕いて説明すると以下のようになる（田村善之「包括的
クロスライセンスと職務発明の相当の利益額の算定」知的財産法政策学研究 2 号
11 頁以下（2004 年））。
　使用者（従業員は X で，当該 X の特許発明は使用者 Y の職務発明になるとす
る）が契約対象の全特許から得られた利益は，使用者が包括クロスライセンス契
約の相手方 A の契約対象の全特許を実施することにより契約の相手方に本来支払
うべき実施料の総額 y を，包括クロスライセンス契約を締結したことにより節約
しえたことだということになろう。そして，この利益を相当の利益額算定の対象
とされている個別の特許発明に割り付ける必要があるが，それに関しては，使用
者 Y が相手方 A に実施許諾した複数の特許発明等全体が相手方 A において実施さ
れた分に対応する実施料総額に対して，当該特許発明が相手方 A において実施さ
れた分に対応する実施料が占める割合を乗じることが考えられる。これを図式化

すると以下の通りである。

$$
\begin{pmatrix} 職務発明が包括 \\ クロスライセン \\ ス契約に供され \\ た場合における \\ 使用者が受ける \\ べき利益の額 \end{pmatrix} = y \begin{pmatrix} Y が相手方 A の全特許 \\ 発明の実施に対して本 \\ 来支払わなければなら \\ ない実施料の総額 \end{pmatrix} \times \cfrac{a' \begin{pmatrix} 相手方 A が当該職務発明に対し \\ て本来支払わなければならない \\ 実施料額 \end{pmatrix}}{a \begin{pmatrix} 相手方 A が Y の全特許発明の実 \\ 施に対して本来支払わなければ \\ ならない実施料の総額 \end{pmatrix}}
$$

　しかし，このような計算は複雑であり，正確な算定は困難である。

　そこで，便法として，包括クロスライセンス契約は使用者と相手方が互いに受ける利益がほぼ等しいと考えているからこそ契約が締結されているはずということに鑑みると，使用者 Y が包括クロスライセンス契約の相手方の契約対象の全特許発明を実施することにより契約の相手方に本来支払うべき実施料の総額 y は，相手方が包括クロスライセンス契約の対象となっている使用者の全特許発明を実施することにより相手方が得る利益とほぼ等しいはずである。そして，後者の金額を承継の対象となった個別の発明に割り付ける作業を行うと，使用者 Y が相手方 A に実施許諾した複数の特許発明等全体が相手方 A において実施された分に対応する実施料総額に対して，当該特許発明が相手方 A において実施された分に対応する実施料が占める割合 a'/a を乗じることになるが，それは結局，y と a が等価であり分母と分子が相殺される結果当該特許発明が相手方において実施された分に対応する実施料 a' に他ならない。

　　包括クロスライセンス契約が締結されていた場合の使用者が受けるべき利益
　　　＝当該職務発明に対して本来支払わなければならない実施料額

　その後の裁判例の展開は，かなりニュアンスに差違があるが，その多くは，当該職務発明を相手方が実施している場合に利益の額の算定に考慮しているが，不実施特許であっても包括クロスライセンス契約締結の交渉材料として用いられたことによる寄与があるとする裁判例もある（田村善之「包括クロスライセンス契約の相手方において職務発明が実施されなかった場合の相当の利益額算定のあり方」知的財産法政策学研究 34 号 366 頁（2011 年））。

(iii)　使用者が自ら特許発明を実施していた場合

　第二に，使用者が自ら特許発明を実施していたとしても，使用者が自己実施により得た利益の全額が 35 条 5 項にいう「使用者等が受けるべき利益」となるわけではない。使用者は，そもそも 35 条 1 項により無償で職務発明

を実施することができるのであるから，さらに特許権を譲り受けたことにより使用者が得る利益，換言すれば，特許権を譲り受けなかった場合と譲り受けた場合との差違は，法律上，他人の実施を排することができるようになったところにある。ゆえに，ここにいう「発明により使用者等が受けるべき利益」とは使用者が発明を実施することにより受ける利益ではなく，他人の実施を排する地位を受けたことによる利益である。

　問題はその算定方法であり，裁判例の取扱いには変遷が見られるが，現在，有力となっている考え方は，実施品の製造，販売の実績を挙げることができたのは，法定の通常実施権を有するからではあるけれども，権利の譲渡を受けなければ競合他者と競争しなければならなかったところ，権利の譲渡を受けたことで排他的に実施をなすことができたために売上げが伸びた部分もあるという理解の下，この超過部分を売上額の2分の1や3分の1と目分量で算定したうえで，さらに実施料率を乗じるという取扱いである（以下，この方式を超過売上高方式と呼ぶ）。

　自己実施していた場合の使用者が受けるべき利益
　　＝他者の実施品の売上高×実施料率
　　＝使用者の自己実施による売上高×超過割合（e.g. 1/2～1/3）×実施料率

　例えば，東京地判平成16.1.30判時1852号36頁［青色発光ダイオード終局判決］は，かりに使用者が競業会社に本件特許発明の実施を許諾していれば，自己実施による売上高のうち少なくとも2分の1に当たる製品は，それら競業他社により販売されていたものと認められるから，ゆえに，特許発明の実施を禁止できたことに起因する売上高は，自己実施の少なくとも2分の1を下回らない，だから2分の1を乗じるのだと理由付けている。そのうえで，そうして得られた超過売上高2分の1の額にさらに実施料率を乗じる理由についても，この超過売上高により使用者が得る利益率を直接算定することができるのであればそれによるが，しかし，利益率が不明であったり，他の特許発明との関係で本件特許発明の占める寄与率を明らかにしたりする必要がある場合には，そのように直接利益を算定することは困難となるので便法として実施料率を用いることにするのだという。実施料率は，他社から支払われる実施料収入であるから，金額としては，トントンとなるだろうというのである。

Check 特許付与前の自己実施による利益の取扱い

　超過売上高方式に与する場合，自己実施による利益をいつの時点から起算するかという論点がある。具体的には特許が登録される前の使用者の自己実施による利益を相当の利益額算定の対象に含めることができるかということが問題となる。

　裁判例では，出願公開後の自己実施による利益について，出願公開に基づく補償金請求権を行使しうることを理由に，実質的に他社を排除して実施しえたという意味で法定の通常実施権に基づく実施を超える利益があると認める判決が増えてきている（東京地判平成16.2.24判時1853号38頁［味の素］）。

Check 使用者の実施が不十分な場合・特許権を放棄した場合

　使用者が特許発明を十分に実施しなかったとか，特許権の取得，維持を怠ったということを理由として，適切な実施が行われたと仮定した場合の予想収益をもとに相当な対価の額を算定することが許されるのか，という論点がある。

　しかし，どの発明をいかに活用するのかということについて使用者に相応の裁量を認めないことには企業活動が立ち行かなくなるおそれがある。ゆえに，販売政策に関しては使用者側に原則として裁量を認め，使用者が現に採用した活用の仕方以外の選択肢の方が利益が上がったということを理由として，より高めの相当な対価の額を算定することができるのは，当該発明の実施品を活用しなくなったという使用販売政策の変更がもっぱら従業者に支払う相当の利益額を減じることを目的としていることが明らかな場合等に限られるというべきであろう（大阪地判平成21.1.27平成18(ワ)7529［マルコ］）。その場合，仮想の収益の額を弾き出すばかりでなく，使用者の貢献度を低めに評価することで対応するという方途もありえよう。

　放棄に関しても，特許権を維持するためには特許料の納付等の一定のコストがかかることに鑑みると，特許権の維持を使用者に強制することができないことは明らかであるから，放棄の意図を探求する必要がある。結論として，売上が減少しているわけでもなく，無効理由もないにも拘わらず放棄されたという事情があるために，放棄の目的がもっぱら従業者に支払う相当の利益額の削減にあることが明らかな場合に限って，権利放棄されなければ発生したであろう利益の額に基づいた相当の利益を支払う必要かあると解すべきである（前掲東京地判［ブラザー工業］）。

(iv) 使用者が他者への実施許諾と自己実施を併用していた場合

　第三に，使用者が自ら発明を実施するとともに，他者にも実施許諾をしていた場合はどうか。

裁判例のなかには，自己実施の際の特許発明による利益とは他者を排することにより得る利益であるところ，他者に実施許諾をしていた場合には，このような排他的な地位を得ていないのだから，自己実施の方で特許発明から受けるべき利益はない，ゆえに，他者から得る実施料収入だけが特許発明による利益となる，という考え方を前提とするものがある（東京高判平成16.4.27判時1872号95頁［鉄―希土類―窒素系永久磁石］）。

　他方，特許権者のなかには，競合地域，顧客層，被許諾者の販売量その他の事情に鑑みつつ自己実施との兼ね合いを考えながら，ある程度排他権の効果を残し，実施許諾による収益と自己実施による利益の合計額の最大化を企図して，一定の方針の下，実施許諾をなしている場合もありえるから，自己実施についても特許権から得る利益があることが未だに否定されない場合もありえよう。ゆえに，後の裁判例は，他者に実施許諾をなしている場合，自己実施による超過利益がなくなる場合と，未だ残存しているといえる場合の区分を判別する基準を探求することになる。

　嚆矢となったのは，東京地判平成18.6.8判時1966号102頁［三菱電機］である。同判決は，特許権者が他者に対して実施許諾をなしている場合，「開放的ライセンスポリシー」（許諾を求めてきた者には全て実施許諾をなす方針）を採用しているか，それとも「限定的ライセンスポリシー」（特定の者に対してのみ実施許諾をなす方針）を採用しているか否か，代替技術と特許発明との間で作用効果に関し技術的に顕著な差違があるか否か，包括ライセンス契約締結の有無と契約相手方における特許発明や代替技術の実施状況，特許権者自身における特許発明や代替技術の実施状況を勘案したうえで，特許権という禁止権により超過売上げを得ているか否かということを斟酌すべきである，という一般論を展開した。

　この判決に従うと，概ね以下のような取扱いがなされることになる。
　①開放的ライセンスポリシーを採用している場合
　この場合には，特許発明を自己実施していてもこの点については排他的利益はないのであるから使用者等の自己実施分による超過売上高はゼロ，ゆえに，相当の利益の対象となる使用者の利益は，他者に実施許諾している分から得られる実施料収入に止まることになる。
　②限定的ライセンスポリシーを採用している場合
　この場合には，使用者等の自己実施分による超過売上高はゼロにはなら

ず，それがどの程度の割合となるかは個別の事案に応じて判断されることになる。他方，他者に実施許諾している分から得られる実施料収入が使用者の利益となることに変わりはない。

前掲東京地判［三菱電機］以降，この立場を支持する裁判例が相次いでいるが，他者に実施許諾している場合でも 50 ～ 60% の超過利益があることを原則とし，減額を示す特段の事情を要求する裁判例も現われている（知財高判平成 21.2.26 判時 2053 号 74 頁［キヤノン］，知財高判平成 21.6.25 判時 2084 号 50 頁［ブラザー工業］）（田村善之「使用者が職務発明を自己実施している場合の『使用者等が受けるべき利益の額』の算定手法について──実施許諾を併用している場合の処理」知的財産法政策学研究 27 号 1 頁以下（2010 年））。

(v)　使用者が他者への実施許諾と自己実施を併用していた場合

この場合，使用者の受けるべき利益の額は僅少なものと見積もられることになる。もっとも，当該職務発明が特定の課題の解決に決定的な役割を果たしている場合は，競業他社の実施を禁止することによる優位な立場により得られる超過売上高は，受けるべき利益と認めることができる（傍論ながら，前掲東京地判［青色発光ダイオード終局判決］）。

Check　間接侵害に該当する製品を実施していたり実施許諾していた場合

以上の全ての類型を通じて，使用者自身や第三者が実施している製品が特許発明の実施品そのもの（e.g. ラベルライター本体とテープカセットとを組み合わせた状態の製品）ではなく間接侵害を組成する物（ラベルライター本体又はテープカセットのみ）であるに止まる場合に，その製品に関する売上高や実施料を使用者が受けるべき利益として参入することができるかという論点がある。

間接侵害の範囲といえども特許権者が他者の行為を禁止しうる範囲であることは直接侵害と変わるところはないのだから，端的に使用者の受けるべき利益に参入すべきであろう（知財高判平成 21.6.25 判時 2084 号 50 頁［ブラザー工業］）。

(b)　使用者等の貢献した程度

特許を受ける権利の承継についての相当の利益を定めるにあたっては，「使用者等の貢献した程度」を斟酌する分，相当の利益が，特許を受ける権利を売買したと仮定したときの客観的な市場価値よりも低廉であっても，相当の利益とされる。さもないと，発明活動に対する投資を促すために，使用

者は職務発明について当然に無償で実施することができることとし，くわえて，予め契約に依らずして特許権等の移転を請求する勤務規則等を置くことを可能として，発明に対する使用者の投資を誘引した35条の趣旨が潜脱されてしまうからである。

　一般的に，使用者が発明とその事業化についてのリスクを負担しているという事情は，使用者が貢献した程度を高く評価する方向に斟酌される（大阪地判平成17.9.26判タ1205号232頁［三省製薬］）。

　過度の一般化は危険であり，絶対的な金額も顧慮すべきであるが，裁判例の一応の傾向を示しておくと，以下のようになる。

　発明に当たり使用者が多額の研究費を出捐し，その研究設備，スタッフを最大限に活用させたという事例であって，ほかに特段の事情がない場合には，使用者の貢献は概ね90%〜98%，逆にいえば相当の利益の割合は2%〜10%の割合に収められている。

　使用者の貢献度が90%よりも低く認定される，逆にいえば，相当の利益の割合が10%を超えるところで認定されるのは，従業者である発明者の着想に預かるところが極めて大きいとか，発明者が上司の命令に反してまで研究を続行し発明にこぎ着けたなどの特段の事情がある場合に限られている。

　Point　使用者の貢献度を参酌する趣旨

　使用者と従業者の双方に発明とその投資に対する適度なインセンティヴを与えるものである必要があるところ，職務発明の取得に対する利益の額が過大となり，設備や人的な組織の整備等，発明がなされるに至るまでの使用者の投資意欲が減退することのないように配慮しなければならない。くわえて，使用者は発明がなされなかったり利益があがらなかったりした場合のリスクを負担しているのであるから，そうしたリスクに見合った利益を保障する必要もある。35条5項が，相当の利益の算定の際に使用者の貢献を考慮する旨を定めているのは，この趣旨を明らかにするためである。

（c）その他の考慮事情

　2004年改正前の条文では，「その発明がされるについて」使用者が貢献した程度を考慮すると規定されていたので，発明後の事情，例えば，出願，権利化に際して使用者がなした補正等に関する努力や，特許のライセンスや特

許製品の販売に関する営業上の努力，使用者が発明者である従業者について発明をなしたことを理由に昇給や給与等の支給その他処遇の点で優遇したという事情を斟酌することには文言上，難点がないわけではなかった。

この点に関して，2004年改正35条5項は，「その発明に関連して使用者等が行う負担，貢献及び従業者等の処遇その他の事情」を考慮すると定めることで，疑義を払拭している。そして，この2004年改正によっても，あくまでも金銭的な対価を支払うことが前提で，ただその額の高低を評価する際に，処遇等を斟酌することができるに止まっていたが，前述したように，2015年改正35条7項は，「相当の金銭その他の経済上の利益」と規定し，相当な経済的な利益であれば金銭を支払うことなく処遇等のみで発明者を優遇した場合にも相当と判断しうることとした。

ただし，いずれにせよ一般的に支払われる退職金など，発明をなしたことによって特に有利となったものではない待遇は，発明に関連した処遇とはいえず，相当の利益を否定したり減じたりする方向に斟酌することは許されないと理解される。

Point 「その他の事情」の考慮（権利化・事業化・処遇等）

35条7項は，発明後の発明の出願，権利化や特許維持，あるいは事業化のために使用者がなした貢献を相当な対価を減じる方向に斟酌することを許容する。特許法が特許を取得させることにより発明とその公開を促していることに鑑みれば，現代社会において大半の発明をなしている組織のこの種の特許化，事業化に向けた努力を奨励する必要があるからである。

また，従業者の発明のインセンティヴは直接の発明に対する相当の利益以外にも，昇進や退職金の上積み等，様々な形式によって刺激することができる。35条7項は，インセンティヴの付与の仕方に関し使用者に裁量を認めるべく，「従業者等の処遇」などの金銭的な支払いでないものも相当の利益に入りうることとしたと理解できる。

(4) 消滅時効
(a) 起算点

相当の利益請求権の消滅時効は，原則として，請求権が発生する特許を受ける権利の承継時から起算される。そして，出願がなされている場合には，遅くとも出願時には承継があったものと認められる（大阪地判平成5.3.4知裁

集26巻2号405頁［中空糸巻付きガット］）。

　しかし，勤務規則等に相当の利益の支払時期が定められているときは，その支払時期が到来するまでの間は，相当の利益の支払いを求めることができないのであるから，その支払時期が消滅時効の起算点となる（前掲最判［オリンパス光学工業］）。例えば，発明規程に登録時点あるいは実施時点に支払うと定められている場合には，登録時点ないし実施時点から消滅時効が起算される。

（b）　時　効　期　間

　時効期間に関しては，使用者が会社である場合には，商人である会社の附属的商行為（商法503条）によって生じた債権として商事債権に関する消滅時効である5年（商法522条）が適用されるという見解も主張されていたが，裁判例の趨勢は，相当の利益請求権は，商事債権ではなく，35条3項によって認められた法定債権であって時効期間は10年と解していた。債権法改正により，商法522条は削除され，2020年4月1日以降に発生する請求権の時効期間は，行使をすることができることを知った時から5年間，行使することができる時から10年間となる（2017年改正民法166条1項1号・2号，改正附則10条1項・4項）。

6　共同発明の取扱い

　複数の従業者が共同して発明をなした場合には，共同発明に関する一般原則に従い全員が特許を受ける権利を共有する（38条参照）。

　裁判例では，発明に対する貢献度に応じて持分の割合を定め，相当の利益請求権の場面ではこの持分の割合に応じて頭割りを行うという取扱いが定着している。貢献度に応じた見返りを与えないことには，発明のインセンティヴとして不足が生じることになりかねないから，この取扱いで構わないだろう。

　これら複数の従業者全員が同一の使用者に使用されている場合であれば，当該使用者が法定の通常実施権を取得しうることに問題はない。また，当該使用者が特許を受ける権利等が自己に承継される旨定めている場合には，結局，当該使用者が単独で出願したり，特許権を取得できる。

　しかし，これら複数の従業者の使用者が異なる場合には，問題が生じる。

　第一に，特許権が共有にかかる場合には，他の共有者の同意を得なけれ

ば，他人に通常実施権を許諾することはできないので（73条3項），この理が職務発明に基づく法定の通常実施権にも妥当するものなのかということが問題となりうる。

　職務発明に基づく通常実施権は許諾により生じるものではない。共同発明者間では当該発明が他の発明者にとって特定の使用者のための職務発明となることは予測しうるのであるから，第三者に通常実施権が許諾される場合に生じる不測の事態を慮った73条3項が予定する状況はそこにはない。投資のインセンティヴを保障する35条1項の趣旨に鑑みても，各使用者は法定の通常実施権を取得しうると解すべきである（参照，大阪地判昭和62.1.26判タ640号217頁［剛性物質穴あけ用ドリル］）。

　第二に，各使用者が契約や規則において2015年改正で認められた原始的帰属の定めを置いていた場合には，ただちに使用者が原始的に持ち分を取得するので，共同発明者から使用者に持ち分が移転することはなく，ゆえに共有者間の持ち分の移転に関する規律の適用はない（前述4「勤務規則等による特許権等の取得」）。

　第三に，ところが，各使用者が契約や規則で特許を受ける権利を，原始的帰属ではなく，自己に承継させる旨，定めていたとすると，問題は複雑になる。

　契約等の合理的な解釈として，従業者が有する特許を受ける権利の共有持分が使用者に承継されることになりそうであるが，他の共有者（この場合は共同発明者である他の従業者）の同意を得なければ，持分を譲渡することができないはずではないか，という壁がある（33条3項）。さらに，同意を得る等して（場合によっては黙示の同意を認めなるなどの方策により）この問題をクリアしたとしても，承継の定めにより自己に移転するのは持分だけであり，いずれにせよ，共有者全員の共同でない限り，特許を受けることはできないという第二の壁が存在するので（38条），結局，共有者となっている他の共同発明者もしくはその使用者と思惑が一致しなければ特許を受けることができない。

　この点は，2015年改正前であれば，方途がなかった以上，何らかの解釈論上の工夫により使用者を救済するという考え方を採用することもありえなかったわけではないが，2015年改正によりまさにこの問題の解決のために原始的帰属という方策が認められたのであるから，それを利用しなかった不

利益は使用者が負担すべきであろう。

7　外国における特許権等の承継 ━━━━━━━━━━━━━━

　日本の特許法35条の規律が，日本の特許権等の承継だけに適用されるのか，それとも外国の特許権等の承継にも適用されるのかという論点がある。

　この問題は準拠法の問題であり，第三者の発明の利用地に焦点を合わせ（属地主義），各国毎に多元的に規律される（e.g.A国での第三者の利用に対してはA国特許法の職務発明の規定により使用者が特許権者となり，B国での利用に対してはB国法の規定により従業者が特許権者となる）とするのか，それとも，使用者と従業者の労働関係の準拠法国の特許法の職務発明の規定により一元的に処理すべきなのか，という問題であると言い換えることができる。

　最判平成18.10.17民集60巻8号2853頁［日立製作所］は，当事者の黙示の合意を根拠に日本が準拠法となるとするとともに，その日本の特許法35条3項，4項（現在の5項）の解釈として，外国の特許を受ける権利の譲渡に伴う対価請求に対しても，これら各項の規定が類推適用される旨を判示し，一元的処理を志向することを明らかにした。

　本来，国際私法の場面では，無限の循環等を避けるために，準拠法として選択された法における国際私法的な色彩を取り除いて準拠法を適用しなければならないところ，この判決は，準拠法として指定された日本特許法35条の解釈問題として再度，同条が外国の特許を受ける権利に（類推）適用されるのかということを論じていることには疑問を禁じえないが，前掲最判［日立製作所］のような一元的処理の背後には，次のような利益衡量が存在するものと理解することができる。

　職務発明に関する規律は各国で統一されているわけではない。本件の一審判決（東京地判平成14.11.29判時1807号33頁［日立製作所］）に従えば，職務発明に関し出願した国毎に異なる法が適用されることになるが，当事者としては予測可能性を確保することが困難となろう。日本の特許法35条のように，契約によることなく，発明規程など，使用者の一方的な意思表示だけで特許を受ける権利や特許権の承継を認める法理は，決して普遍的なものというわけではない。そのような状況下で，属地的な準拠法選択の方が各国で普遍的なものとして通用してしまうと，特許法35条に従い，予告承継の定めを置いたにも拘わらず，国によってはその効果が認められないとすれば，使

用者の期待を裏切る結果となる。逆に，それを慮って，各国毎に異なる規律に合わせた手続を用意するのは不相当に過大なコストを使用者に課すことになろう。使用者と従業者間の職務発明に関する法律関係については，外国における特許を受ける権利や特許権等に関するものを含めて，両者の労働関係に適用される準拠法国の特許法により一元的に処理される，と解すべきである。

25　共　有

Ⅰ　イントロダクション

　共同発明の場合には，特許を受ける権利は共有となり，共同出願が特許査定を受けて登録されれば，特許権は共有となる。また，特許を受ける権利や特許権の相続や持分の譲渡等によっても共有となる。共有関係が生じた場合，特許法上，様々な規律を受けることになり，また，権利行使時の損害賠償額の算定時などに考慮が必要となる。

　保有する特許権が他者と共有となった場合，実施許諾や譲渡に共有権者の同意を要するといった特許法上の規律は，事業活動に影響を与えることになるため，企業間の共同開発など共同発明が生じる活動に際しては，特許法のデフォルト・ルールを踏まえた対応が必要となる。

Ⅱ　特許法上の共有に関する規定

1　共有となる場面

　特許を受ける権利及び特許権は，①共同発明，②相続等の一般承継，③持分の譲渡によって共有となる。ただし，同一の使用者の下で複数の従業者が共同発明をしたときに，勤務規則等で使用者が特許を受ける権利を取得すると定めている場合には，特許を受ける権利は使用者の単独所有となる。

　なお，共有関係は，一人の共有権者への持分の譲渡や一人を除く他の共有権者の持分の放棄により解消される。

2　共有の場合の規律
(1)　特許を受ける権利が共有の場合

① 各共有者は，共同して全員で出願する必要がある（38条）。

　単独で出願すると，38条違反となり，49条2号で拒絶理由となるとともに，誤って登録されると無効事由となる（123条1項2号。ただし，2011年特

許法改正により新設された冒認出願された特許権の移転請求権の行使により特許権の移転登録があった場合を除く)。

② 各共有者は，他の共有者の同意を得なければ，その持分を譲渡することはできない（33条3項）。

③ 特許を受ける権利の共有者がその共有にかかる権利について拒絶査定不服審判を請求するときは，共有者の全員が共同して請求しなければならない（132条3項。共同出願人の固有必要的共同審判の原則）。拒絶査定不服審判の請求不成立審決に対する審決取消訴訟についても，共同出願人全員が共同して提起することを要する（20「審決取消訴訟」Ⅲ1「審決取消訴訟の提起（審決取消訴訟の提訴段階）参照」）。

(2) 特許権が共有の場合

① 各共有者は，持分割合にかかわらず量的な制約なく，それぞれが単独で特許発明を実施することができる（自己実施ともいう。73条2項）。これに対し，著作権の場合には，共有者全員の合意がなければ著作物の利用の態様を決しえないとされている（著作権法65条2項）。

② 各共有者が専用実施権や通常実施権を設定するには，他の共有者の同意が必要となる（73条3項）。自己実施は単独でできるが，他人に実施させることは単独ではできないため，自己実施か他人による実施かの区別が重要となる。

③ 各共有者は単独で被疑侵害者に対する差止や損害賠償を請求することができると解されている。著作権法上の規律と同様である（著作権法117条）。

④ 各共有者は，他の共有者の同意を得なければ，その持分を譲渡することができない（73条1項）。著作権も同様である（著作権法65条1項）。

⑤ 特許権者がその共有にかかる権利について訂正審判等を請求するときは，共有者の全員が共同して請求しなければならない（132条3項）。

⑥ 共有にかかる特許権について特許権者に対し無効審判を請求するときは，共有者の全員を被請求人として請求しなければならない（132条2項）。請求不成立審決の審決取消訴訟についても，共有者全員を被告としなければならないと解される（179条但書き）。なお，無効審決に対する審決取消訴訟は，各共有者が単独でなし得る（20「審決取消訴訟」Ⅲ1「審決取消訴訟の提起（審決取消訴訟の提訴段階）」参照）。

1　自由になしうる自己実施（73条2項）と他の共有者の同意を必要とする他人の実施（73条3項）との区別

　特許権がA，Bの共有の場合，CがAの下請として特許製品を製造させることについて，他の共有権者であるBの同意は必要か。

　下請が経済社会の実態として普及している現状において認められなければ，特許権の自己実施を自由とした73条2項が画餅に帰するおそれがある。また，73条3項で，他者への実施許諾に際して他の共有者の同意が必要であるとされたのは，当該他者の資力如何によっては，その実施の規模が大規模なものとなり，他の共有者に重大な影響を及ぼすことにある。

　そうすると，下請先が製造した製品は全て共有者に納入されるという関係があれば，結局，下請先の資力ではなく，共有者の販売力次第で実施の規模が決まることになるから，他の共有者に不測の損害を及ぼすことはなく，また，製品の規格，品質等について共有者の管理があれば，共有者をわら人形として販売に介在させることにより，共有者以外の他者により大々的に製造行為が行われるという事態を防ぐことができる。

　したがって，①共有者の管理のもと下請先が実施品を製造し，②これを全て共有者経営の会社に納入する関係にあれば，下請先の製造行為は，73条2項の自己実施の枠内であり，他の共有者の同意なく下請をさせても，下請先の製造行為及び共有者の販売行為は，特許権侵害とはならないものと解される（仙台高秋田支判昭和48.12.19判時753号28頁［蹄鉄］）。

2　共有の特許権が侵害された場合の損害賠償額の算定

　特許権の共有者が侵害者に対して自己の有する持分権に基づいて損害賠償を請求した場合，102条1項や2項で推定されるべき額については，単純な持分権の割合で賠償額が決まるわけではなく，実施状況に鑑みた按分が必要となる（16「損害賠償請求」Ⅲ 2(7)(c)「侵害された特許権が共有されていた場合」）。

3　共有持分の移転請求権

　A，Bの共同発明である場合や，特許を受ける権利がA，Bの共有である

場合，本来38条によりA，B共同で出願する必要がある。これに反して，Aが単独で出願し，登録されたという事例において，2011年特許法改正により，Bに特許権の共有持分相当分について移転登録請求権が認められることになった（74条3項はこれを前提とする）。この場合，特許権が共有にかかる場合，各共有者は他の共有者の同意を得なければその持分の譲渡等ができないという73条1項は適用されない（74条3項）。

なお，冒認者が改良発明をして単独でなした出願が登録に至った場合については，共同発明と改良発明の差は曖昧であり，発明者の技術的思想の創作が不可分となっている場合も多いと考えられることから，共同発明に準じて取り扱い，被冒認者は，貢献度に応じた持分に基づく移転登録を請求することができると解される（74条3項の規律の適用ないし類推適用）（23「冒認」IV 2「共同発明・改良発明と冒認出願」参照）。

4　共同発明者の一人にとって当該発明が職務発明に該当する場合であって，使用者が勤務規則等により特許を受ける権利を承継しようとした場合，他の共有者の同意が必要か ─────

2015年改正により導入された就業規則等による原始的帰属を利用せずに承継という方策をとっているのだから，原則どおり同意は必要と解される（24「職務発明」IV 6「共同発明の取扱い」参照）。

26 実施許諾

Ⅰ　イントロダクション

　特許法上は，専用実施権と通常実施権という二つの制度が用意されているが，実務上，登録を必要とする専用実施権が設定されることは稀である。ライセンシーになんらかの独占性を付与することが意図される場合にも，専用実施権ではなく，独占的通常実施権なるものが設定されることが通常である。

Ⅱ　要件事実

　実施許諾に基づく特許発明を実施する権原は，特許権侵害に基づく請求に対する抗弁となる。

1　通常実施権の場合

問題とされている特許発明の実施について許諾を受けたこと

2　専用実施権の場合

① 問題とされている特許発明の実施について専用実施権の設定を受けたこと

② 専用実施権について登録を受けたこと

　なお，専用実施権の設定行為があって登録がなされていない場合に，独占的通常実施権が成立すると解することができれば（大阪地判昭和59.12.20判例時報1138号137頁［ヘアーブラシ］参照），抗弁事実として②は不要となろう。

Ⅲ　実施許諾の種類と効力

1　実施許諾の種類・性質

　特許発明につき，他人による実施を許諾することをいう。このように権利

者の意思に基づいて成立する実施権として，通常実施権と専用実施権がある。

　これに対して，職務発明において使用者が取得する通常実施権（35条1項），先使用者が取得する通常実施権（79条）は，法定の通常実施権であり，権利者の意思に基づかない権利である。

（1）　通常実施権（78条）

（a）　通常実施権

　通常実施権とは，特許法の規定により又は設定行為で定めた範囲内において，業としてその特許発明を実施できる権利をいう（78条2項）。通常実施権の法的性質は，特許発明の積極的利用権ではなく（特許権者ですら特許権は積極的利用権ではない），特許権者に対して特許権の不行使を求めることができる債権である。

　専用実施権の場合のように特許法上明文の根拠はないが（77条4項），実務上，通常実施権の許諾契約において，通常実施権者がさらに第三者に通常実施権を許諾することができる再実施許諾権（サブライセンス権）が設定されることがある。

（ⅰ）　特許権の譲受人等の第三者に対する当然対抗制度

　職務発明における使用者の通常実施権（35条1項）や先使用権（79条）等の通常実施権は，法律の規定によって生じる法定実施権であり，こうした実施権は，2011年特許法改正以前より特許庁における登録原簿への登録の有無に拘わらず特許権の譲受人等の第三者に対抗可能であった（旧99条2項）。

　2011年特許法改正により，ライセンス契約に基づく通常実施権も含めて，

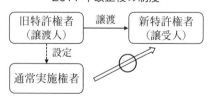

従前の制度

旧特許権者（譲渡人）──譲渡→新特許権者（譲受人）

↓設定

通常実施権者

通常実施権は登録しない限り，対抗不可
＝新特許権者からの差止請求・損害賠償請求に服さなければならない
※民法上の格言「売買は賃貸借を破る」（地震売買）

2011年改正後の制度

旧特許権者（譲渡人）──譲渡→新特許権者（譲受人）

↓設定

通常実施権者

通常実施権は登録しなくとも，対抗可
＝新特許権者からの差止請求・損害賠償請求に服さない

通常実施権でありさえすれば，登録の有無に拘わらず，新たに特許権を譲り受けた第三者等に対抗できるようになった（99条）。

　新特許権者と通常実施権者の関係は，有体物をめぐる権利関係と異なり，食うか食われるかの関係ではない。すなわち，通常実施権の対抗が認められたとしても，特許権者が実施できなくなるというわけではないのだから，当然対抗を認めても相対的にはそれほど大きな支障が特許権者に生じるわけではない。

　他方，物理的な制約のある有体物に関する権利と違い，質的に数多くの通常実施権を設定することができるため，特許権者はある程度の覚悟がある反面，実施権者には登録が困難という事情もある。

　それゆえ，通常実施権の保護のほうに衡量が傾き，通常実施権は新特許権者に登録なくして対抗できることとなった。

(ii)　破産手続におけるライセンス契約の取扱い

　2004年改正前破産法では，破産管財人は双方未履行の双務契約を解除できるとされていたが（59条），契約を解除することによって相手方に著しく不公平な状況が生じるような場合には，破産管財人は解除権を行使することができないとの一般信義則ないし権利濫用による制限があった（最判平成12.2.29民集54巻2号553頁）。

　2004年改正破産法により，第三者対抗要件を備えた使用収益権に関する双方未履行の双務契約については，破産管財人の解除権は制限されることになった（破産法53条1項，56条1項）。

　2011年特許法改正により，通常実施権については登録制度が廃止され，当然対抗制度が導入されたため，通常実施権を許諾するライセンス契約のラ

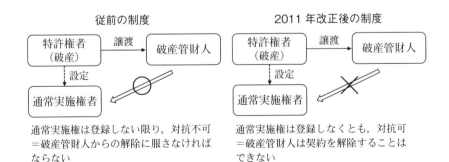

従前の制度　　　　　　　　　　　2011年改正後の制度

特許権者（破産）→譲渡→破産管財人　　　特許権者（破産）→譲渡→破産管財人
↓設定　　　　　　　　　　　　　　↓設定
通常実施権者　　　　　　　　　　　通常実施権者

通常実施権は登録しない限り，対抗不可＝破産管財人からの解除に服さなければならない

通常実施権は登録しなくとも，対抗可＝破産管財人は契約を解除することはできない

イセンサーが破産した場合，破産法56条1項により，当該契約についての破産管財人の解除権は制限されることになる。

(iii) 当然承継説 vs. 非承継説

なお，ライセンス契約は通常，単に通常実施権の許諾に止まらず，これに付随して様々な権利義務がライセンス契約上の地位として定められることになる。特許権が移転した場合（なお，特許権については，相続その他の一般承継の場合を除き，登録しなければ移転の効力を生じない（98条1項1号）），このような通常実施権者のライセンス契約上の地位についてまでも，新特許権者と通常実施権者の間に承継されるかは，2011年の特許法改正でも明文の定めなく，現在も考え方は分かれている。

民法の不動産賃貸借に関する判例通説に依拠する立場は，旧特許権者とライセンシー間の契約関係が当然に新特許権者とライセンシー間に承継されると理解する（当然承継説）。この場合，ライセンス料も新特許権者に支払うことになる。

しかし，新特許権者とライセンシー間の契約関係は当該特許発明の実施許諾とライセンス料支払義務に限られず，ノウハウ供与義務，クロスライセンス等々，様々なものがあり，必ずしも実施許諾とライセンス料だけが対価関係に立つわけではなく，さらには属人的な債権債務関係も存在することを重視する見解は，契約関係は当然には承継されず，当事者間での契約上の地位の移転等の契約が必要であると考える（非承継説）。この場合，当事者間で契約がなければ，ライセンス料は旧特許権者に支払うことになり，一見すると，新特許権者に不利なようにも思えるが，きちんとした処理をせずに特許権を譲り受けたのだからいたしかたなく，かえってこのような取扱いをなすことで当事者間の契約による処理を促すというのである。対価関係が複雑であり一刀両断にできず，しかも新特許権者と通常実施権者の二当事者間で争われる侵害訴訟では旧特許権者をも巻き込んだ柔軟な解決も困難だとすれば，裁判所だけで全てを解決するのではなく，むしろ，当事者間の契約による処理を促すという非承継説が妥当と考える。

ところで，民法の通説が依拠する不動産賃貸借に関する最判昭和46.4.23民集25巻3号388頁は，「賃貸人の義務は賃貸人が何ぴとであるかによって履行方法が特に異なるわけのものではなく，また，土地所有権の移転があつたときに新所有者にその義務の承継を認めることがむしろ賃借人にとつて

有利であるというのを妨げないから，一般の債務の引受の場合と異なり，特段の事情のある場合を除き，新所有者が旧所有者の賃貸人としての権利義務を承継するには，賃借人の承諾を必要とせず，旧所有者と新所有者間の契約をもってこれをなすことができると解するのが相当である。」と判示していた。その理由付けは，債務が属人的なものであることに着目しており，また，特段の事情がある場合には例外を認めている。非承継説は，かりにこの判例の考え方が特許のライセンス契約にも妥当するとしても，特許のライセンス契約の場合には債務が属人的なものとはいいがたい場合が多く，特段の事情がある場合に該当すると主張するのであるが，学説のなかには少数説ながら，通常実施権の設定とライセンス料支払義務のみが定められている単純な契約の場合に限り当然承継されるが，そうでない場合には承継されない旨を説く見解もある（折衷説）。もっとも，このような折衷説は，承継される事案と承継されない事案の線引きが困難である場合を抱えるように思われ，また，いずれにせよ境界線上のどちらに属するのかで，ドラスティックに結論を異にするのはバランスを失しているように思われなくもない。

(iv)　対抗しうる通常実施権の内容

非承継説に与するとしても，通常実施権者は，通常実施権実施権の範囲を限界づけていると解される範囲で対抗しうる。したがって，通常実施権の範囲を画定していると解される義務に関しては，それを超える範囲で実施をすると，非承継説の下でも，対抗すべき通常実施権が存在しないので特許権侵害となることに注意しなければならない。例えば，対象製品・実施地域・実施期間に関するライセンス契約上の制限は，通常実施権の範囲を画するものであり，ゆえに，通常実施権者がこれらの制約に違反して特許発明を実施している場合には，新特許権者は特許権侵害を主張することができる。

他方，単なるライセンス契約上の負担であれば，それに違反しても特許権侵害となることはなく，また非承継説であれば，そもそも新特許権者との関係で契約上の債務に違反することにもならない。例えば，材料や部品の購入元を特許権者自身か特許権者が指定する者に制限する条項は，通常実施権の範囲のものではなく，これに違反しても特許権侵害にはならない。ゆえに，通常実施権者がこれらの制約に違反して特許発明を実施していても，特許権侵害にはならない（非承継説であれば旧特許権者に対する，承継説であれば新特許権者に対する契約上の義務違反が生じているに止まる）。

したがって，ライセンス契約上の諸々の義務のうち，通常実施権の範囲を画定する義務と，そうでない義務を区別する必要がある。

　例えば，実施料確保の目的などで課される製造の最低数量制限条項に関しては，通常実施権の範囲を画するものでないが，製造の最高数量制限条項は，それを超える実施は，通常実施権の範囲の問題であり，それを超える実施は特許権侵害となると解するのが一般的である。後者に関しては，実際の取引のことを考えると，なにが最高数量制限に違反した実施品であるのかということは当事者ですらはっきりと確定することが困難であることを理由に，実施品の転得者の故意・過失を問うことなく差止めや廃棄請求に服することになる特許権侵害の問題とすべきではなく，契約違反の問題を生じるに止まるとする少数説がある（田村善之『特許権の行使と独占禁止法』同『市場・自由・知的財産』（2003年・有斐閣）158～160頁）。

　また，実施料不払いに関しては，不払いがあるのみでは対抗すべき通常実施権が存在することに変わりなく，特許権侵害となることはないが，不払いを理由に通常実施権の許諾契約が解除された場合には，対抗すべき通常実施権がなくなるので，それにも関わらず実施をすると特許権侵害となる，と理解されている。

[Check]　対抗しうる通常実施権の定義

　特許権者から独占的通常実施権や専用実施権の許諾を受けた者からさらに実施許諾を受けたサブライセンシーも，地位の保護が必要な点では直接のライセンシーと変わるところはなく，99条の当然対抗の適用があると解される。

　侵害訴訟による訴訟上の和解などでよく見られる権利不行使型の契約により設定される地位はいかに解すべきであろうか。従来の学説は，通常実施権の本質は，特許発明を実施できるという積極的効力を与えるものではなく（そのような効力は特許権にすら存在しない），特許権を行使しないという不作為を求めうる債権に過ぎないという理解の下，権利不行使契約でも通常実施権が許諾されていると理解していた。

　99条が制定された結果，今後は，権利不行使契約で創設された被許諾者の地位は当然対抗に値しない程度の法的な利益に過ぎないということで，一部の不行使契約により設定される地位を「通常実施権」に該当しないとする見解が唱えられるかもしれない。

　しかし，見直すとすると，和解契約上の権利不行使条項，黙示のライセンスな

ど，通常実施権（と評価されるかもしれないもの）は多種多様であるから，線引きはどこになるかという困難な問題が起きる。そして，例えば，和解による場合，たしかに，特許権者としては，強い効力を与える意図はないという事情がある反面，和解の相手からすれば特許権の譲渡で転覆される程度の権利では和解の意味に乏しいのではないか。しかも，非承継説に立脚する場合，単に新特許権者から権利行使をされないだけの地位を得るに過ぎず，それ以上になにかを積極的に求めることができるようになるわけではない。

　第三者への特許権の譲渡というコントロール困難な事情により自己の地位が変動するのを防ぐことにより，予測可能性を保障するという2011年の特許法改正の趣旨に鑑みれば，特許権者が権利行使不可という状況をもはや自由に撤回することができなくなった場合を，「通常実施権」と解すれば足りるのではなかろうか。単なる放任はこれに該当しないが，放任でない限りは，和解によるものも，黙示のライセンス契約も「通常実施権」を付与するものと理解して差し支えない。結論として，現在の学説の到達点と同じく，単なる不行使契約に基づく地位も当然対抗を基礎づける「通常実施権」と解される。

(v)　通常実施権自体の移転及び移転における第三者対抗要件

　通常実施権も原則として特許権者の同意を得て移転することができる（94条1項。なお，専用実施権者が存在するときは，特許権者と専用実施権者双方の同意である）。通常実施権自体の内容として通常実施権者による特許製品の製造数量等の制限を設けた場合は，当該通常実施権の承継者も上記制限を受ける。

　また，事業の移転と共に通常実施権を移転する場合は，特許権者の同意なく通常実施権を移転することが可能である（94条1項）。その趣旨を，事業は移転させざるをえないが通常実施権の移転につき特許権者の承諾が得られない場合は，事業を移転しても設備を稼働できず設備の荒廃をきたすためであるとの点に求めれば，94条1項は強行規定であり，特許権者と通常実施権者の間に特許権者の承諾なく通常実施権を第三者に移転できないとの特約は無効と解される。

　2011年特許法改正により，通常実施権の登録制度が廃止されたため，通常実施権自体の移転等の権利変動についての対抗要件は，登録ではなく，指名債権の譲渡の対抗要件（民法467条）で規律されることになる。

（b）　独占的通常実施権

　独占的通常実施権とは，通常実施権の設定契約の際に他に実施権を付与しない旨の特約が付されたものをいう。これに対し，かかる特約が付されていない通常実施権を非独占的通常実施権と呼ぶことがある。

（c）　完全独占的通常実施権

　完全独占的通常実施権とは，独占的通常実施権のうち特許権者も実施しない旨の特約があるものをいう。

（2）　専用実施権（77条）

　専用実施権とは，設定行為で定めた範囲内において，業としてその特許発明を独占的に実施できる権利をいう（77条2項）。専用実施権の設定の範囲内では特許権者も実施することはできない（68条但書き）。

　専用実施権は，特許原簿への登録が効力要件である（98条1項2号）。もっとも，当事者間で専用実施権の約定のみを行い，登録はしていない場合でも，当事者間の合理的意思解釈として債権契約としての独占的通常実施権は成立する。専用実施権の移転・消滅（混同を除く）も，一般承継の場合を除き，登録が効力要件とされている（98条1項2号）。なお，専用実施権登録後も，特許権の譲渡は，専用実施権者の同意なく可能である。専用実施権自体の移転については，事業の移転と共にする場合及び一般承継の場合を除いて，特許権者の承諾が必要である（77条3項）。質権の設定及び通常実施権の許諾についても，特許権者の承諾が必要である（77条4項）。

　専用実施権設定の効果として，専用実施権者は，差止請求（100条）や損害賠償請求（102条，民法709条）をすることができる。この場合，設定行為の範囲内の無権限の第三者による実施行為に対する特許権者の差止請求権や損害賠償請求の帰趨につき争いがあるが，行使できるものと解されている。

　Check　特許権者は専用実施権を設定した後でもなお差止請求権を有しているか
　①専用実施権を設定した特許権者は，自ら実施する権利を喪失する（77条2項）ものの，差止請求権を規定した100条に，差止請求権の行使まで制限されると解される文言はない。②かえって，専用実施権者が他者に通常実施権を許諾するには特許権者の承諾が必要とされているところ（77条3項），かかる承諾がない場合には特許権者は当該他者に対して差止を請求しうると解さないことには，同項の規律が無意義なものとなりかねない。また，③専用実施権の設定契約により専用

実施権者の売上げに基づいて実施料の額が決まるような場合，特許権者には，実施料収入を確保するため，侵害を除去すべき利益がある。さらに，④専用実施権が消滅し，自己実施する場合に備えて侵害を排除しておく利益がある。

したがって，特許権者は，専用実施権を設定しても，差止請求権を失わないものと解すべきである（最判平成 17.6.17 民集 59 巻 7 号 1074［生体高分子——リガンド分子の安定複合体構造の探索方法］）。

2　通常実施権者による差止・損害賠償請求の可否 ──────────

(1)　非独占的通常実施権者の場合

(a)　非独占的通常実施権者による差止請求の可否

非独占的通常実施権者は，自己実施できさえすれば，その債権は満足され，それ以上に特許権者に対して無断実施を差し止めることを要求する権利を持っているわけではない。したがって，特許権者の差止請求権を債権者代位により行使すると構成しようとしても，被担保債権がないため，特許権者の許諾なく実施している第三者が存在していても，非独占的通常実施権者はこれを差し止めることはできない。

(b)　非独占的通常実施権者による損害賠償請求の可否

第三者が具体的に実施権者の実施行為を妨害する等の行為に出たときは格別，非独占的通常実施権者は，常に特許権者が許諾したり放任した者による実施の結果生ずることのある売上減などの損害を甘受しなければならない地位にある。そうすると，特許権者の許諾なく第三者が実施しているというだけでは，非独占的通常実施権者に法的に守られるべき不利益があるとは観念できないので，損害賠償請求は否定されるべきである。

裁判例でも，大阪地判昭和 59.4.26 無体集 16 巻 1 号 271 頁［架構材の取付金具］では，非独占的通常実施権者の損害賠償請求，債権者代位に基づく差止請求が否定されている。

(2)　独占的通常実施権者の場合

(a)　独占的通常実施権者による差止請求の可否

独占的通常実施権者が，特許権者の有する差止請求権を代位行使できるかについて，裁判例は分かれており，東京地判昭和 40.8.31 判タ 185 号 209 頁［カム装置］は，独占排他的かつ全面的実施に積極的に協力すべきことを請求する債権を有することを前提として肯定した。東京地判平成 14.10.3 判例

集未搭載（平12（ワ）17298号）［蕎麦麺の製造方法］も代位行使を肯定する。これに対し，大阪地判昭和59.12.20無体集16巻3号803頁［ヘアーブラシ］では，独占的通常実施権者が債権者代位により差止請求権を行使することを否定しているが，侵害品が出回った際に許諾者が侵害排除義務を負うとの約定がないため，被保全債権を欠くことを理由の一つとして挙げており，同判決のもとでも少なくとも特許権者が第三者の侵害を排除する義務を明示又は黙示に負うと解される場合にまで，独占的通常実施権者による差止請求の代位行使を否定する趣旨ではないと解される。したがって，かりに，実施許諾契約に侵害排除義務の定めがなくとも，独占的通常実施権の許諾に際し，（黙示的に）特許権者が上記義務を負うと解される事情がある場合は，侵害排除義務を認定し，かかる義務を被担保債権に差止請求権の代位行使が認められるものと解される。なお，独占通常実施契約の趣旨から許諾者が侵害排除義務を負うと解して，通常実施権者一般に代位行使を認める説もある。

　いずれにしても代位行使であるから，特許権者が差止請求権を行使している場合には代位行使する理由はないことになる。

　Point　独占的通常実施権者による差止請求権の代位行使の可否
　特許権者と実施権者の間の実施許諾契約における明示的な定め又は解釈により特許権者が侵害排除義務を負う旨が認められる場合はもちろん，そうでない場合も，他に実施許諾しないことという債権を有する独占的通常実施権者には法的にその独占性を保護すべき利益がある点で非独占的通常実施権者と異なる。したがって，独占的通常実施権者は，これを被保全債権と構成し，特許権者の差止請求権を債権者代位により行使して，特許権者の許諾のない第三者の実施を差し止めることができると解する。

　もっとも，このような債権者代位構成によると，あくまでも特許権者の権利を行使する以上，独占的通常実施権者は，被疑侵害者より特許権者から許諾を得ているという抗弁を受けるうえ，特許権を譲り受けた第三者に対しては，そもそも代位すべき特許権が債務者（当初の特許権者）にないため，独占的通常実施権者は差止請求できない。そこで，独占的通常実施権者固有の差止請求権が認められないか問題となるが，認められないものと解される。

Check 独占的通常実施権者による固有の差止請求権の有無

特許法の明文では，固有の差止請求権は，特許権者又は専用実施権者のみに認めている（100条1項）。独占的通常実施権者に固有の差止請求権までをも認める場合には，（独占的）通常実施権と専用実施権の区別の意義が乏しくなり，登録がある場合に限り専用実施権を発生させるとした特許法の規律が無意義となろう。独占的通常実施権の存在が登録により公示されるわけではないことに鑑みると，特許権者から実施権の許諾を得た第三者に対して固有の差止請求を認めることは，第三者の予測可能性を過度に害することになりかねない。したがって，独占的通常実施権者には，固有の差止請求権はないものと解する。

(b)　独占的通常実施権者による損害賠償請求の可否

独占的通常実施権者が特許権者の損害賠償請求権を債権者代位により行使するという構成によると，無資力要件のほか，被保全債権に不足があるという問題点がある。すなわち特許権者に侵害排除義務が認められても，せいぜい適切な時期に侵害を止める義務を負うにすぎず，かかる義務の履行が遅れたと評価しうる分に関してのみ，債務不履行による損害賠償請求を特許権者に請求できるに過ぎない。そもそも，特許権者に侵害排除義務がない場合すらある。したがって，被保全債権に不足がある。

そこで，独占的通常実施権者に民法709条に基づき固有の損害賠償を請求することができないか検討する価値がある。

独占的通常実施権そのものは公示を欠く権利であるが，侵害者は特許権侵害である以上，誰かから請求されることは覚悟すべきではあるから，独占的通常実施権者固有の損害賠償請求権を認めて差し支えない。公示がないために正規の独占的通常実施権か否か不明であることから生じる損害額の二重払い（102条3項の損害賠償）の危険に関しては，民法478条を活用すればよい。したがって，独占的通常実施権者固有の権利として，自ら損害賠償請求権をすることも可能と解される。

なお，損害額の推定規定は独占的通常実施権者についても類推適用されると解される。また，独占的通常実施権者は特許権者に支払う実施料を控除した残額が自己の利益となるのであるから，実施料相当額は損害額から控除すべきことになる。

Check 独占的通常実施権侵害と過失推定

　独占的通常実施権侵害を理由とする損害賠償請求が認容されるための要件としては，かつては独占的通常実施権に対する認識が必要であるという理を前提とする裁判例も存在した。専用実施権と異なり，独占的通常実施権は登録により公示されるものではないので，その侵害の成立には行為者の認識が必要であるというのであろう。

　しかし，最近では，過失の場合にも損害賠償請求を肯定する考え方が有力に説かれており，さらに一歩を進めて，独占的通常実施権の侵害に103条の過失推定が適用されるのかということに関して，これを肯定する裁判例が現在では優勢となっている。特許公報により特許発明の存在と内容が公示されている以上，それが何人のいかなる権利であったとしても，原則として侵害を予見し回避しなければならないことに変わりはないのだというのである（東京地判平成10.5.29判時1663号129頁［O脚歩行矯正具］）。

　もっとも，この理由付けから明らかなように，純粋の侵害者ではなく，特許権者から許諾を受けて実施をしている場合には別論となり，公示されているところに従って必要とされる許諾を得ている以上，先行する独占的通常実施権の存在に関し少なくとも認識がない限りは損害賠償責任を負わないと解すべきである。

　なお，侵害者に過失がない場合でも，独占的通常実施権者が民法703条に基づき不当利得の返還を請求できるのかということが問題となりうるが，独占的通常実施権者の独占性は契約により発生したものでしかなく，法によって排他的な地位を割り当てられたものではないので，割当内容を欠くために，不当利得は成立しないと考えられる（民法における侵害利得の議論を参照されたい）。

（3） 独占性の認定

　実務上，特許権者により個人経営されている会社が特許発明を実施している場合には，実施許諾に関する明示の契約すらなされていないということが少なくない。もちろん黙示的に通常実施権の許諾がなされていると解することはたやすいが，それだけでは会社は特許発明を実施する第三者に対し損害賠償請求することができない。

　そこで，裁判例は，この場合，会社に黙示的に独占的通常実施権が設定されているとして損害賠償請求を認めることが多い（参照，大阪地判平成11.7.6平6(ワ)13506［食品用トレー］）。

1　特許権が遡及的に無効とされた場合の既払い実施料の返還義務

実務上もよく問題になる争点として，特許権が無効審決により無効にされた場合，特許権は遡及的に消滅する（125条）ところ，当該無効とされた特許権に関する実施権者は特許権者に既払い済みの実施料の返還請求をできるかという問題がある。

まず，上記のような場合に備え，特許権が事後的に無効になった場合でも既払い済みの実施料を返還しない旨の特約があればそれによる。そのような特約がない場合に，既払い実施料の返還請求が可能であるかが焦点である。

実施権者は，たとえ特許権が無効であっても，実施許諾を受けることで，特許権者が有する排他権の庇護の下，事実上，他者と無闇に競合することなく実施行為をなしえた点で実施料に見合う利益を得ており，実施権者に「損失」（民法703条）がないために，上記返還請求はできないと考える立場が，従前の通説であった。

しかし，無効審判請求に加え，侵害訴訟のなかでも無効の抗弁を主張することが可能となっている現在，実施許諾を受けることで他者にない事実上の利益を享受していたという考え方が通用するか疑問である。そもそも，不当利得返還請求においては，「法律上の原因」なく利得を受けたか否かが要件とされる（民法703条）。特許権者が得ている実施料という利得は給付利得の類型に属しており，その「法律上の原因」（給付原因）は実施許諾契約である。そうすると，特許権が遡及的に無効となったために（125条），実施許諾契約も錯誤により無効となると解される以上，法律上の原因を失った実施料は，事実上の利益の有無に拘わらず，返還をしなければならないものと解される。

もっとも，特許権が事後的に無効になった場合でも既払い済みの実施料を返還しない旨の特約がある場合は別論となる。かかる特約が給付原因となるから，実施料は法律上の原因のない利得とはならないからである。ゆえに，この場合には特許権者は実施料を返還することを要しない。

2　専用実施権の登録義務

専用実施権については，これを登録しないと効力が生じないので（98条1

項2号），専用実施権の設定契約があったということは，ただちに許諾者である特許権者に専用実施権の設定登録をする義務が生じると解される。

通常実施権については，2011年特許法改正により，登録がなくても対抗力が生じるとされたので（99条），特許権者の登録義務を論じる実益がなくなった。

3　不争義務

(1)　無効審判請求との関係

実施許諾契約における不争条項（実施権者は特許の有効性を争ってはならないとの定め）により実務上問題となることは少ないが，特許権者より実施許諾を受けた通常実施権者は，自らあるいは第三者をして特許権の効力を争うことは信義則上許されるのかという問題がある。無効審判を請求できないとすると，通常実施権者は，無効事由を含む特許権についても実施料の支払いを継続する不利益を受け，これを甘受する合理的理由はないのだから，実施許諾を受けたというだけでは，通常実施権者であっても，無効審判を請求することは，特段の事情のない限り，信義則に反するものではないと解される。

ただし，第一に，審判請求をしたことにより特許権者は実施許諾契約を解除しうる旨定めることは有効であると解する。解除を認めたところで無効審判の請求が不可能となるわけではなく，契約当事者間の利益のバランスの問題として私的自治に委ねておいてよいと解されるからである。

第二に，解除しうるとする契約に止まらず，そもそも審判請求をなしえない旨定める不争条項がある場合に関しては，議論の余地があるものの，審判請求却下となると解すべきであろう。無効理由の有無を巡る紛争が徒に長期化することを回避したいという当事者の利益に配慮する必要があり，またかかる条項を認めることが結局，実施許諾契約の締結を促し，円滑な発明の利用につながるという側面もある。また，無効審決後の審決取消訴訟段階における取下げを認めるなど（155条1項），当事者の私益にも配慮していることも銘記すべきであろう。

もっとも，クレームが公知技術そのものである等，無効理由があることが明らかな場合にまで不争義務を課す契約は，公序良俗に反し，（一部）無効となると解すべきであろう。

（2）　訂正審判請求との関係

　実施許諾契約において特段の定めのない場合に，特許権者が第三者から請求された無効審判に対応するために訂正審判を請求するに当たり，通常実施権者による承諾（127条により訂正審判請求の要件とされている）を与えなかったことを理由に，特許権者は実施契約を解除しうるかという問題がある。

　実施許諾を受けたというだけでは，通常実施権者であっても，無効審判を請求することは，特段の事情のない限り，信義則に反するものではないものと解される。無効審判を請求できないとすると，通常実施権者は，無効事由を含む特許権についても実施料の支払いを継続する不利益を受け，これを甘受する合理的理由はないからである。

　このように，実施権者自ら無効審判請求ができるのであれば，他者から請求された無効審判に対する訂正審判に協力するいわれはない。したがって，実施権者が特許権者に訂正につき承諾を与えなくても，信義則違反を構成せず，特許権者による解除は認められない。

　もっとも，127条に関しては，そもそも訂正審判請求に際し，独占的通常実施権者と異なり，特許権の排他権の範囲に対して法的保護に値する利益を有していない通常実施権者の承諾が何故，必要とされているのかその合理的な説明を与えることが困難である。127条の解釈論としては，同条の通常実施権者は独占的通常実施権者をいうと限定的に解することも可能であろう。

　なお，実施許諾契約中に特許権者による第三者の侵害の排除に実施権者が協力する条項があっても，実施権者が訂正に承諾を与えないことがこれに反することはない。同条項は，特許権者が当該特許権を侵害するなどの第三者を相手として特許権を行使する際に，侵害態様や被害態様の主張，立証等において実施権者の協力が必要なときに，可能な範囲での実施権者の協力義務を規定した趣旨であり，第三者が当該特許権について無効審判を請求したことなどは侵害行為に当たらないからである（東京地判平成16.4.28判時1866号134頁［雨水等の貯留浸透タンク］）。

　実務ガイド　ライセンス契約の基本的要素

　ライセンス契約においては，実務において発展してきた多種多様な条項が規定されることになるが，その基本的な要素は，①許諾の対象となる発明や実施行為，②独占か非独占か，③再実施許諾権の有無，④地理的範囲，⑤許諾期間，⑥実施

料といった事項となろう。

　①については，許諾対象となる特許権（あるいは請求項）単位で特定するばかりでなく，技術分野，実施品の種類や数量により，許諾の範囲を限定することもできる。②について，独占的な実施許諾の場合，他に許諾しないという意味で独占的な実施許諾であると考えれば，独占的に実施許諾したライセンサー自身は実施することができると解釈されるのだろうが，状況に応じて，ライセンサーが実施できる旨，あるいは実施できない旨を明示的に規定しておくことが望ましい。③に関連して，製造を下請に出すことは再実施許諾の問題ではないと理解することができるが，下請に出すことができる旨，あるいは下請にはライセンサーの事前の同意が必要となる旨などを明示的に規定しておくべきであろう。⑥については，契約締結時の一時金の支払い（イニシャル・ペイメント）と実施品の販売量等に応じた実施料（ランニング・ロイヤルティ）に加え，特に独占的許諾の場合には，特許権者は他に許諾して他から収益を上げることができないのであるから，販売数量にかかわらず発生する実施料の最低額（ミニマム・ロイヤルティ）の定めが設けられることが多い。

　以上に加え，本書で解説した事項に関連する基本的な事項として，ライセンサーの立場であれば，ライセンシーが特許の有効性を争わない旨，仮に特許が無効とされた場合でも実施料を返還する義務を負わない旨，主としてライセンシーの立場からは侵害排除義務などを定めておくべきであろう。

事 項 索 引

〈著 者〉

田村善之（たむら・よしゆき）
　　東京大学大学院法学政治学研究科教授

時井　真（ときい・しん）
　　Former Researcher（Max Planck Institute for Innovation
　　and Competition），北京大学法学院 16 級博士研究生

酒迎明洋（さこう・あきひろ）
　　弁護士，弁理士

プラクティス知的財産法 I　特許法

2020（令和 2）年 4 月 15 日　　第 1 版第 1 刷発行

著　者	田	村	善	之
	時	井		真
	酒	迎	明	洋
発行者	今	井		貴
	渡	辺	左	近

発行所　信山社出版株式会社
〒 113-0033　東京都文京区本郷 6-2-9-102
電 話 03（3818）1019　Ｆ Ａ Ｘ 03（3818）0344
印刷・製本／暁印刷・渋谷文泉閣

Printed in Japan.

Ⓒ著者，2020　ISBN978-4-7972-2724-6
P.322/328.502-c001　知的財産法/0301-2-010-003